La verdad de las mentiras

Mario Vargas Llosa

La verdad de las mentiras

ALFAGUARA

© 2002, Mario Vargas Llosa
© De esta edición:
2002, Santillana Ediciones Generales, S. L.
Torrelaguna, 60. 28043 Madrid
Teléfono 91 744 90 60
Telefax 91 744 92 24
www.alfaguara.com

• Aguilar, Altea, Taurus, Alfaguara S. A.
Beazley 3860. 1437 Buenos Aires. Argentina
• Aguilar, Altea, Taurus, Alfaguara S. A. de C. V.
Avda. Universidad, 767, Col. del Valle,
México, D.F. C. P. 03100. México
• Distribuidora y Editora Aguilar, Altea,
Taurus, Alfaguara, S. A.
Calle 80 nº 10-23
Santafé de Bogotá. Colombia

ISBN: 84-204-6430-9
Depósito legal: M. 12.394-2002
Impreso en España - Printed in Spain

Diseño:
Proyecto de Enric Satué

© Cubierta:
Proforma

Índice

Prólogo

La primera edición de este libro (1990) contenía veintiséis ensayos. Ésta tiene treinta y seis, y, además, los de la edición original han sido revisados y algunos enmendados. Como colofón, he añadido un texto sobre la siempre debatida, nunca aclarada del todo, relación de la literatura con la vida de los lectores.

Se trata de ensayos independientes pero unidos por un denominador común: todos ellos analizan novelas y relatos aparecidos en el siglo XX. Aunque, desde luego, faltan muchos autores y títulos imprescindibles para hacerse una idea cabal de la narrativa escrita en ese siglo, creo poder asegurar que, en la arbitraria selección incluida en este libro —pues no responde a otro criterio que a mis preferencias de lector—, se vislumbra la variedad y riqueza de la creación novelesca en el siglo que hemos dejado atrás, tanto por la abundancia y originalidad de los asuntos como por la sutileza de las formas experimentadas. Aunque es verdad que el XIX —el siglo de Tolstoi y Dostoievski, de Melville y de Dickens, de Balzac y Flaubert— merece con toda justicia haber sido llamado el siglo de la novela, no es menos cierto que el siglo XX lo fue también, gracias a la ambición y la audacia visionaria de unos cuantos narradores de distintas lenguas y tradiciones capaces de emular a quienes habían llevado tan alto las cimas de la novela. El puñado de ficciones materia de este libro prueba que, pese a las profecías pesimistas sobre el futuro de la literatura, los deicidas merodean aún por la ciudad fabulando historias para suplir las deficiencias de la Historia.

Agradezco a mi amiga y colaboradora Rosario de Bedoya la ayuda que me prestó en la preparación de este manuscrito.

Lima, febrero de 2002

La verdad de las mentiras

I

Desde que escribí mi primer cuento me han preguntado si lo que escribía «era verdad». Aunque mis respuestas satisfacen a veces a los curiosos, a mí me queda rondando, cada vez que contesto a esa pregunta, no importa cuán sincero sea, la incómoda sensación de haber dicho algo que nunca da en el blanco.

Si las novelas son ciertas o falsas importa a cierta gente tanto como que sean buenas o malas y muchos lectores, consciente o inconscientemente, hacen depender lo segundo de lo primero. Los inquisidores españoles, por ejemplo, prohibieron que se publicaran o importaran novelas en las colonias hispanoamericanas con el argumento de que esos libros disparatados y absurdos —es decir, mentirosos— podían ser perjudiciales para la salud espiritual de los indios. Por esta razón, los hispanoamericanos sólo leyeron ficciones de contrabando durante trescientos años y la primera novela que, con tal nombre, se publicó en la América española apareció sólo después de la independencia (en México, en 1816). Al prohibir no unas obras determinadas sino un género literario en abstracto, el Santo Oficio estableció algo que a sus ojos era una ley sin excepciones: que las novelas siempre mienten, que todas ellas ofrecen una visión falaz de la vida. Hace años escribí un trabajo ridiculizando a esos arbitrarios, capaces de una generalización semejante. Ahora pienso que los inquisidores españoles fueron acaso los primeros en entender —antes que los críticos y que los propios novelistas— la naturaleza de la ficción y sus propensiones sediciosas.

En efecto, las novelas mienten —no pueden hacer otra cosa— pero ésa es sólo una parte de la historia. La otra es que, mintiendo, expresan una curiosa verdad, que sólo puede expresarse encubierta, disfrazada de lo que no es. Dicho así, esto tiene el semblante de un galimatías. Pero, en realidad, se trata de algo muy sencillo. Los hombres no están contentos con su suerte y casi todos —ricos o pobres, geniales o mediocres, célebres u oscuros— quisieran una vida distinta de la que viven. Para aplacar —tramposamente— ese apetito nacieron las ficciones. Ellas se escriben y se leen para que los seres humanos tengan las vidas que no se resignan a no tener. En el embrión de toda novela bulle una inconformidad, late un deseo insatisfecho.

¿Significa esto que la novela es sinónimo de irrealidad? ¿Que los introspectivos bucaneros de Conrad, los morosos aristócratas proustianos, los anónimos hombrecillos castigados por la adversidad de Franz Kafka y los eruditos metafísicos de los cuentos de Borges nos exaltan o nos conmueven porque no tienen nada de nosotros, porque nos es imposible identificar sus experiencias con las nuestras? Nada de eso. Conviene pisar con cuidado, pues este camino —el de la verdad y la mentira en el mundo de la ficción— está sembrado de trampas y los invitadores oasis suelen ser espejismos.

¿Qué quiere decir que una novela *siempre miente*? No lo que creyeron los oficiales y cadetes del Colegio Militar Leoncio Prado, donde —en apariencia, al menos— sucede mi primera novela, *La ciudad y los perros,* que quemaron el libro acusándolo de calumnioso a la institución. Ni lo que pensó mi primera mujer al leer otra de mis novelas, *La tía Julia y el escribidor,* y que, sintiéndose inexactamente retratada en ella, ha publicado luego un libro que pretende restaurar la verdad alterada por la ficción. Desde luego que en ambas historias hay más invenciones, tergiversaciones y exageraciones que recuerdos y que, al escribirlas, nunca pretendí ser anecdóticamente fiel a unos hechos y personas anteriores y ajenos a la novela. En ambos casos, como en todo lo que he escrito, partí de algunas experiencias vivas en mi memoria y estimulantes para mi imaginación y fantaseé algo que refleja de manera muy infiel esos materiales de trabajo. No se escriben novelas para contar la vida sino para transformarla, añadiéndole algo. En las novelitas del francés Restif de la Bretonne la realidad no puede ser más fotográfica, ellas son un catálogo de las costumbres del siglo XVIII francés. En estos cuadros costumbristas tan laboriosos, en los que todo semeja la vida real, hay, sin embargo, algo diferente, mínimo pero esencial. Que, en ese mundo, los hombres no se enamoran de las damas por la pureza de sus facciones, la galanura de su cuerpo, sus prendas espirituales, etcétera, sino *exclusivamente* por la belleza de sus pies (se ha llamado, por eso, «bretonismo» al fetichismo del botín). De una manera menos cruda y explícita, y también menos consciente, todas las novelas rehacen la realidad —embelleciéndola o empeorándola— como lo hizo, con deliciosa ingenuidad, el profuso Restif. En esos sutiles o groseros agregados a la vida, en los que el novelista materializa sus secretas obsesiones, reside la originalidad de una ficción. Ella es más profunda cuanto más ampliamente exprese una necesidad general y cuantos más numerosos sean, a lo largo del espacio y del tiempo, los lectores que identifiquen, en esos contrabandos filtrados a la vida, los demonios que los desasosiegan. ¿Hubiera podido yo, en aquellas novelas, intentar una escrupulosa exactitud con los recuerdos? Ciertamente. Pero aun si hubiera conseguido esa aburrida proeza de sólo narrar hechos ciertos y describir personajes cuyas biografías se ajustaban como un guante a las de sus modelos, mis novelas no hubieran sido, por eso, menos mentirosas o más ciertas de lo que son.

Porque no es la anécdota lo que decide la verdad o la mentira de una ficción. Sino que ella sea escrita, no vivida, que esté hecha de palabras y no de experiencias concretas. Al traducirse en lenguaje, al ser contados, los hechos sufren una profunda modificación. El hecho real —la sangrienta batalla en la que tomé parte, el perfil gótico de la muchacha que amé— es uno, en tanto que los signos que podrían describirlo son innumerables. Al elegir unos y descartar otros, el novelista privilegia una y asesina otras mil posibilidades o versiones de aquello que describe: esto, entonces, muda de naturaleza, *lo que describe* se convierte en *lo descrito*. ¿Me refiero sólo al caso del escritor realista, aquella secta, escuela o tradición a la que sin duda pertenezco, cuyas novelas relatan sucesos que los lectores pueden reconocer como posibles a través de su propia vivencia de la realidad? Parecería, en efecto, que para el novelista de linaje fantástico, el que describe mundos irreconocibles y notoriamente inexistentes, no se plantea siquiera el cotejo entre la realidad y la ficción. En verdad, sí se plantea, aunque de otra manera. La «irrealidad» de la literatura fantástica se vuelve, para el lector, símbolo o alegoría, es decir, representación de realidades, de experiencias que sí puede identificar en la vida. Lo importante es esto: no es el carácter «realista» o «fantástico» de una anécdota lo que traza la línea fronteriza entre verdad y mentira en la ficción.

A esta primera modificación —la que imprimen las palabras a los hechos— se entrevera una segunda, no menos radical: la del tiempo. La vida real fluye y no se detiene, es inconmensurable, un caos en el que cada historia se mezcla con todas las historias y por lo mismo no empieza ni termina jamás. La vida de la ficción es un simulacro en el que aquel vertiginoso desorden se torna orden: organización, causa y efecto, fin y principio. La soberanía de una novela no resulta sólo del lenguaje en que está escrita. También, de su sistema temporal, de la manera como discurre en ella la existencia: cuándo se detiene, cuándo se acelera y cuál es la perspectiva cronológica del narrador para describir ese tiempo inventado. Si entre las palabras y los hechos hay una distancia, entre el tiempo real y el de una ficción hay un abismo. El tiempo novelesco es un artificio fabricado para conseguir ciertos efectos psicológicos. En él el pasado puede ser posterior al presente —el efecto preceder a la causa— como en ese relato de Alejo Carpentier, *Viaje a la semilla,* que comienza con la muerte de un anciano y continúa hasta su gestación, en el claustro materno; o ser sólo pasado remoto que nunca llega a disolverse en el pasado próximo desde el que narra el narrador, como en la mayoría de las novelas clásicas; o ser eterno presente sin pasado ni futuro, como en las ficciones de Samuel Beckett; o un laberinto en que pasado, presente y futuro coexisten, anulándose, como en *El sonido y la furia,* de Faulkner.

Las novelas tienen principio y fin y, aun en las más informes y espasmódicas, la vida adopta un sentido que podemos percibir porque ellas nos ofrecen una perspectiva que la vida verdadera, en la que estamos inmersos, siempre nos niega. Ese orden es invención, un añadido del novelista, simulador que aparenta recrear la vida cuando en verdad la rectifica. A veces sutil, a veces brutalmente, la ficción traiciona la vida, encapsulándola en una trama de palabras que la reducen de escala y la ponen al alcance del lector. Éste puede, así, juzgarla, entenderla, y, sobre todo, vivirla con una impunidad que la vida verdadera no consiente.

¿Qué diferencia hay, entonces, entre una ficción y un reportaje periodístico o un libro de historia? ¿No están ellos compuestos de palabras? ¿No encarcelan acaso en el tiempo artificial del relato ese torrente sin riberas, el tiempo real? La respuesta es: se trata de sistemas opuestos de aproximación a lo real. En tanto que la novela se rebela y transgrede la vida, aquellos géneros no pueden dejar de ser sus siervos. La noción de verdad o mentira funciona de manera distinta en cada caso. Para el periodismo o la historia la verdad depende del cotejo entre lo escrito y la realidad que lo inspira. A más cercanía, más verdad, y, a más distancia, más mentira. Decir que la *Historia de la Revolución Francesa*, de Michelet, o la *Historia de la conquista del Perú*, de Prescott, son «novelescas» es vejarlas, insinuar que carecen de seriedad. En cambio, documentar los errores históricos de *La guerra y la paz* sobre las guerras napoleónicas sería una pérdida de tiempo: la verdad de la novela no depende de eso. ¿De qué, entonces? De su propia capacidad de persuasión, de la fuerza comunicativa de su fantasía, de la habilidad de su magia. Toda buena novela dice la verdad y toda mala novela miente. Porque «decir la verdad» para una novela significa hacer vivir al lector una ilusión y «mentir» ser incapaz de lograr esa superchería. La novela es, pues, un género amoral, o, más bien, de una ética sui géneris, para la cual verdad o mentira son conceptos exclusivamente estéticos. Arte «enajenante», es de constitución antibrechtiana: sin «ilusión» no hay novela.

De lo que llevo dicho parecería desprenderse que la ficción es una fabulación gratuita, una prestidigitación sin trascendencia. Todo lo contrario: por delirante que sea, hunde sus raíces en la experiencia humana, de la que se nutre y a la que alimenta. Un tema recurrente en la historia de la ficción es: el riesgo que entraña tomar lo que dicen las novelas al pie de la letra, creer que la vida es como ellas la describen. Los libros de caballerías queman el seso a Alonso Quijano y lo lanzan por los caminos a alancear molinos de viento, y la tragedia de Emma Bovary no ocurriría si el personaje de Flaubert no intentara parecerse a las heroínas de las novelitas románticas que lee. Por creer que la realidad es como pretenden las ficciones, Alonso Quijano y Emma sufren terribles quebrantos. ¿Los condenamos por ello? No, sus historias nos conmueven y nos admiran: su empeño imposible de *vivir la ficción* nos parece personificar una actitud idealista que honra a la especie. Porque querer ser distinto de lo que se es ha sido la aspiración humana por excelencia. De ella resultó lo mejor y lo peor que registra la historia. De ella han nacido también las ficciones.

Cuando leemos novelas no somos los que somos habitualmente, sino también los seres hechizos entre los cuales el novelista nos traslada. El traslado es una metamorfosis: el reducto asfixiante que es nuestra vida real se abre y salimos a ser otros, a vivir vicariamente experiencias que la ficción vuelve nuestras. Sueño lúcido, fantasía encarnada, la ficción nos completa, a nosotros, seres mutilados a quienes ha sido impuesta la atroz dicotomía de tener una sola vida y los apetitos y fantasías de desear mil. Ese espacio entre nuestra vida real y los deseos y las fantasías que le exigen ser más rica y diversa es el que ocupan las ficciones.

En el corazón de todas ellas llamea una protesta. Quien las fabuló lo hizo porque no pudo vivirlas y quien las lee (y las cree en la lectura) encuentra en sus fantasmas las caras y aventuras que necesitaba para aumentar su vida. Ésa es la verdad que expresan las mentiras de las ficciones: las mentiras que somos, las que nos consuelan y desagravian de nuestras nostalgias y frustraciones. ¿Qué confianza podemos prestar, pues, al testimonio de las novelas sobre la sociedad que las produjo? ¿Eran esos hombres así? Lo eran, en el sentido de que así querían ser, de que así se veían amar, sufrir y gozar. Esas mentiras no documentan sus vidas sino los demonios que las solivianraron, los sueños en que se embriagaban para que la vida que vivían fuera más llevadera. Una época no está poblada únicamente de seres de carne y hueso; también, de los fantasmas en que estos seres se mudan para romper las barreras que los limitan y los frustran.

Las mentiras de las novelas no son nunca gratuitas: llenan las insuficiencias de la vida. Por eso, cuando la vida parece plena y absoluta y, gracias a una fe que todo lo justifica y absorbe, los hombres se conforman con su destino, las novelas no suelen cumplir servicio alguno. Las culturas religiosas producen poesía, teatro, rara vez grandes novelas. La ficción es un arte de sociedades donde la fe experimenta alguna crisis, *donde hace falta creer en algo,* donde la visión unitaria, confiada y absoluta ha sido sustituida por una visión resquebrajada y una incertidumbre creciente sobre el mundo en que se vive y el trasmundo. Además de amoralidad, en las entrañas de las novelas anida cierto escepticismo. Cuando la cultura religiosa entra en crisis, la vida parece escurrirse de los esquemas, dogmas, preceptos que la sujetaban y se vuelve caos: ése es el momento privilegiado para la ficción. Sus órdenes artificiales proporcionan refugio, seguridad, y en ellos se despliegan, libremente, aquellos apetitos y temores que la vida real incita y no alcanza a saciar o conjurar. La ficción es un sucedáneo transitorio de la vida. El regreso a la realidad es siempre un empobrecimiento brutal: la comprobación de que somos menos de lo que soñamos. Lo que quiere decir que, a la vez que aplacan transitoriamente la insatisfacción humana, las ficciones también la azuzan, espoleando los deseos y la imaginación.

Los inquisidores españoles entendieron el peligro. Vivir las vidas que uno no vive es fuente de ansiedad, un desajuste con la existencia que puede tornarse rebeldía, actitud indócil frente a lo establecido. Es comprensible, por ello, que los regímenes que aspiran a controlar totalmente la vida desconfíen de las ficciones y las sometan a censuras. Salir de sí mismo, ser otro, aunque sea ilusoriamente, es una manera de ser menos esclavo y de experimentar los riesgos de la libertad.

II

«Las cosas no son como las vemos sino como las recordamos», escribió Valle-Inclán. Se refería sin duda a cómo son las cosas en la literatura, irrealidad a la que el poder de persuasión del buen escritor y la credulidad del buen lector confieren una precaria realidad.

Para casi todos los escritores, la memoria es el punto de partida de la fantasía, el trampolín que dispara la imaginación en su vuelo impredecible hacia la ficción. Recuerdos e invenciones se mezclan en la literatura de creación de manera a menudo inextricable para el propio autor, quien, aunque pretenda lo contrario, sabe que la recuperación del tiempo perdido que puede llevar a cabo la literatura es siempre un simulacro, una ficción en la que lo recordado se disuelve en lo soñado y viceversa.

Por eso la literatura es el reino por excelencia de la ambigüedad. Sus verdades son siempre subjetivas, verdades a medias, relativas, verdades literarias que con frecuencia constituyen inexactitudes flagrantes o mentiras históricas. Aunque la cinematográfica batalla de Waterloo que aparece en *Los miserables* nos exalte, sabemos que ésa fue una contienda que libró y ganó Victor Hugo y no la que perdió Napoleón. O, para citar un clásico valenciano medieval, la conquista de Inglaterra por los árabes que describe el *Tirant lo Blanc* es totalmente convincente y nadie se atrevería a negarle verosimilitud con el mezquino argumento de que en la historia real jamás un ejército árabe atravesó el canal de la Mancha.

La recomposición del pasado que opera la literatura es casi siempre falaz. La verdad literaria es una y otra la verdad histórica. Pero, aunque esté repleta de mentiras —o, más bien, por ello mismo— la literatura cuenta la historia que la historia que escriben los historiadores no sabe ni puede contar.

Porque los fraudes, embaucos y exageraciones de la literatura narrativa sirven para expresar verdades profundas e inquietantes que sólo de esta manera sesgada ven la luz.

Cuando Joanot Martorell nos cuenta en el *Tirant lo Blanc* que la infanta de Francia era tan blanca que se veía pasar el vino por su garganta, nos dice algo técnicamente imposible, que, sin embargo, bajo el hechizo de la lectura, nos parece una verdad inmarcesible, pues en la realidad fingida de la novela, a diferencia de lo que ocurre en la nuestra, el exceso no es jamás la excepción, siempre la regla. Y nada es excesivo si todo lo es. En el *Tirant* lo son sus combates apocalípticos, de puntilloso ritual, y las proezas del héroe que, solo, derrota a muchedumbres y devasta literalmente media cristiandad y todo el islam. Lo son sus cómicos rituales como los de ese personaje, pío y libidinoso, que besa a las mujeres en la boca tres veces en homenaje a la Santísima Trinidad. Y es siempre excesivo, en sus páginas, igual que la guerra, el amor, que suele tener también consecuencias cataclísmicas. Así, Tirant, cuando ve por primera vez, en la penumbra de una cámara funeral, los pechos insurgentes de la princesa Carmesina entra en estado poco menos que cataléptico y permanece derrumbado en una cama sin dormir ni comer ni articular palabra varios días. Cuando por fin se recupera, es como si estuviera aprendiendo de nuevo a hablar. Su primer balbuceo es: «Yo amo».

Esas mentiras no delatan lo que eran los valencianos de fines del siglo XV sino lo que hubieran querido ser y hacer; no dibujan a los seres de carne y hueso de ese tiempo tremebundo sino a sus fantasmas. Materializan sus apetitos, sus miedos, sus deseos, sus rencores. Una ficción lograda encarna la subjetividad de una época y por eso las novelas, aunque, cotejadas con la historia, mientan, nos comunican unas verdades huidizas y evanescentes que escapan siempre a los descriptores científicos de la realidad. Sólo la literatura dispone de las técnicas y poderes para destilar ese delicado elixir de la vida: la verdad escondida en el corazón de las mentiras humanas. Porque en los engaños de la literatura no hay ningún engaño. No debería haberlo, por lo menos, salvo para los ingenuos que creen que la literatura debe ser objetivamente fiel a la vida y tan dependiente de la realidad como la historia. Y no hay engaño porque, cuando abrimos un libro de ficción, acomodamos nuestro ánimo para asistir a una representación en la que sabemos muy bien que nuestras lágrimas o nuestros bostezos dependerán exclusivamente de la buena o mala brujería del narrador para hacernos vivir como verdades sus mentiras y no de su capacidad para reproducir fidedignamente lo vivido.

Esas fronteras bien delimitadas entre literatura e historia —entre verdades literarias y verdades históricas— son una prerrogativa de las sociedades abiertas. En ellas, ambos quehaceres coexisten, independientes y soberanos, aunque complementándose en el designio utópico de abarcar toda la vida. Y quizá la demostración mayor de que una sociedad es abierta, en el sentido que Karl Popper dio a esta calificación, es que en ella ocurre así: autónomas y diferentes, la ficción y la historia coexisten, sin invadir ni usurpar la una los dominios y las funciones de la otra.

En las sociedades cerradas sucede al revés. Y, por eso, tal vez la mejor manera de definir a una sociedad cerrada sea diciendo que en ella la ficción y la historia han dejado de ser cosas distintas y pasado a confundirse y suplantarse la una a la otra cambiando constantemente de identidades como en un baile de máscaras.

En una sociedad cerrada el poder no sólo se arroga el privilegio de controlar las acciones de los hombres —lo que hacen y lo que dicen—; aspira también a gobernar su fantasía, sus sueños y, por supuesto, su memoria. En una sociedad cerrada el pasado es, tarde o temprano, objeto de una manipulación encaminada a justificar el presente. La historia oficial, la única tolerada, es escenario de esas mágicas mudanzas que hizo famosa la enciclopedia soviética (antes de la *perestroika*): protagonistas que aparecen o desaparecen sin dejar rastros, según sean redimidos o purgados por el poder, y acciones de los héroes y villanos del pasado que cambian, de edición en edición, de signo, de valencia y de sustancia, al compás de los acomodos y reacomodos de las camarillas gobernantes del presente. Ésta es una práctica que el totalitarismo moderno ha perfeccionado pero no inventado; ella se pierde en los albores de las civilizaciones, las que, hasta hace relativamente poco tiempo, fueron siempre verticales y despóticas.

Organizar la memoria colectiva; trocar la historia en instrumento de gobierno encargado de legitimar a quienes mandan y de proporcionar coartadas para sus fechorías es una tentación congénita a todo poder. Los Estados totalitarios pueden hacerla realidad. En el pasado, innumerables civilizaciones la pusieron en práctica.

— Mis antiguos compatriotas, los incas, por ejemplo. Ellos lo llevaban a cabo de manera contundente y teatral. Cuando moría el emperador, morían con él no sólo sus mujeres y concubinas sino también sus intelectuales, a quienes ellos llamaban *amautas,* hombres sabios. Su sabiduría se aplicaba fundamentalmente a esta superchería: convertir la ficción en historia. El nuevo inca asumía el poder con una flamante corte de *amautas* cuya misión era rehacer la memoria oficial, corregir el pasado, modernizándolo se podría decir, de tal manera que todas las hazañas, conquistas, edificaciones, que se atribuían antes a su antecesor, fueran a partir de ese momento transferidas al *curriculum vitae* del nuevo emperador. A sus predecesores poco a poco se los iba tragando el olvido. Los incas supieron servirse de su pasado, volviéndolo literatura, para que contribuyera a inmovilizar el presente, ideal supremo de toda dictadura. Ellos prohibieron las verdades particulares que son siempre contradictorias con una verdad oficial coherente e inapelable. El resultado es que el imperio incaico es una sociedad sin historia, al menos sin historia anecdótica, pues nadie ha podido reconstruir de manera fehaciente ese pasado tan sistemáticamente vestido y desvestido como una profesional del *strip-tease.*

En una sociedad cerrada la historia se impregna de ficción, pasa a ser ficción, pues se inventa y reinventa en función de la ortodoxia religiosa o política contemporánea, o, más rústicamente, de acuerdo a los caprichos de los dueños del poder.

Al mismo tiempo, un estricto sistema de censura suele instalarse para que la literatura fantasee también dentro de cauces rígidos, de modo que sus verdades subjetivas no contradigan ni echen sombras sobre la historia oficial, sino, más bien, la divulguen e ilustren. La diferencia entre verdad histórica y verdad literaria desaparece y se funde en un híbrido que baña la historia de irrealidad y vacía la ficción de misterio, de iniciativa y de inconformidad hacia lo establecido.

Condenar a la historia a mentir y a la literatura a propagar las verdades confeccionadas por el poder no es un obstáculo para el desarrollo científico y tecnológico de un país ni para la instauración de ciertas formas básicas de justicia social. Está probado que el Incario —logro extraordinario para su tiempo y para el nuestro— acabó con el hambre, consiguió dar de comer a todos sus súbditos. Y las sociedades totalitarias modernas han dado un impulso grande a la educación, la salud, el deporte, el trabajo, poniéndolos al alcance de las mayorías, algo que las sociedades abiertas, pese a su prosperidad, no han conseguido, pues el precio de la libertad de que gozan se paga a menudo en tremendas desigualdades de fortuna y —lo que es peor— de oportunidades entre sus miembros.

Pero cuando un Estado, en su afán de controlarlo y decidirlo todo, arrebata a los seres humanos el derecho de inventar y de creer las mentiras que a ellos les plazcan, se apropia de ese derecho y lo ejerce como un monopolio a través de sus historiadores y censores —como los incas por medio de sus *amautas*—, un gran centro neurálgico de la vida social queda abolido. Y hombres y mujeres padecen una mutilación que empobrece su existencia aun cuando sus necesidades básicas se hallen satisfechas.

Porque la vida real, la vida verdadera, nunca ha sido ni será bastante para colmar los deseos humanos. Y porque sin esa insatisfacción vital que las mentiras de la literatura a la vez azuzan y aplacan nunca hay auténtico progreso.

La fantasía de que estamos dotados es un don demoníaco. Está continuamente abriendo un abismo entre lo que somos y lo que quisiéramos ser, entre lo que tenemos y lo que deseamos.

Pero la imaginación ha concebido un astuto y sutil paliativo para ese divorcio inevitable entre nuestra realidad limitada y nuestros apetitos desmedidos: la ficción. Gracias a ella somos más y somos otros sin dejar de ser los mismos. En ella nos disolvemos y multiplicamos, viviendo muchas más vidas de la que tenemos y de las que podríamos vivir si permaneciéramos confinados en lo verídico, sin salir de la cárcel de la historia.

Los hombres no viven sólo de verdades; también les hacen falta las mentiras: las que inventan libremente, no las que les imponen; las que se presentan como lo que son, no las contrabandeadas con el ropaje de la historia. La ficción enriquece su existencia, la completa, y, transitoriamente, los compensa de esa trágica condición que es la nuestra: la de desear y soñar siempre más de lo que podemos alcanzar.

Cuando produce libremente su vida alternativa, sin otra constricción que las limitaciones del propio creador, la literatura extiende la vida humana, añadiéndole aquella dimensión que alimenta nuestra vida recóndita: aquella impalpable y fugaz pero preciosa que sólo vivimos de mentira.

Es un derecho que debemos defender sin rubor. Porque jugar a las mentiras, como juegan el autor de una ficción y su lector, a las mentiras que ellos mismos fabrican bajo el imperio de sus demonios personales, es una manera de afirmar la soberanía individual y de defenderla cuando está amenazada; de preservar un espacio propio de libertad, una ciudadela fuera del control del poder y de las interferencias de los otros, en el interior de la cual somos de veras los soberanos de nuestro destino.

De esa libertad nacen las otras. Esos refugios privados, las verdades subjetivas de la literatura, confieren a la verdad histórica que es su complemento una existencia posible y una función propia: rescatar una parte importante —pero sólo una parte— de nuestra memoria: aquellas grandezas y miserias que compartimos con los demás en nuestra condición de entes gregarios. Esa verdad histórica es indispensable e insustituible para saber lo que fuimos y acaso lo que seremos como colectividades humanas. Pero lo que somos como individuos y lo que quisimos ser y no pudimos serlo de verdad y debimos por lo tanto serlo fantaseando e inventando —nuestra historia secreta— sólo la literatura lo sabe contar. Por eso escribió Balzac que la ficción era «la historia privada de las naciones».

Por sí sola, ella es una acusación terrible contra la existencia bajo cualquier régimen o ideología: un testimonio llameante de sus insuficiencias, de su ineptitud para colmarnos. Y, por lo tanto, un corrosivo permanente de todos los poderes, que quisieran tener a los hombres satisfechos y conformes. Las mentiras de la literatura, si germinan en libertad, nos prueban que eso nunca fue cierto. Y ellas son una conspiración permanente para que tampoco lo sea en el futuro.

Barranco, 2 de junio de 1989

La verdad de las mentiras

EL CORAZÓN DE LAS TINIEBLAS (1902)
Joseph Conrad

Las raíces de lo humano

I. El Congo de Leopoldo II

En un viaje en avión, el historiador Adam Hochschild encontró una cita de Mark Twain en la que el autor de *Las aventuras de Huckleberry Finn* aseguraba que el régimen impuesto por Leopoldo II, el rey de los belgas que murió en 1909, al Estado Libre del Congo (1885 a 1906) fraguado por él había exterminado entre cinco y ocho millones de nativos. Picado de curiosidad y cierto espanto, inició una investigación que, muchos años después, culminaría en *King Leopold's Ghost,* notable documento sobre la crueldad y la codicia que impulsaron la aventura colonial europea en África y cuyos datos y comprobaciones enriquecen extraordinariamente la lectura de la obra maestra de Joseph Conrad, *El corazón de las tinieblas,* que ocurre en aquellos parajes y, justamente, en la época en que la Compañía belga de Leopoldo II —quien debería figurar, junto a Hitler y Stalin, como uno de los criminales políticos más sanguinarios del siglo XX— perpetraba sus peores vesanias.

Leopoldo II fue una indecencia humana; pero culta, inteligente y creativa. Planeó su operación congolesa como una gran empresa económico-política, destinada a hacer de él un monarca que, al mismo tiempo, sería un poderosísimo hombre de negocios, dotado de una fortuna y una estructura industrial y comercial tan vasta que le permitiría influir en la vida política y el desarrollo del resto del mundo. Su colonia centroafricana, el Congo, una extensión tan grande como media Europa occidental, fue su propiedad particular hasta 1906, en que la presión de varios gobiernos y de una opinión pública alertada sobre sus monstruosos crímenes, lo obligó a cederla al Estado belga.

Fue también un astuto estratega de las relaciones públicas. Invirtió importantes sumas sobornando a periodistas, políticos, funcionarios, militares, cabilderos, religiosos de tres continentes, para edificar una gigantesca cortina de humo encaminada a hacer creer al mundo que su aventura congolesa tenía una finalidad humanitaria y cristiana: salvar a los congoleses de los traficantes árabes de esclavos que saqueaban sus aldeas. Bajo su patrocinio, se organizaron conferencias y congresos, a los que acudían intelectuales —mercenarios sin escrúpulos, ingenuos y tontos— y muchos curas, para discutir sobre los métodos más funcionales de llevar la civilización y el Evangelio a los caníbales del África. Durante buen número de años, esta propaganda goebbelsiana tuvo efecto. Leopoldo II fue condecorado, bañado en incienso religioso y periodístico, y considerado un redentor de los negros.

Detrás de esa impostura, la realidad era ésta. Millones de congoleses fueron sometidos a una explotación inicua a fin de que cumplieran con las cuotas que la Compañía fijaba a las aldeas, las familias y los individuos en la extracción del caucho y las entregas de marfil y resina de copal. La Compañía tenía una organización militar y carecía de miramientos con sus trabajadores, a quienes, en comparación con el régimen al que ahora estaban sometidos, los antiguos negreros árabes debieron parecerles angelicales. Se trabajaba sin horarios ni compensaciones, en razón del puro terror a la mutilación y el asesinato, que eran moneda corriente. Los castigos, psicológicos y físicos, alcanzaron un refinamiento sádico; a quien no cumplía con las cuotas se le cortaba la mano o el pie. Las aldeas morosas eran aniquiladas y quemadas en expediciones punitivas que mantenían sobrecogidas a las poblaciones, con lo cual se frenaban las fugas y los intentos de insumisión. Para que el sometimiento de las familias fuera completo, la Compañía (era una sola, disimulada tras una maraña de empresas) mantenía secuestrada a la madre o a alguno de los niños. Como apenas tenía gastos de mantenimiento —no pagaba salarios, su único desembolso fuerte consistía en armar a los bandidos uniformados que mantenían el orden— sus ganancias resultaron fabulosas. Como se proponía, Leopoldo II llegó a ser uno de los hombres más ricos del mundo.

Adam Hochschild calcula, de manera persuasiva, que la población congolesa fue reducida a la mitad en los veintiún años que duraron los desafueros de Leopoldo II. Cuando el Estado Libre del Congo pasó al Estado belga, en 1906, aunque siguieron perpetrándose muchos crímenes y continuó la explotación sin misericordia de los nativos, la situación de éstos se alivió de modo considerable. No es imposible que, de continuar aquel sistema, hubieran llegado a extinguirse.

El estudio de Hochschild muestra que, con ser tan vertiginosamente horrendos los crímenes y torturas infligidos a los nativos, acaso el daño más profundo consistió en la destrucción de sus instituciones, de sus sistemas de relación, de sus usos y tradiciones, de su dignidad más elemental. No es de extrañar que, sesenta años más tarde, cuando Bélgica concedió la independencia al Congo, en 1960, aquella ex colonia en la que la potencia colonizadora no había sido capaz de producir en casi un siglo de pillaje y abusos ni siquiera un puñado de profesionales entre la población nativa, cayera en la behetría y la guerra civil. Y, al final, se apoderara de ella el general Mobutu, un sátrapa vesánico, digno heredero de Leopoldo II en la voracidad de riquezas.

No sólo hay criminales y víctimas en *King Leopold's Ghost*. Hay, también, por fortuna para la especie humana, seres que la redimen, como los pastores negros norteamericanos George Washington Williams y William Sheppard, que, al descubrir la farsa, se apresuraron a denunciar al mundo la terrible realidad en África Central. Pero quienes, a base de una audacia y perseverancia formidables, consiguieron movilizar a la opinión pública internacional contra las carnicerías congolesas de Leopoldo II fueron un irlandés, Roger Casement, y el belga Morel. Ambos merecerían los honores de una gran novela. El primero (que, al cabo de los años, sería, primero, ennoblecido y, luego, ejecutado en Gran Bretaña por participar en una rebelión por la independencia de Irlanda) fue, durante un tiempo, vicecónsul británico en el Congo, y desde allí inundó el Foreign Office con informes lapidarios sobre lo que ocurría. Al mismo tiempo, en la aduana de Amberes, Morel, espíritu inquieto y justiciero, se ponía a estudiar, con creciente recelo, las cargas que partían hacia el Congo y las que procedían de allí. ¿Qué extraño comercio era éste? Hacia el Congo iban sobre todo rifles, municiones, látigos, machetes y baratijas sin valor mercantil. De allá, en cambio, desembarcaban valiosos cargamentos de goma, marfil y resina de copal. ¿Se podía tomar en serio aquella propaganda según la cual gracias a Leopoldo II se había creado una zona de libre comercio en el corazón del África que traería progreso y libertad a todos los africanos?

Morel no sólo era un hombre justo y perspicaz. También, un comunicador fuera de serie. Enterado de la siniestra verdad, se las arregló para hacerla conocer a sus contemporáneos, burlando con ingenio las barreras que la intimidación, los sobornos y la censura mantenían en torno a los asuntos del Congo. Sus análisis y artículos sobre la explotación a que eran sometidos los congoleses y la depredación social y económica que de ello resultaba fueron poco a poco imponiéndose, hasta generar una movilización que Hochschild considera el primer gran movimiento a favor de los derechos humanos en el siglo XX. Gracias a la Asociación para la Reforma del Congo que Morel y Casament fundaron, la aureola mítica fraguada en torno a Leopoldo II como el civilizador fue desapareciendo hasta ser reemplazada por la más justa de un genocida. Sin embargo, por uno de esos misterios que convendría esclarecer, lo que todo ser humano medianamente informado sabía sobre él y su torva aventura congolesa en 1909, cuando Leopoldo II murió, hoy se ha eclipsado de la memoria pública. Ya nadie se acuerda de él como lo que en verdad fue. En su país ha pasado a la anodina condición de momia inofensiva, que figura en los libros de historia, tiene buen número de estatuas, un museo propio, pero nada que recuerde que él solo derramó más sangre y causó más sufrimientos en el África que todas las tragedias naturales y las guerras y revoluciones de aquel desgraciado continente.

II. Konrad Korzeniowski en el Congo

En 1890, el capitán de la marina mercante Konrad Korzeniowski, polaco de origen y nacionalizado británico desde hacía dos años, como no podía encontrar un puesto adecuado a su rango en Inglaterra, firmó un contrato, en Bruselas, con uno de los tentáculos de la Compañía de Leopoldo II, la Société Anonyme Belge para el comercio en el Alto Congo, como capitán de uno de los vaporcitos de la empresa que navegaban en el gran río africano entre Kinshasa y Stanley Falls. Fue contratado por el capitán Albert Thys, director ejecutivo de la firma y colaborador estrecho de Leopoldo II, para comandar el *Florida,* cuyo capitán anterior, llamado Freisleben, había sido asesinado por los nativos.

El futuro Joseph Conrad tomó el tren a Burdeos y allí embarcó hacia el África en el *Ville de Maceio,* con la idea de permanecer en su flamante cargo por tres años. Desembarcó en Boma, en la desembocadura del río Congo, y de allí, en un pequeño barco, surcó las cuarenta millas hacia Matadi, donde llegó el 13 de junio de 1890. En esta localidad conoció al justiciero irlandés Roger Casament, con quien convivió un par de semanas, y de quien dejó escrito en su diario que, entre todas las personas que había conocido en su estancia congolesa, era la que más admiraba. Sin duda, a través de Casament recibió informes detallados sobre otros horrores que allá ocurrían, además de los que saltaban a la vista. De Matadi partió a pie hacia Kinshasa en una caravana de treinta cargadores nativos, con los que, según sus notas de viaje, compartió peripecias y desventuras muy semejantes a las que experimenta Charlie Marlow, en *El corazón de las tinieblas,* recorriendo las doscientas millas de selva que separan el campamento de la Estación Central.

En Kinshasa, Conrad fue informado por los directivos de la Compañía que, en vez de abordar el *Florida,* barco del que había sido nombrado capitán y que aún se encontraba en reparaciones, serviría, como segundo de a bordo, en otro *steamer,* el *Roi des Belges,* bajo las órdenes del capitán sueco Ludwig Koch. La misión de esta nave era ir a recoger, río arriba, en el campamento de Stanley Falls, al agente de la Compañía Georges Antoine Klein, que se hallaba gravemente enfermo. Al igual que el Kurtz de la novela, este Klein murió en el viaje de regreso a Kinshasa, y el capitán Ludwig Koch cayó también enfermo durante la travesía de modo que Conrad acabó por tomar el mando del *Roi des Belges*. Afectado por diarreas, disgustado y decepcionado de su experiencia congolesa, en vez de permanecer los tres años previstos en el África regresó a Europa el 4 de diciembre de 1890. Su paso por el infierno manufacturado por Leopoldo II duró, pues, poco más de seis meses.

Escribió *El corazón de las tinieblas* nueve años después, siguiendo, a través de Marlow, al que no es injusto llamar su álter ego en la novela, con bastante fidelidad, los hitos y trayectorias de su propia aventura congolesa, pero tratando de borrar las pistas. En el manuscrito original figuraban una alusión sardónica a Leopoldo II («un rey de tercera clase») y algunas referencias geográficas, así como los nombres auténticos de las estaciones y factorías de la Compañía en las orillas del río Congo, que fueron luego suprimidos o cambiados en la novela. *El corazón de las tinieblas* se publicó por entregas, en febrero, marzo y abril de 1899, en la revista londinense *Blackwood's Magazine,* y tres años más tarde (1902) en un libro *(Youth: A Narrative; and Two Other Stories)* que contenía otros dos relatos.

III. El corazón de las tinieblas

Conrad no hubiera podido escribir jamás esta historia sin los seis meses que pasó en el Congo devastado por la Compañía de Leopoldo II. Pero, aunque esa experiencia fue la materia prima de esta novela que puede leerse, entre otras lecturas posibles, como un exorcismo contra el colonialismo y el imperialismo, *El corazón de las tinieblas* trasciende la circunstancia histórica y social para convertirse en una exploración de las raíces de lo humano, esas catacumbas del ser donde anida una vocación de irracionalidad destructiva que el progreso y la civilización consiguen atenuar pero nunca erradican del todo. Pocas historias han logrado expresar, de manera tan sintética y subyugante como ésta, el *mal,* entendido en sus connotaciones metafísicas individuales y en sus proyecciones sociales. Porque la tragedia que personifica Kurtz tiene que ver tanto con unas instituciones históricas y económicas a las que la codicia corrompe como con aquella propensión recóndita a la «caída», a la corrupción moral del espíritu humano, eso que la religión cristiana denomina el pecado original y el psicoanálisis el instinto de muerte.

La novela es mucho más sutil e inapresable que las contradictorias interpretaciones a que ha dado lugar: la lucha entre civilización y barbarie, el retorno al mundo mágico de rituales y sacrificios del hombre primitivo, la frágil corteza que separa la modernidad del salvajismo. En un primer plano, es, sin duda, y pese a las severísimas condenas que lanzó contra ella el escritor africano Chinua Achebe acusándola de prejuiciada y salvajemente racista *(bloody racist)* contra los negros,[*] una dura crítica a la ineptitud de la civilización occidental para trascender la naturaleza humana, cruel e incivil, tal como ella se manifiesta en esos blancos que la Compañía tiene instalados en el corazón del África, para que exploten a los nativos y depreden sus bosques y su fauna, desapareciendo a los elefantes en busca del precioso marfil. Estos individuos representan una peor forma de barbarie (ya que es cons-

---

[*] Achebe, Chinua: «An Image of Africa». *Massachusetts Review,* 18:4 (Winter 1777), pp. 782-794.

ciente e interesada) de la de aquellos bárbaros, caníbales y paganos, que han hecho de Kurtz un pequeño dios.

Kurtz, en teoría el personaje central de esta historia, es un puro misterio, un dato escondido, una ausencia más que una presencia, un mito que su fugaz aparición al final de la novela no llega a eclipsar reemplazándola por un ser concreto. En algún momento, fue un hombre muy superior intelectual y moralmente a esa colección de mediocridades ávidas que son sus colegas empleados de la Compañía, según las versiones que de él va recogiendo Marlow mientras remonta el gran río, rumbo a esa remota estación donde se encuentra Kurtz, o después de su muerte. Porque era, entonces, un hombre de ideas —un periodista, un poeta, un músico, un político—, convencido, a juzgar por el informe que redactó para la Sociedad para la Eliminación de las Costumbres Salvajes, de que, haciendo lo que hacía —recogiendo el marfil para exportarlo a Europa—, el capitalismo europeo cumplía una misión civilizadora, una especie de cruzada comercial y moral a la vez, de tanta significación que justificaba incluso las peores violencias cometidas en su nombre. Pero éste es el mito. Cuando vemos al Kurtz de carne y hueso, es ya una sombra de sí mismo, un moribundo enloquecido y delirante, en el que no quedan rastros de aquel proyecto ambicioso que, al parecer, lo abrasaba en el comienzo de su aventura africana, una ruina humana en la que Marlow no advierte una sola de aquellas supuestas ideas portentosas que antaño lo animaban. Lo único definitivo que llegamos a saber de él es que ha saqueado más marfil que ningún otro agente para la empresa, y que —en esto sí que es diferente y superior a los otros blancos— ha conseguido comunicarse con los nativos, seducirlos, hechizar a aquellos «salvajes» a los que sus colegas se contentan con explotar, y, en cierto modo, convertirse en uno de ellos: un reyezuelo al que aquellos profesan una devoción sin reservas y sobre los que ejerce el dominio despótico más primitivo.

Esta dialéctica entre civilización y barbarie es tema neurálgico en *El corazón de las tinieblas*. Para cualquier lector sin orejeras es evidente que de ningún modo se desprende de la novela que la barbarie sea el África y Europa la civilización. Si hay una barbarie explícita, cínica, la encarna la Compañía, cuya razón de ser en las selvas y ríos donde se ha instalado es saquearlos, explotando para ello con ilimitada crueldad a esos caníbales a los que esclaviza, reprime o mata sin el menor escrúpulo, igual que a las manadas de elefantes, para conseguir el oro blanco, el ansiado marfil. La locura de Kurtz es la exacerbación hasta el extremo límite de esta barbarie que la Compañía (presentada como un ente abstracto demoníaco) lleva consigo al corazón de las tinieblas africanas.

La locura, por lo demás, no es patrimonio exclusivo de Kurtz, sino un estado de ánimo o enfermedad que parece apoderarse de los europeos apenas pisan suelo africano, tal como insinúa a Marlow el médico de la Compañía que lo examina y le mide la cabeza en la «ciudad espectral», al hablarle de «los cambios mentales que se producen en los individuos en aquel sitio...». Así lo confirma Marlow nada más llegar a la boca del gran río, cuando divisa un barco de guerra francés cañoneando absurdamente, no un objetivo militar concreto, sino las selvas, el continente africano, como si aquellos soldados hubieran perdido el juicio. Buena parte de los blancos con los que alterna en el viaje dan síntomas de desequilibrio o alteración del carácter, desde el maniático contador imperturbable y los exaltados peregrinos hasta el trashumante y gárrulo ruso vestido como un arlequín. La frontera entre la lucidez y la locura destella en la nota feroz, destemplada, que aparece al pie del informe de Kurtz a la Sociedad para la Eliminación de las Costumbres Salvajes. ¿Cuánto tiempo media entre el informe y esa exhortación: «¡Exterminad a estos bárbaros!»? No lo sabemos. Pero sí que entre ambos textos se interpuso la realidad africana y que ella bastó para que la mente de Kurtz (o su alma) basculara de la razón a la sinrazón (o del Bien al Mal). Cuando garabateó ese mandamiento exterminador, Kurtz ya lo ponía en práctica, sin duda, y alrededor de su cabaña se balanceaban las cabezas clavadas en estacas.

Del relato se desprende una visión muy pesimista, por decir lo menos, de esa civilización europea representada por esa «ciudad espectral» o «sepulcro blanqueado» donde está la casa matriz de la Compañía, a cuyas puertas reciben al visitante unas mujeres tejiendo, que, como han señalado los críticos, se parecen sospechosamente a las Parcas de Virgilio y Dante que cuidan las puertas del averno. Si esa civilización existe, ella, como el dios Jano, tiene dos caras: una para Europa y otra para el África, donde reaparece toda la violencia y crueldad en las relaciones humanas que en el viejo continente se creían abolidas. En el mejor de los casos, la civilización luce como una delgada película, debajo de la cual siguen agazapados los viejos demonios esperando las circunstancias propicias para reaparecer y ahogar en ceremonias de puro instinto e irracionalidad, como las que preside Kurtz en su reino irrisorio, al precario civilizado.

La extremada complejidad de la historia está muy bien subrayada por la compleja estructura de la narración, por los narradores, escenarios y tiempos superpuestos que se van alternando en el relato. Vasos comunicantes y cajas chinas se relevan e imbrican para edificar un todo narrativo funcional y sutil. El río Támesis y el gran río africano (el Congo, aunque no sea nombrado) son los dos escenarios enhebrados por la historia. Dos ríos, dos continentes, dos culturas, dos tiempos históricos, entre los que va mudando el principal personaje-narrador, el capitán Charlie Marlow, que cuenta, a cuatro amigos, en la noche fluvial londinense, su antigua aventura africana. Pero, en esta realidad binaria, en la que hay dos mujeres asociadas a Kurtz —la negra «bárbara y soberbia» y su delicada novia blanca— hay también dos narradores, ya que Marlow narra dentro de la narración de otro narrador-personaje (que habla de «nosotros», como si fuera uno de los amigos que escuchan a Marlow), éste anónimo y furtivo, cuya función es la de velar la historia, disolviéndola en una neblina de subjetividad. O, mejor, de subjetividades que se cruzan y descruzan, para crear la enrarecida atmósfera en que transcurre el relato. Una atmósfera a ratos de confusión y a ratos de pesadilla, en la que el tiempo se adensa, parece inmovilizarse, para luego saltar a otro momento, de manera sincopada, dejando vacíos intermedios, silencios y sobreentendidos. Esta atmósfera, uno de los mejores logros del libro, resulta de la poderosa presencia de una prosa cargada, por momentos grandilocuente y torrencial, llena de imágenes misteriosas y resonancias mágico-religiosas, se diría que impregnada de la abundancia vegetal y de los vahos selváticos. El crítico inglés F. R. Leavis deploró en este estilo la «insistencia adjetivadora» *(adjectival insistence),*[*] algo que, a mi juicio, es más bien uno de sus atributos imprescindibles para desracionalizar y diluir la historia en un clima de total ambigüedad, en un ritmo y fluencia de realidad onírica que la hagan persuasiva. Esta atmósfera reproduce el estado anímico de

---

[*] F. R. Leavis, *The Great Tradition,* London, Penguin, 1986.

Marlow, a quien lo que ve, en su viaje africano, en los puestos y factorías de la Compañía, deja perplejo, confuso, horrorizado, en un *crescendo* del exceso que hace verosímil la historia de Kurtz, el horror absoluto que la narración alcanza con él. Relatada en un estilo más sobrio y circunspecto, aquella desmesurada historia sería increíble.

La experiencia africana cambia la personalidad de Marlow, como cambió la de Conrad. Y, también, su visión del mundo, o por lo menos de Europa. Cuando retorna a la «ciudad espectral» con los papeles y el recuerdo de Kurtz, contempla a distancia y con desprecio a esa «gente que se apresuraba por las calles para extraer unos de otros un poco de dinero, para devorar su infame comida, para tragar su cerveza malsana, para soñar sus sueños insignificantes y torpes». ¿A qué se debe esta aversión? A que estos seres eran «una infracción a mis pensamientos», «intrusos cuyo conocimiento de la vida constituía para mí una pretensión irritante, porque estaba seguro de que no era posible que supieran las cosas que yo sabía». Lo que, gracias a aquel viaje, ha aprendido sobre la vida y el ser humano ha hecho de él un ser sin inocencia ni espontaneidad, muy crítico y desconfiado de sus congéneres. («Antes del Congo, yo era sólo un animal», confesó Conrad.)*

Marlow, que antes de viajar al África odiaba la mentira, a su regreso no vacila en mentir a la prometida de Kurtz, a la que engaña diciéndole que las últimas palabras de éste fueron el nombre de ella, cuando, en verdad, exclamó: «¡Ah, el horror! ¡El horror!». ¿Fue una mentira piadosa para consolar a una mujer que sufría? Sí, también.

---

* Joseph Conrad, *Heart of Darkness,* Icon Critical Guides. Editado por Nicolas Tredell, Cambridge, Reino Unido, Icon Books, 1998, p. 50.

Pero fue, sobre todo, la aceptación de que hay verdades tan intolerables en la vida que justifican las mentiras. Es decir, las ficciones; es decir, la literatura.

Madrid, octubre de 2001

LA MUERTE EN VENECIA (1912)
Thomas Mann

El llamado del abismo

Pese a su brevedad, *La muerte en Venecia* cuenta
una historia tan compleja y profunda como la de aquellas
novelas en las que el genio de Thomas Mann se desple-
gaba morosamente, en vastas construcciones que pretendían representar toda una sociedad o una época histó-
ca. Y lo hace con la economía de medios y la perfección
artística que han alcanzado pocas novelas cortas en la historia de la literatura. Por eso, merece figurar junto a obras
maestras del género como *La metamorfosis* de Kafka o *La
muerte de Iván Ilich* de Tolstoi, con las que comparte la
excelencia formal, lo fascinante de su anécdota y, sobre
todo, la casi infinita irradiación de asociaciones, simbo-
lismos y ecos que el relato va generando en el ánimo del
lector.

Leído y releído una y otra vez, siempre se tiene la
inquietante sensación de que algo misterioso ha quedado
en el texto fuera del alcance incluso de la lectura más aten-
ta. Un fondo oscuro y violento, acaso abyecto, que tiene
que ver tanto con el alma del protagonista como con la
experiencia común de la especie humana; una vocación
secreta que reaparece de pronto, asustándonos, pues la
creíamos definitivamente desterrada de entre nosotros por
obra de la cultura, la fe, la moral pública o el mero deseo
de supervivencia social.

¿Cómo definir esta subterránea presencia que, por
lo general, las obras de arte revelan de manera involun-

taria, casi siempre al sesgo, fuego fatuo que las cruzara de pronto sin permiso del autor? Freud la llamó instinto de muerte; Sade, deseo en libertad; Bataille, el mal. Se trata, en todo caso, de la búsqueda de aquella soberanía integral del individuo, anterior a los convencionalismos y a las normas, que toda sociedad —algunas más, otras menos— limita y regula a fin de hacer posible la coexistencia e impedir que la colectividad se desintegre retrocediendo a la barbarie. Embridar los deseos y las pasiones de los individuos de modo que los apetitos particulares, azuzados por la imaginación, no pongan en peligro al cuerpo gregario, es la definición misma de la idea de civilización. Una idea clara y sana cuyos beneficios para el género humano nadie podría negar racionalmente pues ella ha enriquecido la vida y alejado, a veces a distancias remotísimas, la precariedad y la miseria de las existencias primordiales que antecedieron a la horda y al clan de caníbales. Pero la vida no está hecha solamente de razón, también de pasiones. El ángel que habita en el hombre nunca consigue derrotar totalmente al demonio con el que comparte la condición humana, aun cuando en las sociedades avanzadas esto parezca logrado. La historia de Gustav von Aschenbach nos muestra que ni siquiera esos soberbios ejemplares de sanidad ciudadana cuya inteligencia y disciplina moral creen haber domesticado todas las fuerzas destructivas de la personalidad están a salvo de sucumbir una mañana cualquiera a la tentación del abismo.

La razón, el orden, la virtud, aseguran el progreso del conglomerado humano pero rara vez bastan para hacer la felicidad de los individuos, en quienes los instintos reprimidos en nombre del bien social están siempre al acecho, esperando la oportunidad de manifestarse para exigir de la vida aquella intensidad y aquellos excesos que, en última instancia, conducen a la destrucción y a la muerte. El sexo es el territorio privilegiado en el que comparecen, desde las catacumbas de la personalidad, esos demonios ávidos de transgresión y de ruptura a los que, en ciertas circunstancias, es imposible rechazar pues ellos también forman parte de la realidad humana. Más todavía: aunque su presencia siempre entraña un riesgo para el individuo y una amenaza de disolución y violencia para la sociedad, su total exilio empobrece la vida, privándola de aquella exaltación y embriaguez —la fiesta y la aventura— que son también una necesidad del ser. Éstos son los espinosos temas que *La muerte en Venecia* ilumina con una soberbia luz crepuscular.

Gustav von Aschenbach ha llegado a los umbrales de la vejez como un ciudadano admirable. Sus libros lo han hecho célebre, pero él sobrelleva la fama sin vanidad, concentrado en su trabajo intelectual, sin abandonar casi el mundo de las ideas y de los principios, desasido de toda tentación material. Es un hombre austero y solitario desde que enviudó; no hace vida social ni acostumbra viajar; en las vacaciones se recluye entre sus libros, en una casita de campo de las afueras de Múnich. El texto precisa que «no amaba el placer». Todo parecía indicar, pues, que esta gloria artística vive confinada en el mundo del espíritu, después de haber sojuzgado mediante su cultura y su razón a las pasiones, aquellos agentes del vicio y el caos que habitan en las zonas oscuras de la psicología humana. Se trata de un «virtuoso» en los dos sentidos de la palabra: como creador de formas bellas y originales y como hombre que ha purificado su vida gracias a un ritual estricto de disciplina y contención.

Pero, un día, súbitamente, esta organizada existencia comienza a derrumbarse por obra de la imaginación, esa corrosiva fuerza que los franceses llaman, con mucho acierto, «la loca de la casa». La visión furtiva de un forastero en el cementerio de Múnich despierta en Von Aschenbach el deseo de viajar y puebla su cabeza de imágenes exóticas; sueña con un mundo feroz y primitivo, bárbaro, es decir, totalmente antagónico a su condición de hombre supercivilizado, de espíritu «clásico». Sin entender bien por qué lo hace, cede al impulso y va primero a una isla del Adriático, luego a Venecia. Allí, la misma noche de su llegada, ve al niño polaco Tadzio que revolucionará su vida, destruyendo en pocos días el orden racional y ético que la sustentaba. Nunca llega a tocarlo, ni siquiera a cambiar una palabra con él; es posible, incluso, que las vagas sonrisas que Von Aschenbach cree advertir en el efebo cuando se cruzan sean pura fantasía suya. Todo el drama se desarrolla al margen de testigos indiscretos, en la mente y el corazón del escritor y también, por supuesto, en esos sucios instintos que él creía dominados y que, de manera inesperada, en la pegajosa y maloliente atmósfera del verano veneciano, resucitan convocados por la tierna belleza del adolescente para hacerle saber que su cuerpo no sólo es el habitáculo de las refinadas y generosas ideas que admiran sus lectores, sino, también, de una bestia en celo, ávida y egoísta.

Decir que el escritor se enamora o que se incendia de deseo por el bello muchacho sería insuficiente. Le ocurre algo todavía más profundo: cambia su visión de la vida y del hombre, de la cultura y del arte. De pronto, las ideas pasan a un segundo plano, desplazadas por las sensaciones y los sentimientos, y el cuerpo aparece como una realidad avasalladora a la que el espíritu no debe someter sino servir. La sensualidad y los apetitos del instinto cobran una nueva valencia moral, ya no como formas de la animalidad que el ser humano debe reprimir para hacer posible la civilización, sino como fuentes de una «embriaguez divina» que transforma al individuo en un pequeño dios. La vida deja de ser «forma» y se derrama en un ardiente desorden.

Gustav von Aschenbach experimenta las delicias y los suplicios del amor-pasión, aunque a solas, sin compartirlos con el ser que los provoca. Al principio, intuyendo el peligro que corre, intenta huir, sólo para dar marcha atrás y entregarse más resueltamente a la aventura, que lo arrastrará primero a la abyección y luego a la muerte. El sobrio intelectual de ayer, ahora asqueado de su vejez y fealdad, llega a los extremos lastimosos de maquillarse y pintarse el pelo como un petimetre. En vez de los viejos sueños apolíneos de antaño, sus noches se llenan de visiones salvajes, en las que hombres bárbaros se entregan a orgías donde la violencia, la concupiscencia y la idolatría triunfan sobre «el espíritu digno y sereno». Gustav von Aschenbach conoce, entonces, «la lujuria y el vértigo de la aniquilación». ¿Quién corrompe a quién? Porque Tadzio abandona Venecia, al final de la historia, tan inocente e inmaculado como al principio, en tanto que Von Aschenbach ha quedado convertido en un desecho moral y físico. La belleza del niño es apenas el estímulo que pone en movimiento el mecanismo destructor, ese deseo que la imaginación de Von Aschenbach encandila hasta abrasarse en ella.

La peste que acaba con él es simbólica en más de un sentido. De un lado, representa las fuerzas irracionales del sexo y la fantasía puesta a su servicio, ese *libertinaje* al que el escritor sucumbe. Liberadas de todo freno, ellas harían imposible la vida social pues la convertirían en una jungla de bestias hambrientas. De otro, la peste encarna el mundo primitivo, exótica realidad en la que, a diferencia de lo que para el narrador representa el espíritu, la Europa civilizada, la vida es aún instinto antes que idea, y donde el hombre vive aún en estado de naturaleza. El «cólera hindú» que viene a asolar esa joya de la cultura y del intelecto que es Venecia procede de esas remotas extremidades del planeta «en cuya espesura de bambúes acecha el tigre» y de algún modo los estragos que causa prefiguran la derrota de la civilización por obra de la barbarie.

Esta parte de la historia admite diferentes lecturas. La peste representa, para algunos, la descomposición política y social de la Europa que salía del alegre desenfreno de la *belle époque* y se disponía a autodestruirse. Ésta es la interpretación «social» de la sinuosa epidemia que se infiltra en la bella ciudad lacustre de manera imperceptible para socavarla, igual que el veneno de la concupiscencia en el pulcro espíritu del moralista. Para esta lectura, la epidemia grafica el precio de degeneración, locura y ruina que puede tener que pagar quien cede a las solicitaciones del placer, y somete su inteligencia a los dictados irracionales de la pasión.

Quien escribe es, qué duda cabe, otro moralista, como lo era Von Aschenbach antes de su caída. También en Thomas Mann hay, igual que en su personaje —es sabido que, además de Gustav Mahler, el propio autor de *La muerte en Venecia* sirvió de modelo a Von Aschenbach—, un miedo instintivo al placer, esa región de la experiencia que anula la racionalidad y donde todas las ideas naufragan. Se trata de dos románticos disfrazados de clásicos, dos hombres para quienes la pasión de los sentidos, la euforia del sexo, es una suprema exaltación que el hombre debe vivir, consciente, sin embargo, de que ello lo precipitará en la decadencia y la muerte. No hay en estos puritanos licenciosos ni sombra de la alegre y juguetona visión dieciochesca del sexo como un mundo de juego y diversión, perfectamente armónico con los otros quehaceres de la vida, los del cuerpo y los del espíritu, dos órdenes que el siglo XVIII confundió y que el XIX, el siglo romántico, volvería incompatibles.

El símbolo es de por sí ambiguo y contradictorio; siempre admite interpretaciones que varían en función del lector y de los tiempos que corren. Pese a haber transcurrido menos de ochenta años desde que *La muerte en Venecia* fuera escrita, muchas de sus alegorías y símbolos nos resultan ya inciertos pues nuestra época los ha vaciado de contenido o vuelto irreconocibles. La rígida moral burguesa que circunda el mundo de Thomas Mann y confiere al destino de Von Aschenbach una aureola trágica aparece, en nuestros días, los de la sociedad permisiva, como una pintoresca anomalía, ni más ni menos que ese cólera hindú de resonancias medievales al que la química contemporánea doblegaría velozmente. ¿Por qué había que castigar con tanta crueldad al pobre artista cuyo solo pecado es descubrir tardíamente —y, para colmo, sólo en idea— el placer carnal?

Y, sin embargo, aun desde nuestra perspectiva de lectores de un tiempo cuya tolerancia en materia sexual ha ido banalizando todos los excesos hasta volverlos convencionales y aburridos, el drama del solitario cincuentón, tan tímido y tan sabio, enamorado como una damisela del niño polaco, que se inmola en el fuego de esa pasión, nos turba y nos conmueve profundamente. Porque hay, entre los resquicios de esa historia, un abismo que ella deja entrever y que inmediatamente identificamos en nosotros mismos y en el medio social en el que estamos inmersos. Un abismo poblado de violencia, de deseos y de fantasmas sobrecogedores y exaltantes, del que por lo general no tenemos conciencia alguna, salvo a través de experiencias privilegiadas que ocasionalmente lo revelan, recordándonos que, por más que lo hayamos reducido a la catacumba y al olvido, forma parte integral de la naturaleza humana y subyace, por lo tanto, con sus monstruos y sus sirenas seductoras, como un desafío permanente a los usos y costumbres de la civilización.

En un momento dado de su drama interior, Von Aschenbach se empeña en sublimar su pasión con reverberaciones míticas. La traslada al mundo de la cultura y él mismo se ve transformado en Sócrates, dialogando con Fedro a orillas del Ilisos sobre la belleza y el amor. Ésta es una astuta manera del autor de limpiar en algo las mefíticas emanaciones del gozoso infierno en que se halla Von Aschenbach, dándoles una dimensión filosófica, desencarnándolas y ensanchando el mundo del relato gracias a un contexto cultural. Ello, por otra parte, no es gratuito. Von Aschenbach era un «clásico» vivo y es natural que su conciencia busque dentro del universo de la cultura antecedentes y referencias a lo que le sucede. Pero el abismo que se ha abierto bajo sus pies y en el que el escritor se ha lanzado en un acto del que, por lo demás, en ningún momento se arrepiente, no es el de las ideas puras ni el del espíritu. Es el del cuerpo al que él había reglamentado y desdeñado, y que ahora reclama sus fueros, hasta emanciparse y doblegar al espíritu que lo tenía esclavizado.

Ese reclamo tiene principio pero no fin: despertado por un estímulo cualquiera —la belleza de Tadzio, por ejemplo—, libre de crecer y volcarse en la vida en pos de esa satisfacción que la fantasía que lo sirve se encarga de hacer cada vez más inalcanzable, el deseo sexual, fuente de goce, puede también ser peste mortífera para la ciudad. Por eso, la vida municipal le impone límites y la moral, la religión y la cultura lo amaestran y tratan de sujetarlo dentro de ciertos cauces. En las últimas semanas de su vida, Gustav von Aschenbach descubre —y, con él, el lector de la hermosa parábola— que todos esos intentos son siempre relativos, pues, como le ocurre a él, esa voluntad de restitución de la total soberanía recortada en el individuo en aras de la coexistencia social renace periódicamente para exigir que la vida sea no sólo razón, paz, disciplina, sino también locura, violencia y caos. En el fondo del ciudadano ejemplar que había en Gustav von Aschenbach anidaba un salvaje pintarrajeado esperando el instante propicio de salir a la luz a proclamar que, aunque momentáneamente vencido, el bípedo antropoide de la horda y el clan está siempre al acecho, esperando la hora del desquite.

Lima, setiembre de 1988

DUBLINESES (1914)
James Joyce

El Dublín de Joyce

La buena literatura impregna ciertas ciudades y las recubre con una pátina de mitología y de imágenes más resistente al paso de los años que su arquitectura y su historia. Cuando conocí Dublín, a mediados de los sesenta, me sentí traicionado: esa ciudad alegre y simpática, de gentes exuberantes que me atajaban en medio de la calle para preguntarme de dónde venía y me invitaban a tomar cerveza no se parecía mucho a la de los libros de Joyce. Un amigo se resignó a servirme de guía tras los pasos de Leopold Bloom, en esas veinticuatro horas prolijas del *Ulises;* se conservaban los nombres de las calles, muchos locales y direcciones, y, sin embargo, aquello no tenía la densidad, la sordidez ni la metafísica grisura del Dublín de la novela. ¿Habían sido alguna vez, ambas, la misma ciudad?

En verdad, no lo fueron nunca. Porque Joyce, aunque tuvo la manía flaubertiana de la documentación (él, que era la falta de escrúpulos personificada en todo lo que no fuera escribir) y llevó el escrúpulo descriptor de su ciudad a extremos tan puntillosos como averiguar por cartas, desde Trieste y Zúrich, qué flores y qué árboles eran aquellos que, en aquella precisa esquina..., no describió la ciudad de sus ficciones: la inventó. Y lo hizo con tanto arte y fuerza persuasiva que esa ciudad de fantasía, nostalgia, rencor y (sobre todo) de palabras que es la suya, acaba por tener, en la memoria de sus lectores, una vigencia que supera en dramatismo y color a la antiquísima urbe de carne y hueso —de piedra y arcilla, más bien— que le sirvió de modelo.

Dublineses es el primer estadio de esa duplicación. La abrumadora importancia de *Ulises* y de *Finnegans Wake,* experimentos literarios que revolucionaron la narrativa moderna, hace olvidar a veces que aquel libro de cuentos, de hechura más tradicional y tributario, en apariencia al menos, de un realismo naturalista que ya para la fecha en que fue publicado (1914) era algo arcaico, no es un libro menor, de aprendizaje, sino la primera obra maestra que Joyce escribió. Se trata de un libro orgánico, no de una recopilación. Leído de corrido, cada historia se complementa y enriquece con las otras y, al final, el lector tiene la visión de una sociedad compacta a la que ha explorado en sus recovecos sociales, en la psicología de sus gentes, en sus ritos, prejuicios, entusiasmos y discordias y hasta en sus fondos impúdicos.

Joyce escribió el primer cuento del libro, «Las hermanas», a los veintidós años, en 1904, para ganar una libra esterlina, a pedido de un amigo editor, George Russell, que lo publicó en el diario dublinés *Irish Homestead.* Casi inmediatamente concibió el proyecto de una serie de relatos que titularía *Dubliners,* para, según comunicó a un amigo en julio de ese año, «traicionar el alma de esa hemiplejia o parálisis a la que muchos consideran una ciudad». La traición sería más sutil y trascendente de lo que él pudo sospechar cuando escribió esas líneas; ella no consistiría en agredir o desprestigiar a la ciudad en la que había nacido, sino, más bien, en trasladarla del mundo objetivo, perecedero y circunstancial de la historia al mundo ficticio, intemporal y subjetivo de las grandes creaciones artísticas. En setiembre y diciembre de ese año aparecieron en el mismo periódico «Eveline» y «Después de la carrera». Los otros relatos, con excepción del último, «Los muertos», fueron escritos en Trieste, de mayo a octubre de 1905, mientras Joyce malvivía dando clases de inglés en la Escuela Berlitz, prestándose plata de medio mundo para poder mantener a Nora y al recién nacido de ambos, Giorgio, y para costearse las esporádicas borracheras que solían ponerlo en estado literalmente comatoso.

La distancia había limado para entonces en algo la aspereza de sus sentimientos juveniles contra Dublín y añadido a sus recuerdos una nostalgia que, aunque muy contenida y disuelta, comparece de tanto en tanto en las historias de *Dublineses* como una irisación del paisaje o una suave música de fondo para los diálogos. En esa época, ya había decidido que Dublín fuera el protagonista del libro. En sus cartas de esos días se sorprende de que una ciudad «que ha sido una capital por mil años, que es la segunda ciudad del Imperio Británico, que es casi tres veces más grande que Venecia, no haya sido revelada al mundo por ningún artista» (carta a su hermano Stanislaus del 24 de setiembre de 1905). En la misma carta señala que la estructura del libro corresponderá al desarrollo de una vida: historias de niñez, de adolescencia, de madurez y, finalmente, historias de la vida pública o colectiva.

El cuento final, el más ambicioso y el que encarnaría mejor aquella idea de la «vida pública» de la ciudad, «Los muertos», lo escribió algo después —en 1906— para mostrar un aspecto de Dublín que, según dijo a su hermano Stanislaus, no aparecía en los otros relatos: «Su ingenuo insularismo y su hospitalidad, virtud, esta última, que no creo exista en otro lugar de Europa» (carta del 25 de setiembre de 1906). El relato es una verdadera proeza pues salimos de sus páginas con la impresión de haber abrazado la vida colectiva de la ciudad y, al mismo tiempo, de haber espiado sus secretos más íntimos. En sus páginas desfilan entre la abigarrada sociedad que acude al baile anual de las señoritas Morkan, los grandes temas públicos —el nacionalismo, la política, la cultura— y también los usos y costumbres locales —sus bailes, sus comidas, sus vestidos, la retórica de sus discursos— y asimismo las afinidades y antipatías que acercan o distancian a las gentes. Pero luego, de manera insensible, esa aglomeración se va adelgazando hasta reducirse a una sola pareja, Gabriel Conroy y su mujer Gretta, y el relato termina por infiltrarse en lo más soterrado de las emociones y la sensibilidad de Gabriel, desde donde compartimos con él la revelación tan turbadora sobre el amor y la muerte de Michael Furey, un episodio sentimental de la juventud de Gretta. En su perfecto encaje de lo colectivo y lo individual, en el delicado equilibrio que logra entre lo objetivo y lo subjetivo, «Los muertos» prefigura ya el *Ulises*.

Pero pese a toda la destreza narrativa que luce no es «Los muertos» el mejor cuento del libro. Yo sigo prefiriendo «La casa de huéspedes» y «Un triste caso», cuya inigualable maestría los hace dignos de figurar, con algunos textos de Chéjov, Maupassant, Poe y Borges, entre los más admirables que ha producido ese género tan breve e intenso —como sólo puede serlo la poesía— que es el cuento.

En verdad, todos los relatos de *Dublineses* denotan la sabiduría de un artista consumado y no al narrador primerizo que era su autor. Algunos, como «Después de la carrera» y «Arabia», no llegan a ser cuentos, sólo estampas o instantáneas que eternizan, en la hueca frivolidad de unos jóvenes adinerados o en el despertar de un adolescente al mundo adulto del amor, a algunos de sus pobladores. Otros, en cambio, como «La casa de huéspedes» y «Un triste caso», condensan en pocas páginas unas historias que revelan toda la complejidad psicológica de un mundo, y, principalmente, las frustraciones sentimentales y sexuales de una sociedad que ha metabolizado en instituciones y costumbres las restricciones de índole religiosa y múltiples prejuicios. Sin embargo, aunque la visión de la sociedad que los cuentos de *Dublineses* ofrecen es severísima —a veces sarcástica, a veces irónica, a veces abiertamente feroz—, éste es un aspecto secundario del libro. Sobre lo documental y crítico prevalece siempre una intención artística. Quiero decir que el «realismo» de Joyce está más cerca del de Flaubert que del de Zola. Ezra Pound, que se equivocó en muchas cosas, pero que acertó siempre en materias estéticas, fue uno de los primeros en advertirlo. Al leer, en 1914, el manuscrito del libro que rodaba desde hacía nueve años de editor en editor sin que alguno se animara a publicarlo, sentenció que aquella prosa era la mejor del momento en la literatura de lengua inglesa —sólo comparable a la de Conrad y a la de Henry James— y que lo más notable de ella era su «objetividad».

El juicio no puede ser más certero. El calificativo vale para el arte de Joyce en su conjunto. Y donde aquella «objetividad» aparece primero, organizando el mundo narrativo, dando al estilo su coherencia y movimiento específico, estableciendo un sistema de acercamiento y distancia entre el lector y lo narrado, es en *Dublineses*. ¿Qué hay que entender por «objetividad» en arte? Una convención o apariencia que, en principio, nada presupone sobre el acierto o el fracaso de la obra y que es por lo tanto tan admisible como su opuesto: la del arte «subjetivo». Un relato es «objetivo» cuando parece proyectarse exclusivamente sobre el mundo exterior, eludiendo la intimidad, o cuando el narrador se invisibiliza y lo narrado aparece a los ojos del lector como un objeto autosuficiente e impersonal, sin nada que lo ate y subordine a algo ajeno a sí mismo, o cuando ambas técnicas se combinan en un mismo texto como ocurre en los cuentos de Joyce.

La objetividad es una técnica, o, mejor dicho, el efecto que puede producir una técnica narrativa, cuando ella es eficaz y ha sido empleada sin torpezas ni deficiencias que la delaten, haciendo sentir al lector que es víctima de una manipulación retórica. Para lograr esta hechicería, Flaubert padeció indeciblemente los cinco años que le tomó escribir *Madame Bovary.* Joyce, en cambio, que sufrió lo suyo con los titánicos trabajos que le demandaron *Ulises* y *Finnegans Wake,* escribió estos relatos más bien deprisa, con una facilidad que maravilla (y desmoraliza).

El Dublín de los cuentos se delinea como un mundo soberano, sin ataduras, gracias a la frialdad de la prosa que va dibujando, con precisión matemática, las calles macilentas donde juegan sus niños desarrapados y las pensiones de sus sórdidos oficinistas, los bares donde se emborrachan y pulsean sus bohemios y los parques y callejones que sirven de escenario a los amores de paso. Una fauna humana multicolor y diversa va animando las páginas, en las que, a veces, algunos individuos —los niños, sobre todo— hablan en primera persona, contando algún fracaso o exaltación, y, otras, alguien, que puede ser todos o nadie, relata con voz tan poco obstructora, tan discreta, tan soldada a aquellos seres, objetos y situaciones que describe, que constantemente nos olvidamos de ella, demasiado absorbidos como estamos por aquello que cuenta para advertir que nos está siendo contado.

¿Es éste un mundo seductor, codiciable? En absoluto; más bien, sórdido, ahíto de mezquindades, estrecheces y represiones, sobre el que la Iglesia ejerce una tutela minuciosa, intolerable, y donde el nacionalismo, por más explicable que nos parezca como reacción contra el estatuto semicolonial del país, origina distorsiones culturales y cierto provincialismo mental en algunas de sus gentes. Pero, para darnos cuenta de todas estas deficiencias, es pre-

ciso *salir* del mundo narrado, hacer un esfuerzo de reflexión crítica. Su fealdad sólo aparece después de la lectura. Pues, mientras estamos inmersos en su magia, esa sordidez no puede ser más bella ni sus gentes —aun las más
ruines y chatas— más fascinantes. Su atractivo no es de
índole moral, ni obedece a consideraciones sociales: es
estético. Y que podamos hacer esta distinción es, precisamente, proeza del genio de Joyce, uno de los escasísimos
autores contemporáneos que ha sido capaz de dotar a la
clase media —la clase sin heroísmo por excelencia— de un
aura heroica y de una personalidad artística sobresaliente,
siguiendo también en esto el ejemplo de Flaubert. Ambos
realizaron esta dificilísima hazaña: la dignificación artística
de la vida mediocre. Por la sensibilidad con que es recreada y por la astucia con que nos son referidas sus historias,
la rutinaria existencia de la pequeña burguesía dublinesa
cobra en el libro las dimensiones de una riquísima aventura, de una formidable experiencia humana.

El «naturalismo» de Joyce, a diferencia del de Zola, no es social, no está guiado por otra intención que la
estética. Ello hizo que *Dublineses* fuera acusado de «cínico»
por algunos críticos ingleses al aparecer. Acostumbrados
a que aquella técnica realista de escribir historias vinie-
ra aderezada de propósitos reformadores y sentimientos
edificantes, se desconcertaron ante unas ficciones que
pese a su apariencia testimonial e histórica no hacían explícita una condena moral sobre las iniquidades e injusticias que mostraban. A Joyce —que, cuando escribió estos cuentos, se llamaba a sí mismo un socialista— nada
de esto le interesaba, por lo menos cuando se sentaba a
escribir: ni informar ni opinar sobre una realidad dada,
sino, más bien, recrearla, reinventarla, dándole la dignidad de un hermoso objeto, una existencia puramente artística.

Y eso es lo que caracteriza y diferencia al Dublín de Joyce del otro, el pasajero, el real: ser una sociedad en ebullición, hirviente de dramas, sueños y problemas, que ha sido metamorfoseada en un precioso mural de formas, colores, sabores y músicas refinadísimas, en una gran sinfonía verbal en la que nada desentona, donde la más breve pausa o nota contribuyen a la perfecta armonía del conjunto. Las dos ciudades se parecen, pero su parecido es un engaño sutil y prolongado, pues aunque esas calles lleven los mismos nombres, y también los bares, comercios y pensiones, y aunque Richard Ellmann, en su admirable biografía, haya sido capaz de identificar a casi todos los modelos reales de los personajes de los cuentos, la distancia entre ambas es infinita, porque sus esencias son diferentes. La ciudad real carece de aquella perfección que sólo la ilusión artística de la vida —nunca la vida— puede alcanzar, y, también, de esa naturaleza acabada, esférica, que ese tumulto incesante y vertiginoso que es la vida verdadera, la vida haciéndose, nunca puede tener. El Dublín de los cuentos ha sido purgado de imperfecciones o fealdades —o, lo que es lo mismo, éstas han sido trocadas por la varita mágica del estilo en cualidades estéticas—, mudado en pura forma, en una realidad cuya esencia está hecha de esa impalpable, evanescente materia que es la palabra; es decir, en algo que es sensación y asociaciones, fantasía y sueño antes que historia y sociología. Decir, como lo hizo algún crítico, que la ciudad de *Dublineses* carecía de «alma» es una fórmula tolerable, a condición de que no se vea en ello una censura. El alma de la ciudad donde los mozalbetes de «Un encuentro» esquivan las acechanzas de un homosexual, donde la empleadita Evelina vacila entre fugarse a Buenos Aires o seguir esclavizada a su padre y donde Little Chandler rumia su melancolía de poeta frustrado, está en la superficie, es esa exterioridad sensorial tan elegante que imprime una arbitraria grandeza a las miserias de sus apocados personajes. La vida, en esas ficciones, no es la fuerza profunda e imprevisible que anima al mundo real y le confiere su precariedad intensa, su vaivén inestable, sino una especie de brillo glacial, de destello inmóvil, de que han sido dotados los objetos y los seres por obra de una prestidigitación verbal.

Y nada mejor, para comprobarlo, que detenerse a contemplar, con la calma y la insistencia que exige una pintura difícil, aquellas escenas de *Dublineses* que parecen rendir tributo a una estética romántica de paroxismo sentimental y truculencia anecdótica. La súbita decisión de Eveline, por ejemplo, de no fugarse con su amante, o la paliza que el borrachín de Farrington le inflige en «Duplicados» a su hijo Tom para desahogar en alguien sus frustraciones, o el llanto de Gabriel Conroy, al final de «Los muertos», cuando descubre la pasión juvenil de Michael Furey, el muchacho tuberculoso, por Gretta, su mujer. Son episodios que, en cualquier relato romántico, estimularían la efusión retórica, la sobrecarga emocional y plañidera. Aquí, la prosa los ha enfriado, infundiéndoles una categoría plástica y privándolos de cualquier indicio de autocompasión y del menor chantaje emocional al lector. Lo que entrañan esas escenas de confusión y desvarío ha desaparecido y, por obra de la prosa, se ha vuelto claro, limpio y exacto. Y es precisamente esa frigidez que envuelve aquellos episodios excesivos lo que excita la sensibilidad del lector. Éste, desafiado por la indiferencia divina del narrador, reacciona, entra emotivamente en la anécdota, y se conmueve.

Es cierto que Joyce desarrolló en *Ulises* primero y luego en *Finnegans Wake* (aunque, en este último libro, excediendo su audacia experimental hasta extremos ilegibles) la destreza y el talento que había mostrado antes en *Retrato del artista adolescente* y en *Dublineses*. Pero los cuentos de su primer intento narrativo expresan ya lo que esas obras mayores confirmarían caudalosamente: la suprema aptitud de un escritor para, sirviéndose de menudos recuerdos de su mundillo natal y de una facilidad lingüística sobresaliente, crear un mundo propio, tan bello como irreal, capaz de persuadirnos de una verdad y una autenticidad que sólo son obra de su malabarismo intelectual, de su fuego de artificio retórico; un mundo que, a través de la lectura, se añade al nuestro, revelándonos algunas de sus claves, ayudándonos a entenderlo mejor, y, sobre todo, completando nuestras vidas, añadiéndoles algo que ellas por sí solas nunca serán ni tendrán.

Londres, 17 de noviembre de 1987

MANHATTAN TRANSFER (1925)
John Dos Passos

Capital del enjambre y la destrucción

El protagonista de *Manhattan Transfer* es Nueva York, ciudad que aparece en sus páginas como un hormiguero cruel y frustrante, donde imperan el egoísmo y la hipocresía y donde la codicia y el materialismo sofocan los sentimientos altruistas y la pureza de las gentes. En esta novela poderosa y fría, que en todo momento apela a la inteligencia de los lectores —no a su corazón ni a su humor—, hay decenas de personajes pero ninguno de ellos es atractivo, alguien cuyo destino nos merezca envidia o respeto. Los que triunfan son bribones profesionales o cínicos repugnantes y los que fracasan, gentes débiles y acobardadas que se derrotan a sí mismas por su falta de convicción y su pereza antes de que la ciudad los aplaste.

Pero aunque los individuos particulares de *Manhattan Transfer* sean demasiado desvaídos y rápidos para perdurar en la memoria —ni siquiera los dos más recurrentes y mejor dibujados, Ellen Thatcher y Jimmy Herf, escapan a esta regla—, el gran personaje colectivo, en cambio, la ciudad de Nueva York, queda admirablemente retratada a través de las viñetas y secuencias cinematográficas de la novela. Turbulenta, impetuosa, henchida de vida, de olores fuertes, de luz y de violencia, Moloch moderno que se nutre de las existencias que se traga sin dejar rastro de ellas, Nueva York, con su atuendo de cemento armado, sus caravanas de vehículos rechinantes, sus basuras, sus vagabundos, millonarios, coristas y truhanes, se perfila como una moderna Babilonia, fuera del control de los hombres, disparada por su propia dinámica en una carrera imparable hacia lo que, presentimos, sólo puede ser una hecatombe. La fuga de Jimmy Herf, al final, con rumbo desconocido, es como una premonición de la catástrofe que tarde o temprano espera a la que él llama «ciudad de la destrucción».

Cuando John Dos Passos escribió *Manhattan Transfer,* a comienzos de los años veinte, su intención fue criticar, en una novela de realismo descarnado, el sistema capitalista y su hija putativa —la civilización industrial urbana— en la ciudad que era símbolo de ambas cosas. Esta intención es muy visible en el empeñoso racionalismo del libro, en su carencia de espontaneidad, de sentimentalismo y de misterio, pero, por encima o por debajo de esa voluntad consciente del autor, un impulso diferente surgió, la novela tomó otro rumbo y resultó a la postre una ficción puntillista y algo mítica, en la que, en una atmósfera impregnada de pesimismo, el escenario de hormigón y acero se humaniza hasta cobrar una intensidad de vida y una personalidad subyugante que parece haber absorbido de las escuálidas e inconsistentes marionetas a las que ha robado el primer plano de la representación. Escrita bajo la notoria influencia de Joyce, quien había hecho de Dublín una ciudad-personaje, *Manhattan Transfer* es una de las pocas novelas que —como *Berlin Alexanderplatz,* de Alfred Döblin— merecen llamarse colectivas. En ella, el héroe no es individual sino una muchedumbre, un ser gregario, diseminado en muchas caras y circunstancias que la narración, gracias a una técnica astuta y eficiente, integra como partes de un organismo indisoluble.

Aunque ahora, más de medio siglo después de haber sido aprovechadas por incontables novelistas, las técnicas usadas por Dos Passos nos resultan familiares y hasta convencionales, cuando se publicó *Manhattan Transfer,* en 1925, ellas eran audaces, imaginativas, y significaron una verdadera revolución en la forma narrativa. Uno de sus más aplicados discípulos, Jean-Paul Sartre —quien, sin *Manhattan Transfer* y la trilogía *U.S.A.: The 42nd Parallel, 1919* y *The Big Money,* no hubiera escrito *Los caminos de la libertad* como lo hizo—, dijo de su autor, con justicia: «Dos Passos ha inventado una sola cosa: un arte de contar. Pero eso basta para crear un universo».

El arte de Dos Passos consiste en una serie de procedimientos encaminados a hacer más persuasiva la ilusión realista, a comunicar al lector la sensación de estar siendo directamente enfrentado a la vida, al mundo objetivo de lo narrado, sin la intermediación de la literatura y del autor. Toda la novela es una sucesión de estampas, algunas brevísimas como una fugaz imagen de película, que van armando un gran mosaico: la protoplasmática Nueva York. Cada viñeta es un trozo de vida de algún personaje, que comienza y termina arbitrariamente, sin calzar del todo con el episodio completo, de manera que el lector se siente acercado y apartado de los hombres y mujeres que desfilan por el libro, sin poder concentrarse ni profundizar en ninguno de ellos, mareado y distraído como está por la dispersión animada del relato, el que, sin embargo, esconde un orden y una intención muy rigurosos: describir no las partes sino el todo, ese gran ser plural que ellas conforman vistas en conjunto.

El *collage* había sido inventado años atrás en la pintura, pero Dos Passos fue el primero en convertirlo en técnica narrativa, en *Manhattan Transfer* (perfeccionaría el método luego, en su trilogía *U.S.A.*). Títulos o fragmentos de periódicos, y avisos publicitarios o simples inscripciones callejeras, se deslizan en la narración, para fijar el momento histórico, delinear el contexto social de un episodio y, en ciertos casos, revelar el destino final de algún personaje al que su buena o mala estrella ha concedido el dudoso honor de ser noticia periodística.

La novela comienza a principios de siglo y termina a mediados de los años veinte. El lector siente pasar este cuarto de siglo sin solución de continuidad, como una larga y envolvente panorámica de imágenes sutilmente trabadas. Esos años fueron, también, los del primer gran impulso del cine y Dos Passos fue uno de los primeros narradores que aclimató con talento en la ficción literaria ciertos recursos y técnicas de la ficción cinematográfica (aunque, curiosamente, en *Manhattan Transfer,* donde aparece todo Nueva York, no hay una sola escena que ocurra en un cinema). Esto se advierte en el carácter visual de las descripciones, en la sensorialidad plástica que rezuma todo el libro, y, sobre todo, en su estructura, de montaje muy semejante al de un film. El tratamiento del tiempo en la novela procede del cine antes que de la tradición literaria; es una delicada transposición de uno a otro género que Dos Passos llevó a cabo con éxito total. En cada escena hay mudas temporales y espaciales que ocurren sin aviso, momentos y lugares silenciados por el narrador, hiatos violentos de minutos u horas y de pocos metros a largas distancias, que quedan sin narrar, sin mencionar, ni más ni menos que en los cortes de una película en la que, de un fotograma a otro, los personajes pueden haber cambiado de edad o de escenario sin que ello confunda al espectador y sin que el relato pierda su fluencia. Estos saltos en el tiempo o en el espacio están elaborados en *Manhattan Transfer* con gran maestría, tanto que el lector apenas los nota. Pero sí nota, en cambio, los buenos efectos que tienen en la narración: la rapidez que imprimen al relato, la sensación de movimiento, de vida que avanza, de tiempo sin pausas, y la condensación que ello permite, la densidad y atestamiento que sugiere en la vida que está siendo narrada.

La novela de Dos Passos deja en la memoria, asimismo, la idea de una sinfonía, porque en ella, como en una vasta y ambiciosa composición musical, ciertos seres y temas se insinúan, desaparecen y luego reaparecen, engarzados en otros, dentro de un movimiento integrador y sintético que, en un momento dado, se nos impone como un mundo compacto y suficiente. En este mundo, el ruido, la música, tienen una función principal. El habla define la procedencia y la educación de los personajes, en su rica diversidad étnica, en sus jergas y códigos profesionales y sociales, y las canciones y los bailes de moda comparecen de tiempo en tiempo como hitos que señalan la época de las escenas, enriquecen las atmósferas y contribuyen a acentuar la impresión de mundo «real».

La objetividad de la narración es casi absoluta. Dos Passos, gran admirador de Flaubert, alguna vez afirmó que él también tuvo la pasión del *mot juste,* y en esta novela la precisión del lenguaje es casi infalible, uno de los recursos con que está lograda la apariencia impersonal, de objeto autónomo y autosuficiente, de la ficción. Digo «casi» porque en algunos pocos episodios hay a veces un cambio demasiado brusco del punto de vista de la narración —la perspectiva muda de uno a otro personaje sin que la mudanza pase desapercibida—, lo que, por un instante, hace peligrar el imperativo flaubertiano de la invisibilidad del narrador. (Basta que la atención del lector sea distraída un segundo de lo narrado hacia *la manera* en que se narra, para que se presienta la sombra obstructora y desilusionante del narrador.) Pero éstas son apenas sombras furtivas dentro de una formidable construcción novelesca, en la que tanto el lenguaje como la organización del relato se apoyan y enriquecen recíprocamente en la hechura del mundo ficticio.

En pocas novelas modernas se advierte tan bien como en *Manhattan Transfer* la propensión totalizadora que anida en la ficción narrativa, esa vocación numérica de querer extenderse, crecer, multiplicarse en descripciones, personajes, episodios, hasta agotar su mundo, hasta representarlo en lo más vasto y lo más mínimo, en todos sus niveles y desde todos los ángulos. Una novela lograda sugiere al lector un iceberg, haber leído sólo una parte de la historia, la que, sin embargo, de algún modo le fue suficientemente insinuada por lo que leyó como para que su propia fantasía la complete. Pero algunas pocas novelas, las más altas hazañas del género, obras como *La guerra y la paz, Madame Bovary, Ulises, En busca del tiempo perdido, La montaña mágica,* nos parecen, en su desmesurada ambición, en su fantástico alcance cuantitativo, haber logrado ese utópico designio congénito al arte novelesco, describiendo su mundo, su historia, de manera *total,* es decir, tanto intensa como extensa, en cualidad como en cantidad. A esa ilustre estirpe de obras omnívoras pertenece esta novela de Dos Passos.

La vastedad del mundo que se abre ante nuestros ojos da, a veces, vértigo. El centenar de personajes que se mueven en sus ciento treinta episodios insinúan muchedumbres, una humanidad luchando —la mayor parte de las veces, en vano— para tener éxito, ser ricos, alcanzar alguna forma de dicha, o, simplemente, sobrevivir en una ciudad pujante e indiferente que es también para ellos como una gran cárcel de acero y asfalto. Banqueros, sindicalistas, abogados, actrices, ladrones, asesinos, empresarios, periodistas, vagabundos, porteros, se codean, se cruzan y descruzan en sus aceras como en un inmenso calidoscopio que nos muestra toda la vida hirviente de la ciudad.

La novela nos mantiene sobre todo en la superficie de lo real, haciéndonos ver el escenario y lo que hacen las gentes, y oír lo que dicen, pero de tanto en tanto también nos introduce en la vida íntima de sus pensamientos, de sus fantasías, de sus sueños y visiones. Estas breves incursiones en la subjetividad son bienvenidas pues ponen unos toques de delicadeza y poesía, incluso de locura, en un texto cuya aspereza y sequedad realistas nos dejan a veces sin aliento. La fantasía suele irrumpir en los personajes antes de alguna catástrofe, como la visión que asalta al parricida Bud Kopening antes de suicidarse o el ensueño de la pobre modistilla Anna Cohen —la Guardia Roja de la Revolución desfilando por la Quinta Avenida— antes de que el incendio la abrase y desfigure.

Una ficción fracasa o triunfa por ella misma —por el vigor de sus personajes, la sutileza de su anécdota, la sabiduría de su construcción, la riqueza de su prosa— y no por el testimonio que ofrece sobre el mundo real. Sin embargo, ninguna ficción, por autosuficiente e impermeable a la realidad exterior que nos parezca, deja de tener vínculos poderosos e irremediables con la otra vida, aquella que no es la creada por la magia de la fantasía y la palabra literaria, sino la vida cruda, la no inventada, la vivida. El cotejo entre ambas realidades —la de la ficción y la real— es prescindible en términos artísticos, pues para saber si una novela es buena o mala, genial o mediocre, no hace falta saber si fue fiel o infiel al mundo verdadero, si lo reprodujo o lo mintió. Es su intrínseco poder de persuasión, no su interés documental, lo que determina el valor artístico de una ficción.

Sin embargo, un libro como *Manhattan Transfer* no puede ser juzgado sólo desde una perspectiva literaria, como el acabado producto artístico que es. Porque la novela, además de una hermosa mentira que nos aparta del mundo real y nos subyuga con su imaginaria verdad, es también una parábola, empeñada en ilustrarnos, en educarnos críticamente, no sobre el mundo que leemos sino sobre el que pisamos en nuestra realidad de lectores. Este libro es un ejemplo mayor de lo que Lukács llamó «realismo crítico», la ficción convertida en un instrumento de análisis y desmenuzamiento del mundo real y de denuncia de las mitologías, fraudes e injusticias que acarrea la historia.

¿Qué queda, casi sesenta y cinco años después de publicada, de la acusación y advertencia que hizo *Manhattan Transfer* contra lo que representaba Nueva York? El capitalismo vivió la crisis que la novela anticipa —el *crash* del 29— y sobrevivió a él, así como a la Segunda Guerra Mundial, a la guerra fría, a la desintegración de los imperios europeos, y luce hoy día más robusto que nunca en su historia. No es el capitalismo sino el socialismo el sistema que en nuestros días parece haber entrado en un proceso de delicuescencia, a escala mundial. Pero el libro no erró en señalar el talón de Aquiles de la civilización industrial. Ésta hace a los hombres más prósperos, no más felices. Suprime la miseria, la ignorancia, el desempleo, llega a asegurar a la mayoría una vida materialmente decente. Pero hoy, igual que en los años que precedieron a la gran depresión —en los que Dos Passos escribió su novela—, en Nueva York, Londres, Zúrich o París, en todas las ciudadelas del desarrollo industrial, el prodigioso avance de la ciencia, de las oportunidades, del confort, no ha hecho a las mujeres menos tensas ni angustiadas que a la Ellen Thatcher de la novela, ni ha exonerado a innumerables hombres del mismo corrosivo sentimiento de vacío, de frustración espiritual, de vida insuficiente, sin grandeza ni rumbo, que atormenta a Jimmy Herf y lo lleva a huir. ¿Será capaz la civilización moderna, que ha vencido tantos desafíos, de superar éste? ¿Encontrará, también, la manera de enriquecer espiritual y moralmente a los hombres de manera que no sólo los grandes demonios de la necesidad material sean derrotados, sino, también, el egoísmo, la soledad, esa deshumanización ética que es una fuente continua de frustración e infelicidad en las sociedades de los más altos niveles de vida del planeta? Mientras la civilización industrial y tecnológica no dé una respuesta positiva a estos interrogantes, *Manhattan Transfer*, además de una de las más admirables ficciones modernas, seguirá siendo una advertencia que pende como una espada sobre nuestras cabezas.

Londres, 22 de mayo de 1989

La vida intensa y suntuosa de lo banal

La señora Dalloway relata un día corriente en la vida londinense de Clarissa Dalloway, una desvaída dama de alcurnia casada con un diputado conservador y madre de una adolescente. La historia comienza una soleada mañana de junio de 1923, con un paseo de Clarissa por el centro de la ciudad, y termina esa misma noche, cuando están comenzando a retirarse de casa de los Dalloway los invitados a una fiesta. Aunque en el curso del día sucede un hecho trágico —el suicidio de un joven que volvió de la guerra con la mente descompaginada— lo notable de la historia no es ese episodio, ni la miríada de pequeños sucesos y recuerdos que la componen, sino que toda ella esté narrada desde la mente de los personajes, esa sutil e impalpable realidad donde lo vivido se vuelve idea, goce, sufrimiento, memoria.

El libro apareció en 1925 y fue el primero de las tres grandes novelas —las otras son *To the Lighthouse* y *The Waves*— con que Virginia Woolf revolucionaría el arte narrativo de su tiempo, creando un lenguaje capaz de fingir persuasivamente la subjetividad humana, los meandros y ritmos escurridizos de la conciencia. Su hazaña no es menor que las similares de Proust y de Joyce, a las que complementa y enriquece con un matiz particular: el de la sensibilidad femenina. Sé lo discutible que puede ser el adjetivo «femenina» aplicado a una obra literaria y acepto que en innumerables casos resulta arbitrario utilizarlo.

Pero en libros como *La princesse de Clèves,* o autoras como Colette o Virginia Woolf, me parece insustituible. En *La señora Dalloway* la realidad ha sido reinventada desde una perspectiva en la que se expresan no exclusiva pero sí principalmente la idiosincrasia y la condición de la mujer. Y son, por eso, las experiencias femeninas de la historia las que más vívidamente perduran en el recuerdo del lector, por la verdad esencial que parece animarlas, como el de aquella fugaz y formidable anciana, la tía de Clarissa, Miss Helena Parry, que, a sus ochenta y pico de años, en la turbamulta de la fiesta, sólo recuerda de la Birmania donde vivió de joven las salvajes y esplendorosas orquídeas que arrancaba y reproducía en acuarelas.

A veces, en las obras maestras que inauguran una nueva época en la manera de narrar, la forma descuella de tal modo sobre los personajes y la anécdota que la vida parece congelarse, evaporarse de la novela, y desaparecer devorada por la técnica, es decir, por las palabras y el orden o desorden de la narración. Es lo que acontece, por ejemplo, por momentos, en el *Ulises* de Joyce, y lo que lleva a orillas de la ilegibilidad a *Finnegans Wake.* En *La señora Dalloway* no sucede nada de eso (aunque en *To the Lighthouse* y, sobre todo, en *The Waves* estuvo a punto de suceder): el equilibrio entre la manera y la materia del relato es absoluto y nunca tiene el lector la sensación de estar asistiendo a lo que *también* es el libro, un audaz experimento; únicamente, al delicado e incierto tramado de ocurrencias que protagoniza un puñado de seres humanos en una cálida jornada de verano, por las calles, parques y viviendas del centro de Londres. La vida está siempre allí, en cada línea, en cada sílaba del libro, desbordante de gracia y de finura, prodigiosa e inconmensurable, rica y diversa en todos sus instantes y posturas. «*Beauty was everywhere*», piensa, de pronto, la extraviada cabeza de Septimus

Warren Smith, a quien el miedo y el dolor llevarán a matarse. Y es verdad; en *La señora Dalloway* el mundo real ha sido rehecho y perfeccionado de tal manera por el genio deicida del creador que todo en él es bello, incluido lo que en la deleznable realidad objetiva tenemos por sucio y por feo.

Para conquistar su soberanía, una novela debe emanciparse de la realidad real, imponerse al lector como una realidad distinta, dotada de unas leyes, un tiempo, unos mitos u otras características propias e intransferibles. Aquello que imprime a una novela su originalidad —su diferencia con el mundo real— es el elemento añadido, suma o resta que la fantasía y el arte del creador llevan a cabo en la experiencia objetiva e histórica —es decir, en lo reconocible por cualquiera a través de su propia vivencia— al transmutarla en ficción. El elemento añadido no es nunca sólo una anécdota, un estilo, un orden temporal, un punto de vista; es, siempre, una compleja combinación de factores que inciden tanto en la forma como en la anécdota y los personajes de una historia para dotarla de autonomía. Sólo las ficciones fracasadas reproducen lo real: las logradas lo aniquilan y transfiguran.

El embellecimiento sistemático de la vida gracias a su refracción en sensibilidades exquisitas, capaces de libar en todos los objetos y en todas las circunstancias la secreta hermosura que encierran, es lo que confiere al mundo de *La señora Dalloway* su milagrosa originalidad. Así como la anciana Miss Parry ha abolido de sus recuerdos de Birmania todo, salvo las orquídeas y unas imágenes de desfiladeros y culíes, el mundo de la ficción ha segregado del real el sexo, la miseria y la fealdad y metamorfoseado todo lo que de alguna manera los recuerde en sentimiento convencional, alusión intrascendente o placer estético. Al mismo tiempo, intensificaba la presencia de las cosas ordinarias, de lo banal, de lo intangible, hasta vestirlos de una insospechada suntuosidad e impregnarles un relieve, una palpitación vital y una dignidad inéditos. Esta transformación «poética» del mundo —por una vez el calificativo resulta inevitable— es radical y, sin embargo, no resulta inmediatamente perceptible, pues, si lo fuera, daría al lector la impresión de un libro hechizo, de una forzada tergiversación de la vida real, y *La señora Dalloway,* por el contrario, como ocurre siempre con las ficciones persuasivas —esas mentiras tan bien hechas que pasan por verdades—, parece sumergirnos de lleno en lo más auténtico de la experiencia humana. Pero lo cierto es que la reconstrucción fraudulenta de la realidad que el libro opera, reduciendo aquélla a pura sensibilidad estética del mayor refinamiento, no puede ser más profunda ni total. ¿Por qué no es evidente de inmediato esta prestidigitación? Por la rigurosa coherencia con que está descrita —mejor dicho, inventada— la irrealidad donde transcurre la novela, ese mundo en el que todos los personajes sin excepción gozan de la maravillosa aptitud de detectar lo que hay de extraordinario en lo vulgar, de eterno en lo efímero y de glorioso en la mediocridad, ni más ni menos que la propia Virginia Woolf. Pues los seres de esta ficción —de todas las ficciones— han sido fraguados a imagen y semejanza de su creador.

Pero ¿son en verdad los personajes de la novela quienes están ornados de este singular atributo o lo está, más bien, aquel personaje que los relata, los dicta y a menudo habla por su boca? Me refiero al narrador —aquí convendría hablar de la narradora— de la historia. Éste es, siempre, el personaje central de una ficción. Invisible o presente, uno o múltiple, encarnado en la primera, la segunda o la tercera persona, dios omnisciente o testigo implicado en la novela, el narrador es la primera y la más importante criatura que debe inventar un novelista para que aquello que quiere contar resulte convincente. El huidizo, ubicuo y protoplasmático narrador de *La señora Dalloway* es el gran éxito de Virginia Woolf en este libro, la razón de ser de la eficacia de su magia, del irresistible poder de persuasión que emana de la historia.

El narrador de la novela está siempre instalado en la intimidad de los personajes, nunca en el mundo exterior. Lo que nos narra de éste llega a nosotros filtrado, diluido, sutilizado por la sensibilidad de aquellos seres, jamás directamente. Son las conciencias en movimiento de la señora Dalloway, de Richard, su marido, de Peter Walsh, de Elizabeth, de Doris Kilman, del atormentado Septimus o de Rezia, su esposa italiana, la perspectiva desde la cual va siendo construida aquella cálida mañana de estío, trazadas las calles londinenses con su algarabía de bocinas y motores, verdecidos y perfumados los parques por donde transitan los personajes. El mundo objetivo se disuelve en esas conciencias antes de llegar hasta el lector, se deforma y reforma según el estado de ánimo de cada cual, se añade de recuerdos e impresiones y se afantasma con los sueños y fantasías que suscita en las mentes. De esta manera, el lector de *La señora Dalloway* nunca está personalmente encarado con la realidad primera donde tiene lugar la novela, sólo con las diferentes versiones subjetivas que de ella tejen los personajes. Esa sustancia inmaterial, huidiza como el azogue, y sin embargo esencialmente humana —la vida hecha recuerdo, sentimiento, sensación, deseo, impulso—, es el prisma a través del cual el narrador de *La señora Dalloway* va mostrando el mundo y refiriendo la anécdota. Y a ello se debe la extraordinaria atmósfera que, desde las primeras líneas, consigue la novela: la de una realidad suspendida y sutil, en la que la materia parecería haberse contaminado de cierta idealidad y estar disolviéndose íntimamente, dotada de la misma calidad evasiva que la luz, que los olores, que las tiernas y furtivas imágenes de la memoria.

Este clima o ámbito inmaterial, evanescente, del que nunca salen los personajes, da al lector de *La señora Dalloway* la impresión de hallarse ante un mundo totalmente extraño, pese a que las ocurrencias de la novela no pueden ser más triviales ni anodinas. Muchos años después de publicado este libro, una escritora francesa, Nathalie Sarraute, se empeñó en describir en una serie de ficciones los «tropismos» humanos, aquellas pulsiones o movimientos instintivos que preceden a los actos y al mismo pensamiento y que establecen un tenue cordón umbilical entre los seres racionales, los animales y las plantas. Sus novelas, interesantes, pero que nunca fueron más que atrevidos experimentos, tuvieron la virtud, en lo que a mí se refiere, de enriquecerme retroactivamente la lectura de esta novela de Virginia Woolf. Ahora, que la he releído, no tengo ninguna duda: probablemente sin proponérmelo, ella logró en *La señora Dalloway* describir esa misteriosa y recóndita agitación primaria de la vida, los «tropismos», en pos de los cuales —aunque con menos éxito— elaboraría toda su obra varias décadas más tarde Nathalie Sarraute.

El repliegue en lo subjetivo es uno de los rasgos del narrador; otro es desaparecer en las conciencias de los personajes, transubstanciarse con ellas. Se trata de un narrador excepcionalmente discreto y traslaticio, que evita hacerse notar y que está saltando con frecuencia —pero, siempre, tomando las mayores precauciones para no delatarse— de una a otra intimidad. Cuando existe, la distancia entre el narrador y el personaje es mínima y constantemente desaparece porque aquél se esfuma para que éste lo reemplace: la narración se vuelve entonces monólogo. Estas mudanzas ocurren a cada paso, a veces varias en una misma página, y, pese a ello, apenas lo advertimos, gracias a la maestría con que el narrador lleva a cabo sus transformaciones, desapariciones y resurrecciones.

¿En qué consiste esta maestría? En la sabia alternancia del estilo indirecto libre y del monólogo interior, y en una alianza de ambos métodos narrativos. El estilo indirecto libre, inventado por Flaubert, consiste en narrar a través de un narrador impersonal y omnisciente —es decir, desde una tercera persona gramatical— que se coloca muy de cerca del personaje, tan cerca que a veces parece confundirse con él, ser abolido por él. El monólogo interior, perfeccionado por Joyce, es la narración a través de un narrador personaje —el que narra desde la primera persona gramatical— cuya conciencia en movimiento es expuesta directamente (con distintos grados de coherencia o de incoherencia) a la experiencia del lector. Quien cuenta la historia de *La señora Dalloway* es, por instantes, un narrador impersonal, muy próximo al personaje, que nos refiere sus pensamientos, acciones, percepciones, imitando su voz, su deje, sus reticencias, haciendo suyas sus simpatías y sus fobias, y es, por instantes, el propio personaje cuyo monólogo expulsa del relato al narrador omnisciente.

Estas «mudas» de narrador ocurren innumerables veces en la novela, pero sólo en algunas ocasiones son evidentes. En muchas otras no hay manera de determinar si quien está narrando es el narrador omnisciente o el propio personaje, porque la narración parece discurrir en una línea fronteriza entre ambos o ser ambos a la vez, un imposible punto de vista en el que la primera y la tercera personas gramaticales habrían dejado de ser contradictorias y formarían una sola. Este alarde formal es particularmente eficaz en los episodios relativos al joven Septimus Warren Smith, a cuya desintegración mental asistimos, alternativamente, desde una vecindad muy cercana, o la compartimos, absorbidos, se diría, gracias a la astuta hechicería del lenguaje, por el insondable abismo de su inseguridad y de su pánico.

Septimus Warren Smith es un personaje dramático, en una novela donde todos los demás tienen vidas convencionales y previsibles, de una ruina y aburrimiento que sólo el vivificante poder transformador de la prosa de Virginia Woolf llena de encanto y misterio. La presencia de ese pobre muchacho que fue como voluntario a la guerra y volvió de ella condecorado y, en apariencia, indemne, pero herido en el alma, es inquietante además de lastimosa. Porque deja entrever que, pese a tantas páginas dedicadas a ensalzarlo en lo que tiene de hermoso y de exaltante, no todo es bello ni ameno ni fácil ni civilizado en el mundo de Clarissa Dalloway y sus amigos. Existen, también, aunque lejos de ellos, la crueldad, el dolor, la incomprensión, la estupidez, sin los cuales la locura y el suicidio de Septimus resultarían inconcebibles. Están mantenidos a distancia por los ritos y la buena educación, por el dinero y la suerte, pero los rondan, al otro lado de las murallas que han erigido para ser ciegos y felices y, en ciertos momentos, con su acerado olfato, Clarissa lo presiente. Por eso la estremece la imponente figura de Sir William Bradshaw, el alienista, en quien ella, no sabe por qué, adivina un peligro. No se equivoca: la historia deja muy claro que si al joven Warren Smith lo desquicia la guerra, es la ciencia de los psiquiatras la que lo hace lanzarse al abismo.

En alguna parte leí que un célebre calígrafo japonés acostumbraba macular sus escritos con una mancha de tinta. «Sin ese contraste no se apreciaría debidamente la perfección de mi trabajo», explicaba. Sin la pequeña huella de cruda realidad que la historia de Septimus Warren Smith deja en el libro, no sería tan impoluto y espiritual, tan áureo y tan artístico, el mundo en el que nació —y contribuye tanto a crear— Clarissa Dalloway.

Fuengirola, 13 de julio de 1989

EL GRAN GATSBY (1925)
Francis Scott Fitzgerald

Un castillo en el aire

El gran Gatsby comienza como una ligera crónica de los extravagantes años veinte —sus millonarios, sus frívolos, sus gángsters, sus sirenas y la desbordante prosperidad que respiraban— y, luego, se convierte insensiblemente en una tierna historia de amor. Pero, poco después, experimenta una nueva muda y torna a ser un melodrama sangriento, de absurdas coincidencias y malentendidos grotescos, al extremo de que, al cerrar la última página, el lector de nuestros días se pregunta si el libro que ha leído no es, más bien, una novela existencialista sobre el sinsentido de la vida o un alarde poético, un juego de la imaginación sin mayores ataduras con la experiencia vivida.

Aunque no sea lo bastante compacto y misterioso para ser genial, es un bello libro, que ha conservado intacta su frescura, y al que el tiempo corrido desde su aparición, en 1925, ha conferido el valor de símbolo de lo que fue la irregularidad e impremeditación de la vida en una época de alegre irresponsabilidad y decadente encanto. En su impericia misma —esas elegíacas frases sensibleras que, de pronto, interrumpen la acción para extasiarse ante un detalle del paisaje o filosofar sobre el alma de los ricos—, *El gran Gatsby* resulta la personificación del tiempo que describe, mundo fastuoso en el que coexistían el arte y el mal gusto, el honesto empresario y el rufián, la pacatería y el desenfreno y la arrolladora abundancia de una sociedad que, sin embargo, se hallaba al borde del abismo.

Al final de su vida, en un texto autobiográfico, Scott Fitzgerald escribió de su personaje Jay Gatsby: «Es lo que siempre fui: un joven pobre en una ciudad rica, un joven pobre en una escuela de ricos, un muchacho pobre en un club de estudiantes ricos, en Princeton. Nunca pude perdonarles a los ricos el ser ricos, lo que ha ensombrecido mi vida y todas mis obras. Todo el sentido de Gatsby es la injusticia que impide a un joven pobre casarse con una muchacha que tiene dinero. Este tema se repite en mi obra porque yo lo viví».

Toda la novela es un complejo laberinto de muchas puertas y cualquiera de ellas sirve para entrar en su intimidad. La que nos abre esta confesión del autor de *El gran Gatsby* da a una historia romántica, de esas que hacían llorar. Un muchacho modesto se enamora de una bella heredera con la que no puede casarse por las insalvables distancias económicas que los separan; fiel a ese amor de juventud, luego de conseguir por medios ilícitos lo que parece una fortuna, multiplica las extravagancias y el despilfarro a fin de recuperar a la muchacha de su corazón; cuando parece que va a lograrlo, el destino (con mayúscula, el de los grandes folletines y las estremecedoras historias decimonónicas) se interpone para impedirlo, precipitando un oportuno holocausto. Al cabo, el paisaje es el mismo del principio: una sociedad injusta e implacable donde las razones del bolsillo prevalecerán siempre sobre las del corazón.

La novela de Scott Fitzgerald es, *también,* eso, pero si sólo fuera eso no habría durado más que otras del género «amor imposible con derramamiento de sangre al final». Es, asimismo, una manera de contar, serpentina y traviesa, en la que, a través de un testigo implicado —el narrador Nick Carraway—, vamos descubriendo, antes de llegar a su entraña melodramática y fatalista, que la realidad está hecha de imágenes superpuestas, que se contradicen o matizan unas a otras, de modo que nada en ella parece totalmente cierto ni definitivamente falso, sino dotado de una irremediable ambigüedad. Nadie es lo que parece, por lo menos por mucho tiempo, todo lo es de manera muy provisional y según la perspectiva desde la cual se le mire. Esa provisionalidad de la existencia y el relativismo que caracteriza a la moral y a las conductas de sus personajes resulta, acaso, lo más original que tiene esta novela y lo que testimonia mejor sobre la realidad del mundo que la inspiró. Ya que los locos años veinte norteamericanos, la era del jazz y de la ley seca, de la cornucopia de oro y la gran depresión del 29, fueron, sobre todo, los de un mundo frágil, engañoso, de bellas apariencias, una alegre fiesta de disfraces en la que las refinadas máscaras y los rutilantes dominós ocultaban muchos monstruos y espantos.

Las veladuras sutiles que el narrador va apartando en su relato, a medida que él, muchacho provinciano y sencillo del Medio Oeste, descubre los ritos, enredos, excesos y locuras del mundo de los ricos neoyorquinos, liman las aristas que afean las entrañas de esta sociedad y, en cierto modo, la redimen estéticamente. Aunque, juzgados en frío, la mayoría de los personajes merecerían una severa condena moral, es imposible sentenciarlos porque no hay manera de juzgarlos *en frío:* ellos llegan hasta nosotros entibiados y absueltos por la delicada y generosa sensibilidad con que los baña, al verlos, el simpático Nick Carraway, quien, con toda justicia, se considera a sí mismo «una de las pocas personas honradas que he conocido». Lo es, sin la menor duda. Y, también, un ser de una benevolencia y comprensión tan persuasivas que todo aquello que pasa por su sensibilidad mejora, pues de alguna manera se contagia de su limpieza y su bondad.

El narrador —visible o invisible— es siempre el personaje al que el autor debe crear con más cuidado, pues de él —de su habilidad, de su coherencia, de su astucia— dependerá la suerte de todos los otros. Si Scott Fitzgerald no hubiera inventado un tamiz tan fino y eficiente como el del sencillo agente de bolsa que nos cuenta la historia, *El gran Gatsby* no hubiera podido trascender los límites de su truculenta, irreal anécdota. Gracias al discreto Nick, esta anécdota importa menos que la atmósfera en que sucede y que la deliciosa imprecisión que desencarna a sus seres vivientes y les impone un semblante de sueño, de habitantes de un mundo de fantasía.

La salud de Nick Carraway empuja a la irrealidad al enfermizo vecindario del elegante balneario de West Egg, en Long Island. Pero estos personajes, de su lado, suelen ser también propensos a despegar del mundo concreto para refugiarse en los castillos de la ilusión. Es el caso de James Gatz, por ejemplo, el muchacho pueblerino que para vivir mejor su fantasía empieza por inventarse otra identidad: la de Jay Gatsby. ¿Cuál es su verdadera historia? Nunca llegaremos a una certidumbre al respecto; fuera de algunas pistas que nos revela Nick —que su carrera de contrabandista de alcohol y negociante luctuoso prosperó a la sombra de Meyer Wolfsheim, por ejemplo—, nos quedamos en ayunas sobre parte de su biografía. Lo seguro, en todo caso, es que, para conocer a Gatsby, más importantes que las peripecias concretas de su vida son sus espejismos y delirios, ya que, como dice el narrador, él «nació de su platónica concepción de sí mismo».

Hijastro de una larga genealogía literaria, Gatsby es un hombre al que un agente fatídico, inflamando su deseo y su imaginación, pone en entredicho con el mundo real y dispara hacia el sueño. Como al Quijote las novelas de caballerías y a Madame Bovary las historias de amor, a Gatsby son Daisy y su entrevisto mundo de gentes ricas los que le hacen concebir un mundo sustitutorio del real, una realidad de pura fantasía que, luego —como la secta del relato borgiano «Tlön, Uqbar, Orbis Tertius»—, intentará filtrar en la realidad objetiva, encarnar en la vida. Igual que sus ilustres predecesores, el ingenuo idealista —en la más prístina acepción de la palabra— verá cómo la realidad despedaza su ilusión antes de arrebatarle la vida. La grandeza de Gatsby no es aquella que le atribuye el generoso Nick Carraway —ser mejor que todos los ricos de viejos apellidos que lo desprecian— sino estar dotado de algo de lo que éstos carecen: la aptitud para confundir sus deseos con la realidad, la vida soñada con la vida vivida, algo que lo incorpora a un ilustre linaje literario y lo convierte en suma y cifra de lo que es la ficción. Por su manera de encarar la realidad, huyendo de ella hacia una realidad aparte, hecha de fantasía, y tratando luego de sustituir la auténtica vida por este hechizo privado, Jay Gatsby no es un hombre de carne y hueso, sino literatura pura.

También Daisy es un personaje deliciosamente inmaterial, una linda mariposa que revolotea, indiferente, por una vida que es para ella sólo forma, superficie, juego, diversión. Su egoísmo es tan genuino y natural como su carita de muñeca, y nada tiene de extraño que sea incapaz de seguir a Gatsby en su quimérico empeño de abolir el pasado, renegando del amor que en algún momento debió sentir por su marido, Tom Buchanan. La estructura mental de Daisy está hecha para el coqueteo o el discreto adulterio, es decir, para las fantasías más o menos convencionales y rampantes, pero lo que Gatsby quiere de ella —el amor-pasión, la locura amorosa— está totalmente fuera de sus posibilidades. Por eso, al fin se resigna a quedarse con su marido, el inepto —pero también inofensivo— Tom Buchanan.

Tom debería ser algo así como el malvado de la historia, por su moral hipócrita, sus prejuicios racistas y su cinismo. Pero, gracias al generoso intermediario que nos refiere y muestra al personaje —Nick Carraway— las negras prendas de Tom se decoloran y disuelven en simple estupidez y mediocridad. A fin de cuentas, más que odioso, el marido de Daisy nos resulta risible.

Según Hemingway, Scott Fitzgerald vivió fascinado por los ricos a quienes creía «distintos» de los demás seres humanos. Y es sabido que, en el corto período en que fue rico él mismo, gracias al éxito extraordinario de su primera novela, *A este lado del paraíso* (1920), él y Zelda vivieron una vida de extravagancia y derroche equiparable a la que lleva a cabo Jay Gatsby para atraer la atención de la muchacha que tuvo y que perdió. Pero lo cierto es que, en *El gran Gatsby,* el mundo de las mujeres y hombres con fortuna no parece distinguirse de manera esencial del de los otros mortales, salvo por detalles cuantitativos: casas más grandes, caballos, autos más modernos, etcétera. El único que aprovecha las posibilidades que brinda el dinero para despegar de la vida municipal de los hombres comunes hacia ciertas formas espectaculares y paradigmáticas de existencia no es un rico auténtico, sino un postizo, un *parvenu:* Gatsby. Los ricos verdaderos de la historia, como Tom, Daisy o la golfista Jordan Baker, parecen gentes tan previsibles e insustanciales como la mesocrática Myrtle o su esposo, el confundido asesino de Mr. Wilson. De tal manera que si aquello que Hemingway le atribuyó —y tan cruelmente, en la parodia que hizo de él en su relato *Las nieves del Kilimanjaro*—, vivir obsesionado por la superioridad que confería la riqueza, era cierto, en esta novela al menos, Scott Fitzgerald no lo mostró.

La mitología humana que de algún modo destaca en el libro no es la que rodea al rico, sino al marginal, al hombre de vida turbia y solapada, que opera y prospera en contra de la ley. Es el caso de Gatsby, por supuesto. Y también el del caricatural Meyer Wolfsheim, cuyo paso por la historia, aunque fugaz, es memorable, pues deja tras de sí un relente de catacumba, delito, violencia y tipos humanos fuera de lo común, que intrigan al lector. Pero esta curiosidad tan bien creada el libro no llega a satisfacerla, pues sólo deja entrever de paso y a hurtadillas la existencia de ese submundo delictuoso, algo así como el sótano lóbrego y lleno de alimañas de la sociedad donde los ricos perpetran sus vidas de agitada inconciencia. Son alimañas, desde luego, porque transgreden la norma social, pero son también gentes interesantes, intensas, que saben del riesgo y del cambio, en los que vivir significa todo menos rutina y aburrimiento. Por eso, aunque merezcan ir a la cárcel, el lector prefiere a Gatsby y su pintoresco mentor que a sus insustanciales congéneres. Ellos no sólo proceden de la realidad histórica del tiempo que describe la ficción —ya que los locos años veinte fueron, también, años de rufianes— sino, sobre todo, de Conrad y del folletín romántico, es decir, de la tradición literaria.

Acaso ésa podría ser una buena definición de *El gran Gatsby:* una novela *muy* literaria. Es decir, muy escrita y muy soñada, en la que la irrealidad, congénita al arte narrativo, es algo así como una enfermedad o vicio compartido por muchos de sus protagonistas y la impalpable sustancia con que ha sido amasado de pies a cabeza y lanzado a vivir el héroe, James Gatz, alias Gatsby.

Como todos los relatos y novelas que Scott Fitzgerald escribió, esta ficción también nos da la impresión de haber quedado inconclusa, de que alguien o algo faltó para darle esa esfericidad suficiente y compacta de las obras maestras. Pero la inconclusión, en *El gran Gatsby,* tiene una razón de ser, pues es también atributo del mundo que describe, de los seres que inventa. En éstos y en aquél hay un vacío, algo que no llegó a cuajar del todo, que se inmovilizó en las puertas del horno, una indefinible sensación de que la vida entera se quedó a medio hacer, que se escurrió de las manos de la gente cuando iba a ser una vida plena y fértil. ¿Es el secreto del éxito de *El gran Gatsby* haber mostrado en una ficción el inacabamiento de una época, su romántica condición de promesa incumplida? ¿O lo que Scott Fitzgerald encarnó en la inconclusión de su historia fue su propio destino, de joven príncipe de la literatura que no llegó a rey? La respuesta es afirmativa para ambas preguntas. Porque, en su caso particular, el genio precoz que escribió *A este lado del paraíso,* premonición de una futura obra maestra que nunca hizo, prefiguró trágicamente el tiempo en que su anunciado talento se desperdició y frustró, un tiempo que, a fin de cuentas, no fue otra cosa que el palacete de Gatsby: un castillo en el aire.

Barranco, 11 de marzo de 1988

EL LOBO ESTEPARIO (1927)
Hermann Hesse

Las metamorfosis del lobo estepario

Leí *El lobo estepario* por primera vez cuando era casi un niño, porque un amigo mayor, devoto de Hesse, me lo puso en las manos y me urgió a hacerlo. Me costó mucho esfuerzo y estoy seguro de no haber sido capaz de entrar en las complejas interioridades del libro. Ni esta ni ninguna de las otras novelas de Hermann Hesse figuraron entre mis libros de cabecera en mis años universitarios; mis preferencias iban hacia historias donde se reflexionaba menos y se actuaba más, hacia novelas en las que las ideas eran el sustrato, no el sustituto, de la acción.

A mediados de los sesenta hubo en todo el Occidente un redescubrimiento de Hermann Hesse. Eran los tiempos de la revolución psicodélica y de los *flower children*, de la sociedad tolerante y la evaporación de los tabúes sexuales, del espiritualismo salvaje y la religión pacifista. Al autor de *Der Steppenwolf*, que acababa de morir en Suiza —el 9 de agosto de 1962—, le sucedió entonces lo más gratificante que puede sucederle a un escritor: ser adoptado por los jóvenes rebeldes de medio mundo y convertido en su mentor. Yo veía todo aquello prácticamente al otro lado de mi ventana —vivía entonces en Londres y en el corazón del *swing*, Earl's Court— entretenido por el espectáculo, aunque con cierto escepticismo sobre los alcances de una revolución que se proponía mejorar el mundo a soplidos de marihuana, visiones de ácido lisérgico y música de los Beatles. Pero el culto de los jóvenes novísimos por el autor suizo-alemán me intrigó y volví a leerlo.

Era verdad, tenían todo el derecho del mundo a entronizar a Hesse como su precursor y su gurú. El ermitaño de Montagnola —en cuya puerta, al parecer, atajaba a los visitantes un cartel del sabio chino Meng Hsich proclamando que un hombre tiene derecho a estar a solas con la muerte sin que lo importunen los extraños— los había precedido en su condena del materialismo de la vida moderna y su rechazo de la sociedad industrial; en su fascinación por el Oriente y sus religiones contemplativas y esotéricas; en su amor por la Naturaleza; en la nostalgia de una vida elemental; en la pasión por la música y la creencia en que los estupefacientes podían enriquecer el conocimiento del mundo y la sociabilidad de la gente.

Tal vez *El lobo estepario* no sea la novela que represente mejor, en la obra de Hesse, aquellos rasgos que la conectaron tan íntimamente con el sentir de los jóvenes inconformes de Europa occidental y de Estados Unidos en los sesenta, porque en ella, por ejemplo, no aparece el orientalismo que impregna otros de sus libros. Pero se trata de la novela que muestra mejor la densa singularidad del mundo que creó a lo largo de su vasta vida (tenía ochenta y cinco cuando murió) y de esa extensa obra en la que, salvo el teatro, cultivó todos los géneros (incluido el epistolar).

Apareció en 1927 y la fecha es importante porque el sombrío fulgor de sus páginas refleja muy bien la atmósfera de esos países europeos que acababan de salir del apocalipsis de la Primera Guerra Mundial y se alistaban a repetir la catástrofe. Se trata de un libro expresionista, que recuerda por momentos la disolución y los excesos de esas caricaturas feroces contra los burgueses que pintaba por aquellos años, en Berlín, George Grosz, y también las pesadillas y delirios —el triunfo de lo irracional— que, a partir de esa década, la de la proliferación de los ismos, inundarían la literatura.

Como no se trata de una novela que finja el realismo, sino de una ficción que describe un mundo simbólico, donde las reflexiones, las visiones y las impresiones son lo verdaderamente importante y los hechos objetivos meros pretextos o apariencias, es difícil resumirla sin omitir algo esencial. Su estructura es muy simple: dos cajas chinas. Un narrador innominado escribe un prefacio introduciendo el manuscrito del lobo estepario, Harry Haller, un cincuentón con el cráneo rasurado que fue pensionista por unos meses en casa de su tía, en la que dejó ese texto que es el tronco de su novela. Dentro del manuscrito de Harry Haller surge otro, una suerte de rama, supuestamente transcrito también: el «Tractat del Lobo Estepario», que misteriosamente le alcanza a aquél, en la calle, un individuo anónimo.

La novela no transcurre en un mismo nivel de realidad. Comienza en uno objetivo, «realista», y termina en lo fantástico, en una suerte de *happening* en el curso del cual Harry Haller halla ocasión de dialogar con uno de aquellos espíritus inmarcesibles a los que tiene por modelos: Mozart (antes lo había hecho con Goethe). A lo largo de la historia hay, pues, varias mudas cualitativas en las que la narración salta de lo objetivo a lo subjetivo o, para permanecer dentro de lo literario, del realismo al género fantástico.

Pero la racionalidad no se altera en estas mudanzas. Por el contrario: los tres narradores de la novela —el que introduce el libro, Harry Haller y el autor del Tractat— son racionalistas a ultranza, encarnizados espectadores y averiguadores de sí mismos. Y es esta aptitud, o, acaso, maldición —no poder dejar de pensar, no escapar nunca a esa perpetua introspección en la que vive— lo que, sin duda, ha convertido a Harry Haller en un lobo estepario. Con esta fórmula, Hesse creó un prototipo al que se pliegan innumerables individuos de nuestro tiempo: solitarios acérrimos, confinados en alguna forma de neurastenia que dificulta o anula su posibilidad de comunicarse con los demás, su vida es un exilio en el que rumian su amargura y su cólera contra un mundo que no aceptan y del que se sienten también rechazados.

Sin embargo, curiosamente, esta novela que se ha convertido en una biblia del incomprendido y del soberbio, del que se siente superior o simplemente divorciado de su sociedad y de su tiempo, o del adolescente en el difícil trance de entrar en la edad adulta, no fue escrita con el propósito de reivindicar semejante condición. Más bien, para mostrar su vanidad y criticarla. Con *El lobo estepario*, Hesse hacía una autocrítica. Había en él, como lo revela su correspondencia, una predisposición a transmutarse en lobo salvaje y, como a su personaje, también lo tentó el suicidio (cuando era todavía un niño). Pero, en su caso, ese perfil arisco y autodestructivo de su personalidad estuvo siempre compensado por otro, el de un idealista, amante de las cosas sencillas, del orden natural, empeñado en cultivar su espíritu y alcanzar, a través del conocimiento de sí mismo, la paz interior.

Lo que fue el anverso y el reverso de la personalidad de Hermann Hesse son, en la biografía de Harry Haller, dos instancias de un proceso. En el transcurrir de la ficción, el lobo estepario va perdiendo sus colmillos y sus garras, desaparecen sus arrebatos sanguinarios contra esa humanidad a la que desea «una muerte violenta y digna» y va aprendiendo, gracias a su descenso a los abismos de la bohemia, el desarreglo de los sentidos y su encuentro con los inmortales, a aceptar la vida también en lo que tiene de más liviano y trivial. Cabe suponer que, al reanudar su existencia, luego de la fantasmagoría final en el teatro mágico, Harry Haller seguirá el mandato de Mozart: «Usted ha de acostumbrarse a la vida y ha de aprender a reír».

«Casi todas las obras en prosa que he escrito son biografías del alma —afirmó Hesse en uno de sus textos autobiográficos—; ninguna de ellas se ocupa de historias, complicaciones ni tensiones. Por el contrario, todas ellas son básicamente un discurso en el que una persona singular —aquella figura mítica— es observada en sus relaciones con el mundo y con su propio yo». Es una afirmación certera. *El lobo estepario* narra un conflicto espiritual, un drama cuyo asiento no es el mundo exterior sino el alma del protagonista.

¿Quién es Harry Haller? Aunque su vida anterior apenas es mencionada, algunos datos transpiran de sus reflexiones que permiten reconstruirla. Fue un estudioso de religiones y mitologías antiguas, cuyos libros lo hicieron conocido; su pacifismo y sus ideas hostiles al nacionalismo le ganan ataques y vituperios de la prensa reaccionaria; sus convicciones políticas equidistan por igual de «los ideales americano y bolchevique» que «simplifican la vida de una forma pueril». Estuvo casado pero su mujer lo abandonó; tuvo una amante, a la que no ve casi nunca. Sus únicos entusiasmos, ahora, son la música —sobre todo Mozart— y los libros. Ha llegado a la mitad de la vida y está, al comenzar su manuscrito, al borde de la desesperación, tanto que lo ronda la idea de poner fin a sus días con una navaja de afeitar.

¿Cuáles son las razones de la incompatibilidad entre el lobo estepario y el mundo? Que éste ha tomado un rumbo para él inaceptable. Las cosas que objeta son incontables: la prédica guerrerista y el materialismo rampante; la mentalidad conformista y el espíritu práctico de los burgueses; el filisteísmo que domina la cultura y las máquinas y productos manufacturados de la sociedad industrial en los que presiente un riesgo de esclavización para el hombre. En el mundo que lo rodea, Harry Haller ve destruidos o encanallados todos esos principios e ideales que animaron antes su vida: la búsqueda de la perfección moral e intelectual, las proezas artísticas, las realizaciones de aquellos seres superiores a los que llama «los inmortales». Cuando mira en torno, Harry Haller sólo ve estupidez, vulgaridad y enajenación.

Pero cuando contempla el interior de sí mismo, el espectáculo no es más estimulante: un pozo de desesperanza y de exasperación, una incapacidad radical para interesarse por nada de lo que colma la vida de los demás.

Quien rescata a Harry Haller de esta crisis existencial y metafísica no es un filósofo ni un sacerdote sino una alegre cortesana, Armanda, a la que encuentra en una taberna, en una de sus incesantes correrías nocturnas. Ella, con mano firme y sabias coqueterías, le hace descubrir —o, tal vez, redescubrir— los encantos de lo banal y los olvidos dichosos que brinda la sensualidad. El lobo estepario aprende a bailar los bailes de moda, a frecuentar las salas de fiesta, a gustar del jazz, y vive un enredo sexual triangular con Armanda y su amiga María. Conducido por ellas asiste a ese baile de máscaras en el que, transformando el mundo real en mágico, en pura fantasía, vivirá la ilusión y podrá dialogar con los inmortales. Así descubre que estos grandes creadores de sabiduría y de belleza no dieron la espalda a la vida sino que construyeron sus mundos admirables mediante una sublimación amorosa de las menudencias que, también, componen la existencia.

Por una de esas paradojas que abundan en la historia de la literatura, esta novela, que fue escrita con la intención de promover la vida, de mostrar la ceguera de quienes, como Harry Haller, prisionero del intelecto y de la abstracción, pierden el sentido de lo cotidiano, el don de la comunicación y de la sociabilidad, el goce de los sentidos, ha quedado entronizada como un manual para ermitaños y hoscos. A él siguen acudiendo, como a un texto religioso, los insatisfechos y los desesperados de este mundo que, además, se sienten escépticos sobre la realidad de cualquier otro. Este tipo de hombre, que Hesse radiografió magistralmente, es un producto de nuestro tiempo y de nuestra cultura. No se dio nunca antes y esperemos que no se dé tampoco en el futuro, en la hipótesis de que la historia humana tenga un porvenir.

¿Es esta desnaturalización operada por la lectura que dieron sus lectores a este libro, algo que debamos lamentar? De ningún modo. Lo ocurrido con *El lobo estepario* debe más bien aleccionarnos sobre esta verdad incómoda de la literatura: un novelista nunca sabe para quién trabaja. Ni el más racional y deliberado de ellos —y Hesse no lo era—, ni aquel que revisa el detalle hasta la manía y pule con encarnizamiento sus palabras puede evitar que sus historias, una vez emancipadas de él, adoptadas por un público, adquieran una significación, generen una mitología o entreguen un mensaje que él no previó ni, acaso, aprobaría. Ocurre que un novelista puede extraviarse y ser manejado extrañamente por aquellas fuerzas que pone en marcha al escribir. Como, en la soledad de la creación, no sólo vuelca su lucidez sino también los fantasmas de su espíritu, éstos, a veces, desarreglan lo que su voluntad quiere arreglar, contradicen o matizan sus ideas, y establecen órdenes secretos distintos al orden que él pretendió imponer a su historia. Bajo su apariencia racional, toda novela domicilia materiales que proceden de los fondos más secretos de la personalidad del autor. A ese envolvimiento total del creador en el acto de inventar debe la buena literatura su perennidad, porque los demonios que acosan a los seres humanos suelen ser más perdurables que los otros accidentes de sus biografías. Fraguando una fábula que él quiso amuleto contra el pesimismo y la angustia de un mundo que salía de una tragedia y vivía la inminencia de otra, Herman Hesse anticipó un retrato con el que iban a identificarse los jóvenes inconformes de la sociedad afluente medio siglo después.

Londres, febrero de 1987

NADJA (1928)
André Breton

Nadja como ficción

El surrealismo, y André Breton en particular, tuvieron una pobre idea de la novela, género pedestre y burgués, demasiado subordinado al mundo real, a la sociedad,
a la historia, a la racionalidad y al sentido común, para servir, como la poesía —género predilecto del movimiento—, de expresión a lo maravilloso-cotidiano, burlar de
su mano el orden lógico y adentrarse con su ayuda en las
comarcas misteriosas del sueño y la vida subconsciente.
En el manifiesto surrealista se ridiculizaba la descripción
—inseparable de la narrativa— como una pretensión imposible y un quehacer vulgar. Ningún surrealista digno
de ese nombre hubiera escrito un texto que comenzara,
como suelen comenzar inevitablemente las novelas, con
frases tan banales como la abominada por Valéry: «La mar-
quise sortit à cinq heures».[*]

Las novelas a las que Breton perdonaba la vida, e
incluso elogiaba, eran esos libros hermafroditas, a caballo
entre el relato y la poesía, entre la realidad real y un orden visionario y fantástico, como *Aurelia,* de Gérard de
Nerval, *Le Paysan de Paris,* de Aragon o las novelas de Ju-
lien Gracq. Su simpatía por la novela gótica inglesa o los
Trópicos de Henry Miller subrayaba siempre el sesgo ex-

---

[*] Sobre las relaciones entre el surrealismo y la novela me remito a la exhausti-
va investigación de Jacqueline Chénieux-Gendron, *Le surrealisme et le roman
(1922-1950),* París, L'Âge d'Homme, 1983.

céntrico, inconscientemente rebelde o revoltoso de esas obras y su marginalidad respecto de la forma y contenido de lo habitualmente considerado como novelesco.

Sin embargo, el paso del tiempo ha ido alterando las estrictas nociones que separaban todavía los géneros literarios cuando el estallido surrealista de los años veinte, y hoy, pasado el centenario del nacimiento de Breton, se vería en aprietos quien tratara de edificar una frontera entre la poesía y la novela. Luego de que Roland Barthes proclamara la muerte del autor, Foucault descubriera que el hombre no existe y Derrida y los deconstruccionistas establecieran que tampoco la vida existe, por lo menos en lo que concierne a la literatura, pues ésta, una vertiginosa catarata de palabras, es una realidad autónoma y formal, donde unos textos remiten a otros y se imbrican, reemplazan, modifican y esclarecen u oscurecen unos a otros sin relacionarse con lo vivido por el bípedo de carne y hueso, ¿quién osaría mantener a distancia, como entidades soberanas, a la poesía y la novela según lo hacían André Breton y sus amigos?

Con todo el respeto del mundo hacia un poeta y un movimiento a los que descubrí de adolescente —gracias a un surrealista peruano, César Moro—, leí con fervor y a los que seguramente debo algo en mi formación de escritor (aunque a primera vista no lo parezca) quisiera decir que el paso del tiempo me da la impresión de haber deconstruido histórica y culturalmente al surrealismo en el sentido que más hubiera dolido a André Breton. Es decir, convirtiéndolo en un movimiento quintaesenciadamente literario, cuyas estridencias verbales, condenas éticas, espectáculos-provocación, juegos de palabras y de manos, defensa de la magia y la sinrazón, ejercicio del automatismo verbal y desprecio de lo «literario», aparecen ahora desdramatizados, domesticados, privados de toda beligerancia y sin el menor poder transformador de las costumbres, la moral o la historia, como pintorescos alardes de un grupo de artistas y poetas cuyo mérito mayor consistió en alborotar el cotarro intelectual, sacudiéndolo de su inercia académica, e introducir nuevas formas, nuevas técnicas y nuevos temas —un uso distinto de la palabra y la imagen— en las artes visuales y la literatura.

Las ideas de Breton nos parecen hoy más cerca de la poesía que de la filosofía y lo que admiramos en ellas, más que su intricada casuística y su verbosidad frondosa, es la actitud moral que las respaldaba, esa coherencia entre decir, escribir y hacer que Breton exigía en sus seguidores con la misma severidad y fanatismo con que él mismo la practicaba. Esa coherencia es, sin duda, admirable; no lo es, en cambio, la intransigencia que solía acompañarla hacia aquellos que no suscribían la cambiante ortodoxia del movimiento y eran excomulgados como sacrílegos o traidores o fulminados como fariseos.

Toda esa agitación y esas violencias, los dicterios y desplantes, han quedado atrás. ¿Qué es lo que queda? Para mí, además de un rico anecdotario, un apocalipsis en un vaso de agua, una hermosa utopía irrealizada e irrealizable —la de cambiar la vida y entronizar la plena libertad humana con el arma sutil de la Poesía—, bellos poemas —y, entre ellos, el primero la *Ode à Charles Fourier*—, una antología de humor negro, un ensayo arbitrario pero absorbente dedicado a *Le Surrealisme et la Peinture*, y, sobre todo, una delicada y originalísima novela de amor: *Nadja*.

Aunque las definiciones suelen confundir más que aclarar, definiré provisionalmente la novela como aquella rama de la ficción que intenta construir con la fantasía y las palabras una realidad ficticia, un mundo aparte, que, aunque inspirados en la realidad y el mundo reales, no los reflejan, más bien los suplantan y niegan. La originalidad de toda ficción consiste —aunque esto parezca una tautología— en ser ficticia, es decir, en no parecerse a la realidad en la que vivimos, en emanciparse de ella y mostrar aquella que no existe y que, por no existir, soñamos y deseamos.

Si eso es una ficción, *Nadja* es el mejor ejemplo para ilustrarla. La historia que cuenta no es de este mundo, aunque finja serlo, como ocurre siempre con las buenas novelas, cuyo poder de persuasión hace pasar siempre por verdad objetiva lo que es mera ilusión, y aunque el mundo que describe —sí, que *describe,* pero, en toda novela, descripción es sinónimo de invención— se parezca, debido a sus referencias tan precisas, al París de los años veinte, con el puñado de calles, plazas, estatuas, parques, bosques y cafés allí recreados para servir de escenario a la acción, e, incluso, ilustrados con bellas fotografías.

La anécdota no puede ser más simple. El narrador, quien refiere la historia como un protagonista implicado en ella, encuentra casualmente en la calle al personaje femenino, Nadja, una mujer extraña, soñadora, que parece habitar en un mundo privado, de miedo y ensueño, en el límite entre razón y sinrazón, que ejerce desde el primer momento una atracción subyugante sobre él. Se establece entre ambos una íntima relación que podríamos llamar sentimental, aunque tal vez no erótica ni sexual, fraguada a lo largo de encuentros provocados o casuales (al narrador le gustaría que los llamáramos mágicos), que, en los pocos meses que dura —de octubre a diciembre de 1926—, abre al narrador las puertas de un mundo misterioso e impredecible, de gran riqueza espiritual, no gobernado por leyes físicas ni esquemas racionales, sino por esas fuerzas oscuras, fascinantes e indefinibles a las que aludimos —a las que aquél alude con frecuencia— cuando hablamos de lo maravilloso, la magia o la poesía. La relación termina tan extrañamente como comenzó y lo último que sabemos de Nadja es que se encuentra en un asilo psiquiátrico, pues se la cree loca, algo que amarga y exaspera al narrador, quien abomina de la psiquiatría y los asilos y tiene a lo que la sociedad llama locura —por lo menos en el caso de Nadja— por una forma extrema de rebeldía, una manera heroica de ejercer la libertad.

Ésta es una historia profundamente romántica, desde luego, por su naturaleza poética, su extremado individualismo antisocial y su final trágico, y hasta se podría considerar la mención anecdótica de Victor Hugo y Juliette Drouet en las primeras páginas de la novela como un símbolo auspicioso, premonitorio, de lo que en ella va a suceder. Lo que distingue a ésta de esas historias tremendas de amores imposibles y parejas desgarradas por un implacable Destino que la sensibilidad romántica privilegiaba, no es la anécdota sino la elegante prosa coruscante de Breton, con su andar laberíntico y sus insólitas metáforas, pero, aún más todavía, la originalidad de su estructura, la audaz manera como organiza la cronología y los planos de realidad desde los cuales está narrada.

Por lo pronto, es importante señalar que el personaje principal de la historia —el héroe, según la terminología romántica— no es la Nadja del título, sino quien la evoca y la relata, esa presencia abrumadora que no se aparta un instante de los ojos y la mente del lector: el narrador. Visible o invisible, testigo o protagonista que narra desde dentro de lo narrado o Dios Padre todopoderoso a cuyos imperativos se va desenvolviendo la acción, el narrador es, siempre, el personaje más importante de todas las ficciones, y, en todos los casos, invención, ficción él mismo, aun en esos casos embusteros, como el de *Nadja*, en que el autor de la novela dice emboscarse bajo la piel del narrador. Esto no es nunca posible. Entre el autor y el narrador de una novela hay siempre el inconmensurable abismo que separa la realidad objetiva de la fantástica, la palabra de los hechos, al perecedero ser de carne y hueso de su simulacro verbal.

Lo sepa o no, lo haga deliberadamente o por simple intuición, el autor de una novela siempre inventa al narrador, aunque le ponga su propio nombre y le contagie episodios de su biografía. El que inventó Breton para contar la historia de *Nadja*, y al que hizo pasar por él mismo, es también de inequívoca filiación romántica, por su monumental egolatría, ese narcisismo que lo empuja todo el tiempo, mientras cuenta, a exhibirse en el centro de la acción, a refractarse en ella y refractarla en él, de manera que la historia de Nadja es, en verdad, la historia de Nadja pasada por el tamiz del narrador, reflejada en el espejo deformante de su exquisita personalidad. El narrador de *Nadja,* como el de *Les Misérables* o *Les trois mousquetaires,* al mismo tiempo que cuenta la historia, se cuenta. No es, pues, sorprendente que, desde esas primeras páginas, nos confiese su escasa simpatía por Flaubert, quien, recordemos, era enemigo de la subjetividad narrativa y exigía para la novela un semblante de impersonalidad, es decir, simular ser una historia autosuficiente (en realidad, contada por narradores invisibles).

Nadja es lo opuesto: una historia casi invisible contada desde una subjetividad avasallante, visible hasta el impudor. En esa historia pasan muchas cosas, desde luego, pero lo verdaderamente importante que en ella ocurre no es lo que se puede resumir y cifrar de manera concreta —los comportamientos de la heroína, las raras coincidencias que acercan o alejan a la pareja, sus crípticas conversaciones de las que se refieren sólo extractos, o las referencias a lugares, libros, pinturas, escritores o pintores con que va enmarcando la peripecia el astuto narrador—, sino una realidad *otra*, distinta de la que sirve de escenario a los sucesos, que se va trasluciendo sutilmente, al sesgo, en ciertas alusiones del diálogo, en los dibujos de Nadja llenos de símbolos y alegorías de difícil interpretación, y en las bruscas premoniciones o intuiciones que todo ello provoca en el narrador, quien, de este modo, consigue hacernos compartir su certidumbre de que la verdadera vida, la genuina realidad, está escondida bajo aquella en la que conscientemente vivimos, oculta a nosotros por la rutina, la estupidez, el conformismo y todo lo que él subvalora o desprecia —la racionalidad, el orden social, las instituciones públicas— y al que sólo ciertos seres libres y excéntricos a lo que Rubén Darío llamaba «el vulgo municipal y espeso» pueden acceder. La fascinación que Nadja ejerce sobre él y que él nos transmite se debe, precisamente, a que ella parece, en nuestro mundo, una *visitante*, alguien que viene (y no ha salido de allí del todo) de otra realidad, desconocida e invisible, sólo presentida por seres de excepcional sensibilidad, como el narrador, y a la que sólo cabe describir por asociación o metáfora, acercándola a nociones como lo Maravilloso y la Quimera.

Esta realidad invisible, esta vida sin prosa, de pura poesía, ¿dónde está? ¿Cómo es? ¿Existe fuera de la mente o es pura fantasía? En la prosaica realidad que nos ha tocado a los mortales del común (la expresión es de Montaigne), y que el surrealismo quería desesperadamente trastocar con la varita mágica de la Poesía, Freud había descubierto la vida del inconsciente y descrito las alambicadas maneras en que los fantasmas en él refugiados influían en las conductas, dirimían o suscitaban los conflictos, y se inmiscuían en la vida civil de las personas. El descubrimiento de esa otra dimensión de la vida humana influyó, como es sabido, de manera decisiva (pero no beata) en las teorías y prácticas del surrealismo y no hay duda de que, sin ese precedente, *Nadja* (donde hay una ambigua frase, de respeto y crítica del psicoanálisis) no hubiera sido escrita, no, por lo menos, de la manera que lo fue. Pero una lectura freudiana de la novela nos daría de ella una versión recortada y caricatural. Pues no son los traumas que pusieron a la heroína en esas orillas de la sinrazón en que se encuentra —según lo que sería una lectura de alienista de *Nadja*— lo que interesa de su historia, sino la exaltada reivindicación que de este territorio límite hace el narrador, quien ve en ese dominio una forma superior del vivir, una comarca existencial donde la vida humana es más plena y más libre.

Se trata, por supuesto, de una ficción. Una bella y seductora ficción que existe sólo —pero ese *sólo* debe entenderse como un universo de riquezas para la sensibilidad y la fantasía— dentro de la hechicera vida de los sueños y las ilusiones que son la realidad de la ficción, esa mentira que fraguamos y en la que creemos para soportar mejor la vida verdadera.

Borges solía decir: «Estoy podrido de literatura». En su boca no había en ello nada peyorativo. Pues lo que más amaba en la vida —y acaso se podría decir lo único que amaba y conocía a fondo— era la literatura. Pero Breton hubiera considerado un agravio que se dijera de *Nadja* lo que ahora nos parece una evidencia: «Un libro podrido de literatura». Literatura quería decir, para Breton, artificio, pose, gesto vacío de contenido, frívola vanidad, conformismo ante lo establecido. Pero lo cierto es que, aunque la literatura puede ser todo eso, también es, en casos sobresalientes como el suyo, audacia, novedad, rebeldía, exploración de los lugares más recónditos del espíritu, galope de la imaginación y enriquecimiento de la vida real con la fantasía y la escritura.

Ésta es la operación que lleva a cabo *Nadja* con el mundo real que finge relatar: transformarlo en otro, gracias a un baño de hermosa poesía. El París de sus páginas no es la bulliciosa e inconsciente ciudad europea, capital de las vanguardias artísticas, de las guerrillas literarias y las violencias políticas de la entreguerra. En el libro, debido a su hechicera retórica y su mobiliario efectista, a su estrategia narrativa de silencios y saltos temporales, de alusiones cifradas, de acertijos, de pistas falsas e intempestivos alardes poéticos, a esas anécdotas intercaladas —el espectáculo tremebundo de *Les Detraquées,* la deliciosa anécdota del hombre amnésico—, y a sus radiaciones hacia un contexto de libros y pinturas que van como aureolando la historia con un resplandor particular, París se ha convertido en una ciudad fantástica, donde lo maravilloso es una realidad poco menos que tangible, y donde todo parece plegarse dócilmente a esas secretas leyes mágicas que sólo las adivinadoras detectan y los poetas intuyen, y que el narrador va, como un cartógrafo, superponiendo a la ciudad real.

Al final de la historia, el Hotel des Grandes Hommes, la estatua de Etienne Dolet, las carbonerías, la Puerta de Saint Denis, los teatros del Boulevard, el mercado de las pulgas, las librerías, cafés, tiendas y parques convocados, se han transformado en hitos y monumentos de un mundo precioso y soterrado, eminentemente subjetivo, de misteriosas correlaciones y asonancias con la vida de las personas, un marco perfectamente propicio para que en su seno surja y ambule un personaje tan desasido de la vida corriente, tan ajeno al llamado sentido común, como Nadja, esa mujer que hechiza al narrador y al que ella, en un momento de la historia, ordena: «*Tu écriras un roman sur moi*». («Tú escribirás una novela sobre mí.»)

El hechizo fue tan grande que Breton obedeció y, al hacerlo, no se limitó a documentar sus encuentros con la Nadja que existió, la fugaz Nadja de carne y hueso. Para referir la historia de manera persuasiva utilizó más su fantasía que su memoria, inventó más que recordó, y para hacerlo, como hacen los buenos novelistas, se tomó todas las libertades con el tiempo, el espacio y las palabras, escribiéndola *«sans ordre preétabli, et selon le caprice de l'heure que laisse surnager ce qui surnage»* («sin orden preestablecido, y según el capricho de la hora que deja reflotar lo que reflota»).*

Londres, noviembre de 1996

---

* Esta y todas las citas están tomadas de la edición de *Nadja* revisada por su autor, de Éditions Gallimard, 1963. La traducción es mía.

SANTUARIO (1931)
William Faulkner

El santuario del mal

I

Según su propio testimonio, Faulkner escribió la primera versión de *Santuario* en tres semanas, en 1929, inmediatamente después de *El sonido y la furia*. La idea del libro, explicó en el prólogo a la segunda edición de la novela (1932), le pareció siempre «barata» pues la concibió con el único propósito de ganar dinero (hasta entonces sólo había escrito por «placer»). Su método fue «inventar la más horrible historia que pude imaginar», algo que una persona de Mississippi pudiera tomar por un tema de moda. Horrorizado con el texto, su editor le hizo saber que no publicaría semejante libro ya que, de hacerlo, ambos irían a la cárcel.

Entonces Faulkner escribió, mientras trabajaba como fogonero, *Mientras agonizo*. Publicado ya este libro, recibió un día las pruebas de imprenta de *Santuario* que el editor había finalmente decidido publicar. Al releer su novela, Faulkner se dijo que, en efecto, era impresentable tal como estaba, y la sometió a numerosas supresiones y enmiendas, de manera que la versión que apareció en 1931 difería considerablemente de la original. (El cotejo de ambos textos se puede hacer en el libro de Gerald Langford, *Faulkner's Revision of Sanctuary*, University of Texas Press, 1972.)

La segunda versión no es menos «horrible» que la primera, pues las grandes truculencias de la historia se mantienen en ambas, con la excepción de los sentimientos discretamente incestuosos entre Horace y Narcissa Benbow, y Horace y su hijastra Little Belle, que en la primera son mucho más explícitos. La variante principal consiste en que el eje de la primera versión era Horace Benbow, en tanto que en la nueva Popeye y Temple Drake han crecido y relegado al abogado honesto y debilón a un segundo plano. En lo referente a la estructura, la versión original resultaba más nítida, pese a su enrevesamiento temporal, pues Horace era la perspectiva desde la cual se narraba casi toda la historia, en tanto que en la definitiva el relato salta continuamente de punto de vista, de capítulo a capítulo y, a veces, hasta dentro de un mismo párrafo.

La mala opinión sobre *Santuario* acompañó a Faulkner toda su vida. Medio siglo después de aquel prólogo autocrítico, en sus conversaciones en la Universidad de Virginia (*Faulkner in the University,* eds. Frederick L. Gwyn y Joseph L. Blother, Nueva York, Vintage, 1965), volvió a llamar a su historia —por lo menos en su primera edición— «enclenque» y fraguada con intenciones «bajas».

II

En verdad, *Santuario* es una de las obras maestras que escribió y merece figurar, detrás de *Light in August* y *Absalom, Absalom!,* entre las mejores novelas de la saga de Yoknapatawpha. Es cierto que, por su tremendismo horripilante, la crueldad y la imbecilidad potenciadas a nivel de vértigo que muestra y el sombrío pesimismo que la baña, es apenas resistible. Precisamente: sólo un genio podía haber contado una historia con semejantes episodios y personajes de manera que resultara no sólo aceptable sino incluso hechicera para el lector. A la extraordinaria maestría con que está contada debe esta historia feroz hasta el absurdo su aureola de ser una inquietante parábola sobre la naturaleza del mal y esas resonancias simbólicas y metafísicas que han excitado tanto la fantasía interpretativa de los críticos. Pues ésta es, sin duda, la novela de Faulkner que ha generado lecturas más diversas y barrocas: modernización de la tragedia griega, paráfrasis de la novela gótica, alegoría bíblica, metáfora contra la modernización industrial de la cultura del sur de los Estados Unidos, etcétera. André Malraux, presentándola al público francés en 1933, dijo que ella representa «la inserción de la novela policial en la tragedia griega», y Borges seguramente pensó en ella cuando lanzó su famosa *boutade* de que los novelistas norteamericanos habían convertido la «brutalidad en una virtud literaria». Bajo el peso de tanto símbolo filosófico y moral como se le ha atribuido, la historia de *Santuario* tiende a diluirse y desaparecer. Y, en verdad, toda novela vale por lo que cuenta, no por lo que sugiere.

¿Cuál es esta historia? En dos palabras, la siniestra aventura de Temple Drake, muchacha de diecisiete años, bonita, casquivana y niña bien, hija de un juez, a la que un gángster impotente y psicópata —que es también asesino— desflora con una mazorca de maíz y recluye luego en un burdel de Memphis, donde la hace hacer el amor bajo sus ojos con un rufiancillo que él mismo se encarga de traerle y al que finalmente mata. Trenzada a esta historia, se desenvuelve otra, algo menos atroz: Lee Goodwin, asesino, fabricante y contrabandista de alcohol, es injustamente juzgado por la muerte de un débil mental, Tommy (víctima de Popeye), condenado y quemado vivo pese a los esfuerzos por salvarlo de Horace Benbow, un abogado bien intencionado pero incapaz de hacer triunfar el bien.

Estos horrores son apenas una muestra de los muchos que se suceden en el libro, donde el lector asiste a un ahorcamiento, un linchamiento, varios asesinatos, un incendio deliberado y un abanico de degradaciones morales y sociales. En la primera versión, además, el personaje dotado de una conciencia moral, Horace, era presa de una doble proclividad incestuosa. En la versión final, esto ha sido atenuado hasta quedar apenas como un relente turbio en la vida emocional del abogado.

En toda novela es la forma —el estilo en que está escrita y el orden en que aparece lo contado— lo que decide la riqueza o pobreza, la profundidad o la trivialidad de su historia. Pero en novelistas como Faulkner, la forma es algo tan visible, tan presente en la narración, que ella hace las veces de protagonista y actúa como un personaje de carne y hueso más o figura como un *hecho,* ni más ni menos que las pasiones, crímenes o cataclismos de su anécdota.

Supongamos que una novela completa es un cubo. Completa: es decir, toda la historia sin omitir un solo detalle, gesto o movimiento de los personajes, objeto o espacio que ayude a entenderlos y situación, pensamiento, conjetura y coordenada cultural, moral, política, geográfica y social sin los cuales algo quedaría cojo e insuficiente para la comprensión de la historia. Pues bien, ninguna novela, ni la más maniáticamente realista, se escribe *completa.* Sin una sola excepción, toda novela deja una parte de la historia sin relatar, librada a la pura deducción o fantasía del lector. Lo cual significa que toda novela se compone de datos visibles y de datos escondidos. Si damos a la novela escrita —la que consta sólo de datos explícitos— una forma que se desprende del cubo que es el todo novelesco, la especial configuración que adopta ese objeto constituye la originalidad, el mundo propio de un novelista. Y el objeto que se desprende del cubo en cada novela de Faulkner es acaso la escultura más barroca y astuta que haya producido el universo de las formas narrativas.

La eficacia de la forma, en *Santuario,* se debe, ante todo, a aquello que el narrador oculta al lector, descolocando los datos en la cronología, o suprimiéndolos. El cráter de la novela —la bárbara desfloración de Temple— es un silencio *ominoso,* es decir, locuaz. Nunca se describe, pero de ese abolido salvajismo irradia la ponzoñosa atmósfera que acaba por contaminar Jefferson, Memphis y demás escenarios de la novela hasta convertirlos en la patria del mal, en un territorio de perdición y de horror negado a la esperanza. Hay muchos otros datos escondidos, algunos de los cuales se van revelando retroactivamente, luego de las consecuencias que provocan —como el asesinato de Tommy y el de Red o la impotencia de Popeye—, y otros que permanecen en la sombra, aunque lleguemos a conocer de ellos algunos filamentos, los indispensables para mantenernos intrigados y adivinar que en esa oscuridad anida algo sucio y delincuencial, como los misteriosos viajes y turbios trajines de Clarence Snopes y las andanzas de Belle, la mujer de Horace.

Pero esa manipulación de los datos de la historia, sustraídos al lector momentánea o definitivamente, es todavía más astuta de lo que indican estos ejemplos de bulto. En realidad, sucede a cada paso, a veces a cada frase. El narrador *nunca* nos dice todo y a menudo nos despista: revela lo que un personaje hace pero no lo que piensa (la intimidad de Popeye, por ejemplo, no la desvela jamás) o al revés, y salta sin prevenirnos sobre gestos, actos y pensamientos que sólo más tarde revelará, de manera sorpresiva, como un prestidigitador que hace aparecer de pronto el pañuelito desaparecido. Así, la historia se va iluminando y apagando; ciertas escenas nos deslumbran por su luz en tanto que otras las escudriñamos, casi invisibles en las tinieblas.

También la velocidad del tiempo narrativo es caprichosa, inconstante: se acelera y pone al ritmo de los diálogos de los personajes que el narrador expone al lector casi sin comentarios —como en el juicio—, o, como en el capítulo-cráter, el decimotercero, se vuelve un tiempo en cámara lenta, semidetenido, en el que los movimientos de los personajes parecen las rítmicas evoluciones de un espectáculo de sombras chinas. Todas las escenas de Temple Drake en la casa del Viejo Francés son teatrales, de una lentitud ceremonial que convierte los actos en ritos. En el relato, con algunas excepciones, las escenas se yuxtaponen en vez de fluir disolviéndose unas en otras.

Todo esto es extremadamente artificial, pero no es arbitrario. Mejor dicho, no lo parece y gracias a ello adquiere un carácter de realidad necesaria y auténtica. Ese mundo, esos seres, esos diálogos, esos silencios no podrían ser de otra manera. Cuando un novelista consigue que su novela transmita al lector esa sensación perentoria, inapelable, de que aquello que cuenta sólo podría ocurrir así —ser contado así—, ha triunfado en toda línea.

III

Buen número de las casi infinitas interpretaciones a que ha dado origen *Santuario* se deben a la inconsciente voluntad de los críticos de proporcionar coartadas morales que permitan rescatar para el bien un mundo tan irrevocablemente negativo como el que describe la novela. Una vez más topamos así con ese inmemorial empeño, del que por lo visto la literatura no se librará nunca, de que los poemas y las ficciones cumplan de algún modo o de otro una función edificante a fin de que la sociedad los acepte.

La humanidad que aparece en esta historia es casi toda ella execrable; y, cuando no, lastimosa. En Horace Benbow hay un sentimiento altruista que lo lleva a tratar de salvar a Goodwin y a ayudar a Ruby, pero está contrarrestado por su debilidad y cobardía que lo condenan a ser derrotado cuando se enfrenta a la injusticia. También en Ruby hay un fondo sensible, solidario —tiene, al menos, la intención de ayudar a Temple—, pero no llega a traducirse en nada útil, por la desgana en la que han culminado los golpes y reveses experimentados por la compañera de Goodwin; es un ser demasiado encallecido por el sufrimiento para que sus arranques generosos se vuelvan una conducta efectiva. Incluso la víctima principal, Temple, nos produce tanta repugnancia como solidaridad, pues hay en ella tanto vacío y estupidez —y, en potencia, tanta vocación por el mal— como en sus verdugos. Los personajes de la novela que no matan, contrabandean, violan y trafican, son —como las piadosas damas bautistas que hacen expulsar a Ruby del hotel o como Narcissa Benbow— unos seres hipócritas y fariseos, roídos de prejuicios y racistas. Sólo los imbéciles como Tommy parecen menos dotados que el resto de sus congéneres en este mundo para causar daño a los demás.

La maldad humana se manifiesta sobre todo —en esta realidad ficticia— en y a través del sexo. En ninguna otra novela de la saga de Yoknapatawpha es tan visible esa visión apocalíptica de la vida sexual que, igual que en la de los más tremebundos puritanos, recorre toda la obra de Faulkner. El sexo no enriquece ni hace felices a sus personajes, no facilita la comunicación ni cimenta la solidaridad, no estimula ni completa la existencia; es, casi siempre, una experiencia que los animaliza, degrada y suele destruirlos, como lo ilustra la revolución que produce la presencia de Temple en la casa del Viejo Francés.

La llegada de la muchacha rubia y pálida, de largas piernas y cuerpo filiforme, pone a los cuatro rufianes —Popeye, Van, Tommy y Lee— en un estado híbrido, de excitación y belicosidad, como cuatro mastines ante una perra en celo. Los restos que podían sobrevivir en ellos de dignidad y decencia se volatilizan ante la adolescente que, pese a su miedo, y sin ser muy consciente de ello, los provoca. Lo puramente instintivo y animal prevalece sobre todo lo demás —la racionalidad y hasta el instinto de conservación—, que, más bien, se pone a su servicio. Para aplacar ese instinto están dispuestos a violar y, también, a entrematarse. Una vez ensuciada y envilecida por Popeye, Temple asumirá su condición y también en ella será el sexo, a partir de entonces, transgresión de la norma, violencia.

¿Es esa inmundicia animada la humanidad? ¿Así somos? No. Ésta es la humanidad que inventó Faulkner, con tanto poder de persuasión como para hacernos creer, por lo menos durante la embebida lectura de su libro, que ésa no es una ficción sino la vida. En realidad, la vida no es nunca como en las ficciones. A veces es mejor, a veces peor, pero siempre más matizada, diversa e impredecible de lo que suelen sugerir aun las más logradas fantasías literarias. Eso sí, la vida real no es jamás tan perfecta, redondeada, coherente e inteligible como en sus representaciones literarias. En éstas, algo le ha sido añadido y recortado, en función de los «demonios» —obsesiones y pulsiones profundas que su inteligencia y su razón sirven pero a las que no necesariamente gobiernan ni a veces llegan totalmente a entender— de aquel que las inventa y les da la ilusoria vida que pueden dar las palabras.

La ficción no reproduce la vida; la niega, opo- niéndole una superchería que finge suplantarla. Pero tam- bién, de una manera siempre difícil de establecer, la com- pleta, añadiéndole a la experiencia humana algo que los hombres no encuentran en sus vidas reales, sólo en aque- llas, imaginarias, que viven vicariamente, gracias a la fic- ción.

Los fondos irracionales de que también se com- pone la vida comienzan a librarnos sus secretos y gracias a hombres como Freud, Jung o Bataille sabemos la ma- nera (extremadamente difícil de detectar) en que orientan el comportamiento humano. Antes de que los psicólogos y psicoanalistas existieran, antes aún de que lo hicieran los brujos y magos, ya las ficciones ayudaban a los hom- bres (sin que ellos lo sospecharan) a coexistir y acomo- darse con ciertos fantasmas surgidos de lo más profundo de su intimidad para complicarles la vida, llenándola de apetitos imposibles y destructores. No a librarse de ellos, empresa por lo demás bastante difícil, y acaso incon- veniente, sino a convivir con ellos, a establecer un *modus vivendi* entre esos ángeles que la comunidad necesitaría que fueran exclusivamente sus miembros y esos demo- nios que éstos no pueden dejar de ser también, al mismo tiempo, no importa cuán elevada sea la cultura o cuán poderosa la religión de la sociedad en la que nacen. La ficción también es una purga. Aquello que en la vida real es o debe ser reprimido de acuerdo a la moral reinante —y a veces, simplemente, para asegurar la supervivencia de la vida— encuentra en ella refugio, derecho a la exis- tencia, libertad para obrar aun de la manera más nociva y espantosa.

De alguna manera, lo ocurrido a Temple Drake en el condado de Yoknapatawpha, según la imaginación tortuosa del más persuasivo creador de ficciones de nuestro tiempo, salva a las bellas colegialas de carne y hueso de ser mancilladas por esa necesidad de exceso y desvarío que forma parte de nuestra naturaleza y nos salva a nosotros de que nos quemen y ahorquen por hacerlo.

Londres, diciembre de 1987

UN MUNDO FELIZ (1932)
Aldous Huxley

El paraíso como pesadilla

I

La idea o mito de una sociedad perfecta, un paraíso terrenal organizado por la sabiduría de ciertos hombres superiores, ha perseguido incesantemente a la humanidad, por lo menos desde los tiempos de Platón, cuya *República* es la primera de esa larga secuencia de utopías concebidas en Occidente a la que pertenece *Un mundo feliz,* de Aldous Huxley.

Una diferencia capital distingue, sin embargo, a los utopistas de la Antigua Grecia, el Renacimiento y los siglos XVIII y XIX, de los del siglo XX. En nuestra época, aquellas «sociedades perfectas» —descritas, por ejemplo, por H. G. Wells en *A Modern Utopia,* el ruso Zamiatin en *Nosotros,* por *Brave New World* de Huxley, o *1984* de Orwell— no simbolizan, como los clásicos, la felicidad del paraíso venido a la tierra, sino las pesadillas del infierno encarnado en la historia. Ocurre que la mayoría de los utopistas modernos, a diferencia de un Saint-Simon, un Francis Bacon o un Kropotkin, que sólo podían *imaginar* aquellas sociedades enteramente centralizadas y planificadas según un esquema racional, han conocido ya lo que en la práctica puede significar semejante ideal: los mundos concentracionarios del fascismo y del comunismo. Esta experiencia cambió la valencia de la utopía en nuestra época: ahora sabemos que la búsqueda de la perfección absoluta en el dominio social conduce, tarde o temprano, al horror absoluto. La novela de Huxley fue la primera, en 1931, en echar ese balde de agua fría a la bella ilusión romántica de que el paraíso terrenal pudiera, alguna vez, trasladarse de las fábulas religiosas o las quimeras literarias a la vida concreta.

Pero, aunque su descripción de ese «mundo feliz» sea sarcástica, de un pesimismo plúmbeo, el planeta de Huxley guarda una estrecha filiación con las utopías que sus antecesores idearon como templos de la felicidad humana. Igual que casi todas ellas, el planeta que ha tomado su nombre de Ford —quien ha reemplazado a Dios como símbolo, punto de referencia, hito temporal e, incluso, motivo de exclamación y juramento— ha sido organizado partiendo de un principio totalitario: que el Estado es superior al individuo y que, por lo tanto, éste se halla a su servicio. Aunque, en teoría, el Estado utópico representa a la colectividad, en la práctica es siempre regido por una aristocracia, a veces política, a veces religiosa, a veces militar, a veces científica —con combinaciones diversas—, cuyo poder y privilegios la sitúan a distancia inalcanzable del hombre común. En el Estado planetario de Huxley, esa falange de amos superiores son los «World Controllers», de los que conocemos a uno solo: Mustafá Mond, Contralor (interventor) de Europa Occidental. Una de las extraordinarias prerrogativas de este personaje es tener una biblioteca secreta de clásicos (pues todos los libros del pasado han sido suprimidos para los demás ciudadanos).

Otra característica de la sociedad utópica es la «planificación». Todo está en ella regulado. Nada queda en manos del azar o del accidente: las iniciativas del individuo (si se les puede llamar así) son cuidadosamente orientadas y vigiladas por el poder central. La planificación en la sociedad fordiana alcanza extremos de gran alambicamiento, ya que ni la generación de la vida humana escapa a ella: los niños se fabrican en probeta, según un principio riguroso de división del trabajo. Los adelantos científicos de la época (estamos en el año 632 después de la muerte de Ford) permiten dotar a cada homínido de la inteligencia, instintos, complejos, aptitudes o taras físicas necesarias para la función que desempeñará en la urdimbre social.

En la mayoría de las utopías (conviene recordar que la palabra la usó por primera vez Tomás Moro, en 1515, y que sus raíces griegas significan «no-lugar» o «lugar feliz») el sexo se reprime y sirve sólo para la reproducción. Con pocas excepciones, como las de Charles Fourier, geómetra de las pasiones, los utopistas suelen ser puritanos que proponen el ascetismo pues ven en el placer individual una fuente de infelicidad social. En la novela de Huxley hay una variante. El sexo se halla disociado de la reproducción y del amor (ya que éste, como todos los otros sentimientos y pasiones, ha sido químicamente eliminado), y se fomenta desde la más tierna infancia. Como la familia ha sido también abolida, la promiscuidad es un deporte generalizado, al extremo de que no es raro que un hombre tenga, como Helmholtz Watson, seiscientas cuarenta amantes en menos de cuatro años. Pero, atención, esta libertad sexual no tiene nada que ver con el erotismo, se diría que es más bien su negación. En el planeta Ford el sexo está demasiado higienizado, exento de todo riesgo, misterio y violencia como para que la gimnasia copulatoria que practican sus habitantes coincida con lo que entendemos por erotismo, es decir, el amor físico enriquecido y sutilizado por la fantasía humana. En *Un mundo feliz* la función del sexo no es individual sino social, lo que indica que ha sido desnaturalizado. Su razón de ser es descargar las tensiones, ansiedades e inquietudes que podrían convertirse eventualmente en fermento de inconformidad contra el sistema. Como el «soma» —esa maravillosa invención química que, según un personaje, tiene todas las ventajas del cristianismo y el alcohol y ninguno de sus inconvenientes—, el sexo, en el planeta Ford, contribuye al condicionamiento de los seres humanos, a que éstos «amen su inescapable condición». Por eso, las «orgías» que se celebran periódicamente, y que reciben el delicioso nombre de «Servicios de Solidaridad» —como aquella a la que asiste el reticente Bernard Marx—, tienen más semblante de misas de secta evangélica o juegos de club de jubilados que de los *partouzes* que pretenden ser.

Lo que en *La ciudad del sol* de Campanella es la religión, y en las utopías anarquistas de un Kropotkin o un Proudhon es la moral laica de la solidaridad, en el «mundo feliz» de Huxley es la ciencia: el instrumento regulador de la vida, la herramienta que todo lo adapta y acomoda para lograr esa «estabilidad social» que en el planeta Ford es sinónimo de civilización. En ello, esta utopía coincide con la de Saint-Simon, donde la ciencia aparecería también, con sus infinitos recursos, dispensando la dicha a todos los seres humanos. En el planeta Ford todos son dichosos y la dicha es un problema químico, un estado que se adquiere ingiriendo tabletas de «soma». Es verdad que algunos especímenes, como Bernard Marx, parecen rebeldes a la droga y al condicionamiento psicológico que todos reciben desde que son fetos, lo que parecería indicar que hay una «naturaleza humana» aún más compleja e indócil de lo que la avanzada ciencia fordiana ha logrado determinar. Pero, en todo caso, esos extravagantes son tan raros y se hallan tan aislados que la colectividad no se ve nunca amenazada de contagio. (Por lo demás, pudiera ser que la responsabilidad inconformista de Bernard se deba, como dicen los rumores, a que en la probeta que lo fabricó las enfermeras mezclaron alcohol con la linfa reglamentaria.)

Todos son felices pero no todos son iguales. Un rígido sistema de castas, más perfecto aún que el de la India, separa a los Alfas, Gammas, Betas, Deltas y Epsilones, porque en este caso tiene un fundamento biológico: los hombres han sido fabricados con diferencias físicas y psíquicas insalvables. ¿Con qué objeto? Para que cada cual realice lo más eficientemente posible la tarea que le ha sido asignada en la colmena social.

Igual que todas las utopías, la de Huxley revela también lo que hay detrás de estas ingeniosas reconstrucciones del mundo: un miedo cerval al desorden de la vida librada a su propio discurrir. Por eso, ellas suprimen siempre la espontaneidad, la imprevisibilidad, el accidente, y encasillan la existencia dentro de un estricto sistema de jerarquías, controles, prohibiciones y funciones. La obsesión matemática de todas las utopías delata lo que quieren suprimir: la irracionalidad, lo instintivo, todo aquello que conspira contra la lógica y la razón. Es por esto que todas las utopías —y la de Huxley no es una excepción— nos parecen inhumanas. Privada de su fondo oscuro incontrolable, la vida pierde su misterio y su carácter de aventura. La vida planificada tiene su precio: la desaparición de la libertad. Por eso las utopías sociales, aun las más generosas —como la de William Morris o la «utopía democrática» de Gabriel de Foigney—, forman parte de esa larga tentativa intelectual del «asalto a la libertad» —como la ha llamado Popper— que comenzó con la aparición misma de la libertad en la historia.

Las utopías modernas, como las de Huxley y de Orwell, ponen al descubierto lo que los clásicos disimulaban tras sus idílicas y armoniosas sociedades inventadas: que ellas no nacían de la generosidad sino del pánico. No de un sentimiento noble y altruista en favor de una humanidad reconciliada consigo misma y emancipada de las servidumbres de la explotación y del hambre sino del temor a lo desconocido, a tener cada hombre que labrarse un destino por cuenta propia, sin la tutela de un poder que tome en su nombre todas las decisiones importantes y le resuelva la vida. La utopía representa una inconsciente nostalgia de esclavitud, de regreso a ese estado de total entrega y sumisión, de falta de responsabilidad, que para muchos es también una forma de felicidad y que encarna la sociedad primitiva, la colectividad ancestral, mágica, anterior al nacimiento del individuo. *Brave New World* tuvo el mérito de hacer patente que detrás de las utopías sociales yace la fascinación por la servidumbre, el terror primitivo, atávico, del hombre de la tribu —de la sociedad colectivista— a asumir aquella soberanía individual que nace del ejercicio pleno de la libertad.

II

Pero *Un mundo feliz* no es sólo la fabulación de una sociedad utópica (aunque la capacidad visionaria de Huxley despliegue una extraordinaria audacia, sobre todo en los detalles y matices) sino también, y sobre todo, una crítica frontal a esa utopía en especial, y, de carambola, a todas las utopías.

Para ello, su novela se vale de esta estratagema. En el planeta Ford, como excrecencias marginales, curiosidades que sirven a los fordianos para recordar los tiempos bárbaros en que los niños eran engendrados por vientres de mujeres, había matrimonios, familias, religiones y otras prácticas inmundas, existen unas reservas de salvajes. En ellas, acompañando a Bernard Marx y Lenina Crowne, descubrimos, aunque deteriorada y anquilosada, una humanidad semejante a la nuestra. De ese submundo, un personaje emerge —el Salvaje—, que es incrustado súbitamente en el mundo feliz de los hombres no vivíparos, promiscuos y siempre bellos y jóvenes que, a la muerte, se convierten en fosfatos para abonar los campos.

¿Qué ocurre con la presencia del Salvaje entre los civilizados? Una confrontación o cotejo que induce al lector irresistiblemente a tomar partido por el salvajismo y la barbarie, en contra de «esa» civilización que ha purificado el mundo pero desterrado lo humano. Lo humano es perfectible, nunca perfecto. El estado de perfección plena, de realización acabada, es prerrogativa de Dios o de las máquinas, acaso de los elementos naturales, pero no del hombre. Es la imperfección, el no llegar nunca a alcanzar aquel estado que su fantasía y su deseo ponen siempre más adelante que la más lograda de sus realizaciones, lo que da a la vida vivida su humanidad: el sabor de la aventura, el incentivo del riesgo, la incertidumbre que condimenta el placer. Los fordianos son sin duda felices, pero sólo en la medida en que puede serlo un autómata: porque para ellos la felicidad consiste en la satisfacción artificial de unas necesidades artificialmente creadas.

Esta condición es la que abre un abismo infranqueable entre el Salvaje y la muchacha de la que se ha enamorado, Lenina Crowne. En la mejor escena del libro —el cráter de la novela—, John, el salvaje educado en el laberíntico sentimentalismo del amor-pasión por los versos de Shakespeare, trata de establecer con Lenina una relación semejante a la de las parejas de amantes del dramaturgo isabelino, en tanto que ella reacciona a sus insinuaciones de acuerdo con el condicionamiento psicológico-químico con que ha sido adiestrada, es decir, con una aséptica lujuria impermeable a toda sombra de sentimiento. El resultado es la desesperación de John, el estallido violento que, finalmente, lo llevará a suicidarse.

La presencia del Salvaje da a este libro una consistencia literaria, de obra de ficción, que rara vez tienen las utopías. Esos mundos perfectos descritos por los utopistas son siempre ensayos, demostraciones o alegatos intelectuales, religiosos o políticos a los que se ha disfrazado tenuemente de ficciones. Hasta que Bernard y Lenina emprenden el viaje a la reserva, esta novela aparece también más como un ejercicio del intelecto para alertar a la humanidad sobre los peligros del progreso que como una genuina novela, esa representación animada de la vida (de una falsa vida) que es una ficción. Ocurre que hasta que no entran a actuar en ella Linda, John y las escorias de la reserva, en *Un mundo feliz* no hay vida alguna, sólo objetos, ideas y seres objetizados por la ciencia y el acondicionamiento. Con el ingreso del Salvaje entra también, en la historia, lo inesperado, alguien con quien el lector puede identificar su propia experiencia. Aun así, ese vínculo emocional no llega a acercar demasiado el paraíso fordiano a nuestra realidad: aquél luce siempre como un brillante artefacto demasiado alejado del mundo que conocemos como para tomarlo muy en serio.

Ocurre que en el medio siglo transcurrido desde que fue escrito *Un mundo feliz,* la realidad se ha alejado de este sombrío vaticinio aún más de lo que estaba en 1931. Los imperios totalitarios se derrumbaron o aparecen cada día más corroídos por sus fracasos económicos y sus contradictores internos. En los tiempos del sida, la ciencia no parece tan todopoderosa como hace algunas décadas. Y —acaso el signo más esperanzador cara al futuro— los hombres de hoy se muestran mucho más inapetentes que los de antaño por aquellas sociedades ideales, por esos mundos perfectos, fraguados por los utopistas. No hay duda de que a esa inapetencia contribuyeron poderosamente autores como George Orwell y Aldous Huxley.

Con sus horribles paraísos, ellos nos ayudaron a comprender que aquella afirmación de Oscar Wilde según la cual «el progreso es la realización de la utopía» es la más peligrosa de las mentiras. Porque las utopías sólo son aceptables y válidas en el arte y en la literatura. En la vida, ellas están siempre reñidas con la soberanía individual y con la libertad.

Punta Sal, Tumbes, 31 de diciembre de 1988

LA CONDICIÓN HUMANA (1933)
André Malraux

El héroe, el bufón y la historia

Cuando, en noviembre de 1996, el Gobierno francés decidió trasladar al Panteón los restos de André Malraux, una severísima reacción crítica contra su obra tuvo lugar en Estados Unidos y en Europa, como contrapunto a los homenajes montados en su honor por el presidente Jacques Chirac y sus partidarios. Una revisión que, en algunos casos, consistió en un linchamiento literario. Véase, como ejemplo, el feroz artículo en *The New York Review of Books* —barómetro de la corrección política intelectual en el mundo anglosajón— de una pluma tan respetable como la de Simon Leys. De creerles a él y a otros críticos, Malraux fue un escritor sobrevalorado, mediocre novelista y ensayista lenguaraz y jactancioso, de estilo declamatorio, cuyas delirantes afirmaciones histórico-filosóficas en sus ensayos estéticos representaban un fuego de artificio, el ilusionismo de un charlatán.

Discrepo de esa injusta y prejuiciada visión de la obra de Malraux. Es verdad, había en él cierta predisposición a la palabrería de lujo —vicio congénito a la tradición literaria francesa— y, a veces, en sus ensayos sobre el arte, incurrió en el efectismo retórico, la tramposa oscuridad (como muchos de sus colegas, por lo demás). Pero hay charlatanes y charlatanes. Malraux lo fue en la más alta acepción posible del lucimiento retórico, con una dosis tan potente de inteligencia y cultura que, a menudo, en su caso el vicio de la palabrería mudaba en virtud. Aun cuando no dijera nada la tumultuosa prosa que escribía, como ocurre en algunas páginas de *Las voces del silencio,* había tanta belleza en ese vacío enredado en palabras que resultaba subyugante. Pero si, como crítico, pecó a veces de retórico, como novelista fue un modelo de eficacia y precisión. Entre sus novelas, figura una de las más admirables del siglo: *La condición humana* (1933).

Desde que la leí, de corrido, en una sola noche, y, por un libro de Pierre de Boisdeffre, conocí algo de su autor, supe que la vida que hubiera querido tener era la de Malraux. Lo seguí pensando en los años sesenta, en Francia, cuando me tocó informar como periodista sobre los empeños, polémicas y discursos del ministro de Asuntos Culturales de la Quinta República, y lo pienso cada vez que leo sus testimonios autobiográficos o las biografías que, luego de la de Jean Lacouture, han aparecido en los últimos años con nuevos datos sobre su vida, tan fecunda y dramática como la de los grandes aventureros de sus novelas.

Soy también fetichista literario y de los escritores que admiro me encanta saberlo todo: lo que hicieron, lo que no hicieron, lo que les atribuyeron amigos y enemigos y lo que ellos mismos se inventaron, a fin de no defraudar a la posteridad. Estoy, pues, colmado, con la fantástica efusión pública de revelaciones, infidencias, delaciones y chismografías que en estos momentos robustecen la ya riquísima mitología de André Malraux, quien, como si no le hubiera bastado ser un sobresaliente escribidor, se las arregló, en sus setenta y cinco años de vida (1901-1976), para estar presente, a menudo en roles estelares, en los grandes acontecimientos de su siglo —la revolución china, las luchas anticolonialistas del Asia, el movimiento antifascista europeo, la guerra de España, la resistencia contra el nazismo, la descolonización y reforma de Francia bajo De Gaulle— y dejar una marca en el rostro de su tiempo.

Fue compañero de viaje de los comunistas y nacionalista ferviente; editor de pornografía clandestina; jugador de Bolsa, donde se hizo rico y se arruinó (dilapidando todo el dinero de su mujer) en pocos meses; saqueador de estatuas del templo de Banteaï-Sreï, en Camboya, por lo que fue condenado a tres años de cárcel (su precoz prestigio literario le ganó una amnistía); conspirador anticolonialista en Saigón; animador de revistas de vanguardia y promotor del expresionismo alemán, del cubismo y de todos los experimentos plásticos y poéticos de los años veinte y treinta; uno de los primeros analistas y teóricos del cine; testigo implicado en las huelgas revolucionarias de Cantón del año 1925; gestor y protagonista de una expedición (en un monomotor de juguete) a Arabia, en busca de la capital de la reina de Saba; intelectual comprometido y figura descollante en todos los congresos y organizaciones de artistas y escritores europeos antifascistas en los años treinta; organizador de la escuadrilla España (que después se llamaría André Malraux) en defensa de la República, durante la guerra civil española; héroe de la resistencia francesa y coronel de la brigada Alsacia Lorena; colaborador político y ministro en todos los gobiernos del general De Gaulle, a quien, desde que lo conoció en agosto de 1945 hasta su muerte, profesó una admiración cuasi religiosa.

Esta vida es tan intensa y múltiple como contradictoria, y de ella se pueden extraer materiales para defender los gustos e ideologías más hostiles. Sobre lo que no cabe duda es que en ella se dio esa rarísima alianza entre pensamiento y acción, y en el grado más alto, pues quien participaba con tanto brío en las grandes hazañas y desgracias de su tiempo era un ser dotado de lucidez y vigor creativo fuera de lo común, lo que le permitía tomar una distancia inteligente con la experiencia vivida y transmutarla en reflexión crítica y vigorosas ficciones. Un puñado de escritores contemporáneos suyos estuvieron, también, como Malraux, metidos hasta el tuétano en la historia viviente: Orwell, Koestler, T. E. Lawrence. Los tres escribieron admirables ensayos sobre esa actualidad trágica que absorbieron en sus propias vidas hasta las heces; pero ninguno lo hizo, en la ficción, con el talento de Malraux. Todas sus novelas son excelentes, aunque a *La esperanza* le sobren páginas y a *Los conquistadores, La vía real* y *El tiempo del desprecio,* les falten. *La condición humana* es una obra maestra, digna de ser citada junto a las que escribieron Joyce, Proust, Faulkner, Thomas Mann o Kafka, como una de las más fulgurantes creaciones de nuestra época. Lo digo con la tranquila seguridad de quien la ha leído por lo menos media docena de veces, sintiendo, cada vez, el mismo estremecimiento agónico del terrorista Chen antes de clavar el cuchillo en su víctima dormida y las lágrimas en los ojos por el gesto de grandeza de Katow, cuando cede su pastilla de cianuro a los dos jóvenes chinos condenados, como él, por los torturadores del Kuomintang, a ser quemados vivos. Todo es, en ese libro, inmejorable: la historia épica, sazonada de toques románticos; el contraste entre la aventura personal y el debate ideológico; las psicologías y culturas enfrentadas de los personajes y las payasadas del barón de Clappique, que pespuntan de extravagancia y absurdo —es decir, de imprevisibilidad y libertad— una vida que, de otro modo, podría parecer excesivamente lógica; pero, sobre todo, la eficacia de la prosa sincopada, reducida a un mínimo esencial, que obliga al lector a ejercitar su fantasía todo el tiempo para llenar los espacios apenas sugeridos en los diálogos y descripciones.

La condición humana está basada en una revolución real, que tuvo lugar en 1927, en Shanghai, del Partido Comunista chino y su aliado, el Kuomintang, contra los Señores de la Guerra, como se llamaba a los autócratas militares que gobernaban esa China descuartizada, en la que las potencias occidentales habían obtenido, por la fuerza o la corrupción, enclaves coloniales. Esta revolución fue dirigida por un enviado de Mao, Chou-En-Lai, en quien está inspirado, en parte, el personaje de Kyo. Pero, a diferencia de éste, Chou-En-Lai no murió, cuando, luego de derrotar al gobierno militar, el Kuomintang de Chiang Kai-chek se volvió contra sus aliados comunistas y, como describe la novela, los reprimió con salvajismo; consiguió huir y reunirse con Mao, a quien acompañaría en la Gran Marcha y secundaría como lugarteniente el resto de su vida.

Malraux no estuvo en Shanghai en la época de los sucesos que narra (que inventa); pero sí en Cantón, durante las huelgas insurreccionales del año 1925, y fue amigo y colaborador (nunca se ha establecido con certeza hasta qué punto) de Borodín, el enviado de la Komintern (en otras palabras, de Stalin) para tutelar el movimiento comunista en China. Esta experiencia le sirvió, sin duda, para impregnar esa sensación de cosa «vivida» a los memorables asaltos y combates callejeros de la novela. Desde el punto de vista ideológico, *La condición humana* es pro comunista, sin la menor ambigüedad. Pero no estalinista, sino más bien trotskista, pues la historia condena explícitamente las órdenes venidas de Moscú, e impuestas a los comunistas chinos por los burócratas de la Komintern, de entregar las armas a Chiang Kai-chek, en vez de esconderlas para defenderse cuando sus aliados del Kuomintang dejaran de serlo. No olvidemos que estos episodios suceden en China mientras en la Unión Soviética seguía arreciando el gran debate entre estalinistas y trotskistas (aunque ya había empezado el exterminio de éstos) sobre la revolución permanente o el comunismo en un solo país.

Pero una lectura ideológica o sólo política de la novela soslayaría lo principal: el mundo que crea de pies a cabeza, un mundo que debe más a la imaginación y la fuerza convulsiva del relato que a los episodios históricos que le sirven de materia prima.

Más que una novela, el lector asiste a una tragedia clásica, incrustada en la vida moderna. Un grupo de hombres (y una sola mujer, May, que en el mundo esencialmente misógino de Malraux es apenas una silueta algo más insinuada que la de Valérie y las cortesanas que hacen de telón de fondo), venidos de diversos horizontes, se enfrentan a un enemigo superior, para —lo dice Kyo— «devolver la dignidad» a aquellos por quienes combaten: los miserables, los humillados, los explotados, los esclavos rurales e industriales. En esta lucha, a la vez que son derrotados y perecen, Kyo, Chen, Katow, alcanzan una valencia moral más elevada, una grandeza que expresa, en su más alta instancia, «la condición humana».

La vida no es así, y, desde luego, las revoluciones no están hechas de nobles y viles acciones distribuidas rectilíneamente entre los combatientes de ambos bandos. Este esquematismo político y ético, en cualquiera de las ficciones edificantes que produjo el realismo socialista, hubiera hecho que el libro se nos cayera de las manos. Que en *La condición humana* nos convenza de su verdad significa que Malraux era capaz, como todos los grandes creadores, de hacer pasar gato por liebre, enmascarando sus visiones con una apariencia irresistible de realidad.

En verdad, ni las revoluciones de carne y hueso son tan limpias, ni los revolucionarios lucen, en el mundo de grises y mezclas en que nos movemos los mortales, tan puros, coherentes, valientes y sacrificados como en las turbulentas páginas de la novela. ¿Por qué nos sugestionan tanto, entonces? ¿Por qué nos admiramos y sufrimos cuando Katow, encallecido aventurero, acepta una muerte atroz por su acción generosa, o cuando volamos hechos pedazos, con Chen, debajo del auto en el que no estaba Chiang Kai-chek? ¿Por qué, si esos personajes son mentiras? Porque ellos encarnan un ideal universal, la aspiración suprema de la perfección y el absoluto que anida en el corazón humano. Pero, todavía más, porque la destreza del narrador es tan consumada que logra persuadirnos de la verosimilitud íntima de esos ángeles laicos, de esos santos a los que ha bajado del cielo y convertido en mortales del común, héroes que parecen nada más y nada menos que cualquiera de nosotros.

La novela es de una soberbia concisión. Las escuetas descripciones muchas veces transpiran de los diálogos y reflexiones de los personajes, rápidas pinceladas que bastan para crear ese deprimente paisaje urbano: la populosa Shanghai hirviendo de alambradas, barrida por el humo de las fábricas y la lluvia, donde el hambre, la promiscuidad y las peores crueldades coexisten con la generosidad, la fraternidad y el heroísmo. Breve, cortante, el estilo nunca dice nada de más, siempre algo de menos. Cada episodio es como la punta de un iceberg; pero emite tantas radiaciones de significado que la imaginación del lector reconstruye sin dificultad, a partir de esa semilla, la totalidad de la acción, el lugar en que ocurre, así como los complejos anímicos y las motivaciones secretas de los protagonistas. Este método sintético confiere notable densidad a la novela y potencia su aliento épico. Las secuencias de acciones callejeras, como la captura del puesto policial por Chen y los suyos, al principio, y la caída de la trinchera donde se han refugiado Katow y los comunistas, al final, pequeñas obras maestras de tensión, equilibrio, expectativa, mantienen en vilo al lector. En estos y algunos otros episodios de *La condición humana* hay una visualidad cinematográfica parecida a la que lograba, en esos mismos años, en sus mejores relatos, John Dos Passos.

Un exceso de inteligencia suele ser mortífero en una novela, pues conspira contra su poder de persuasión, que debe fingir la vida, la realidad, donde la inteligencia suele ser la excepción, no la regla. Pero, en las novelas de Malraux, la inteligencia es una atmósfera, está por todas partes, en el narrador y en todos los personajes —el sabio Gisors no es menos lúcido que el policía König, y hasta el belga Hemmelrich, presentado como un ser fundamentalmente mediocre, reflexiona sobre sus fracasos y frustraciones con una claridad mental reluciente—. La inteligencia no obstruye la verosimilitud en *La condición humana* (en cambio, irrealiza todas las novelas de Sartre) porque en ella la inteligencia es un atributo universal de lo viviente. Ésta es una de las claves del «elemento añadido» de la novela, lo que le infunde soberanía, una vida propia distinta de la real.

El gran personaje del libro no es Kyo, como quisiera el narrador, quien se empeña en destacar la disciplina, espíritu de equipo, sumisión ante la dirigencia, de este perfecto militante. Es Chen, el anárquico, el individualista, a quien vemos pasar de militante a terrorista, un estadio, a su juicio, superior, porque gracias a él —matando y muriendo— se puede acelerar esa historia que para el revolucionario de partido está hecha de lentas movilizaciones colectivas, en las que el individuo cuenta poco o nada. En el personaje de Chen se esboza ya lo que con los años sería la ideología malrauxiana: la del héroe que, gracias a su lucidez, voluntad y temeridad, se impone a las «leyes» de la historia. Que fracase —los héroes de Malraux son siempre derrotados— es el precio que paga para que, más tarde, su causa triunfe.

Además de valientes, trágicos e inteligentes, los personajes de Malraux suelen ser cultos: sensibles a la belleza, conocedores del arte y la filosofía, apasionados por culturas exóticas. El emblema de ellos es, en *La condición humana,* el viejo Gisors; pero también es de semejante estirpe Clappique, quien, detrás de su fanfarronería exhibicionista, esconde un espíritu sutil, un paladar exquisito para los objetos estéticos. El barón de Clappique es una irrupción de fantasía, de absurdo, de libertad, de humor, en este mundo grave, lógico, lúgubre y violento de revolucionarios y contrarrevolucionarios. Está allí para aligerar, con una bocanada de irresponsabilidad y locura, ese enrarecido infierno de sufrimiento y crueldad. Pero, asimismo, para recordar que, en contra de lo que piensan Kyo, Chen y Katow, la vida no está conformada sólo de razón y valores colectivos; también, de sinrazón, instinto y pasiones individuales que contradicen a aquéllos y pueden destruirlos.

El ímpetu creativo de Malraux no se confinó en las novelas. Impregna también sus ensayos y libros autobiográficos, algunos de los cuales —como las *Antimemorias* o *Les chênes qu'on abat...* (Aquellos robles que derribamos...)— tienen tan arrolladora fuerza persuasiva —por la hechicería de la prosa, lo sugestivo de sus anécdotas y la rotundidad con que están trazadas las siluetas de los personajes— que no parecen testimonios sobre hechos y seres de la vida real, sino fantasías de un malabarista diestro en el arte de engatusar a sus semejantes. Yo me enfrenté al último de aquellos libros, que narra una conversación con De Gaulle, en Colombey les-deux-Églises, el 11 de diciembre de 1969, armado de hostilidad: se trataba de una hagiografía política, género que aborrezco, y en él aparecería, sin duda, mitificado y embellecido hasta el delirio, el nacionalismo, no menos obtuso en Francia que en cualquier otra parte. Sin embargo, pese a mi firme decisión premonitoria de detestar el libro de la primera a la última página, ese diálogo de dos estatuas que se hablan como sólo se habla en los grandes libros, con coherencia y fulgor que nunca desfallecen, terminó por desbaratar mis defensas y arrastrarme en su delirante egolatría y hacerme creer, mientras los leía, los disparates proféticos con que los dos geniales interlocutores se consolaban: que, sin De Gaulle, Europa se desharía, y Francia, en manos de la mediocridad de los politicastros que habían sucedido al general, iría también languideciendo. Me sedujo, no me convenció, y ahora trato de explicarlo asegurando que *Les chênes qu'on abat...* es un magnífico libro detestable.

No hay nada como un gran escritor para hacernos ver espejismos. Malraux lo era no sólo cuando escribía; también, cuando hablaba. Fue otra de sus originalidades, una en la que, creo, no tuvo antecesores ni émulos. La oratoria es un arte menor, superficial, de meros efectos sonoros y visuales, generalmente reñido con el pensamiento, de y para gentes gárrulas. Pero Malraux era un orador fuera de serie, capaz (como pueden comprobar ahora los lectores de lengua española en la traducción de sus *Oraciones fúnebres,* aparecida en Anaya & Mario Muchnik editores) de dotar un discurso de una ebullición de ideas frescas y estimulantes, y de arroparlas con imágenes de gran belleza retórica. Algunos de esos textos, como los que leyó, en el Panteón, ante las cenizas del héroe de la resistencia francesa, Jean Moulin, y ante las de Le Corbusier, en el patio del Louvre, son hermosísimas piezas literarias, y quienes se las oímos decir, con su voz tonitronante, las debidas pausas dramáticas y la mirada visionaria, no olvidaremos nunca ese espectáculo (yo lo oía desde muy lejos, escondido en el rebaño periodístico; pero, igual, sudaba frío y me emocionaba hasta los huesos).

Eso fue también Malraux, a lo largo de toda su vida: un espectáculo. Que él mismo preparó, dirigió y encarnó, con sabiduría y sin descuidar el más mínimo detalle. Sabía que era inteligente y genial y a pesar de eso no se volvió idiota. Era también de un gran coraje y no temía a la muerte, y, por ello, pese a que ésta lo rondó muchas veces, pudo embarcarse en todas las temerarias empresas que jalonaron su existencia. Pero fue también, afortunadamente, algo histrión y narciso, un exhibicionista de alto vuelo (un barón de Clappique), y eso lo humanizaba, retrotrayéndolo de las alturas adonde lo subía esa inteligencia que deslumbró a Gide, al nivel nuestro, el de los simples mortales. La mayor parte de los escritores que admiro no hubieran resistido la prueba del Panteón; o, su presencia allí, en ese monumento a la eternidad oficial, hubiera parecido intolerable, un agravio a su memoria. ¿Cómo hubieran podido entrar al Panteón un Flaubert, un Baudelaire, un Rimbaud? Pero Malraux no desentona allí, ni se empobrecen su obra ni su imagen entre esos mármoles. Porque, entre las innumerables cosas que fue ese hombre-orquesta, fue también eso: un enamorado del oropel y la mundana comedia, de los arcos triunfales, las banderas, los himnos, esos símbolos inventados para vestir el vacío existencial y alimentar la vanidad humana.

Londres, marzo de 1999

TRÓPICO DE CÁNCER (1934)
Henry Miller

El nihilista feliz

Recuerdo muy bien cómo leí *Trópico de Cáncer* la primera vez, hace treinta años: al galope, sobreexcitado, en el curso de una sola noche. Un amigo español había conseguido una versión francesa de ese libro maldito sobre el que circulaban en Lima tantas fábulas y, al verme tan ansioso de leerlo, me lo prestó por unas horas. Fue una experiencia extraña, totalmente distinta de lo que había imaginado, pues el libro no era escandaloso, como se decía, por sus episodios eróticos sino más bien por su vulgaridad y su alegre nihilismo. Me recordó a Céline, en cuyas novelas las palabrotas y la mugre se volvían también poesía, y a la *Nadja* de Breton, pues, igual que en este libro, en *Trópico de Cáncer* la realidad más cotidiana se transmutaba súbitamente en imágenes oníricas, en inquietantes pesadillas.

El libro me impresionó pero no creo que me gustara: tenía entonces —lo tengo todavía— el prejuicio de que las novelas deben contar historias que empiecen y acaben, de que su obligación es oponer al caos de la vida un orden artificioso, pulcro y persuasivo. *Trópico de Cáncer* —y todos los libros posteriores de Miller— son caos en estado puro, anarquía efervescente, un gran chisporroteo romántico y tremendista del que el lector sale mareado, convulsionado y algo más deprimido sobre la existencia humana de lo que estaba antes del espectáculo. El riesgo de este género de literatura suelta, deshuesada, es la charlatanería, y Henry Miller, como otro «maldito» contemporáneo, Jean Genet, naufragó a menudo en ella. Pero *Trópico de Cáncer,* su primera novela, sorteó felizmente el peligro. Es, sin duda, el mejor libro que escribió, una de las grandes creaciones literarias de la entreguerra y, en la obra de Miller, la novela que estuvo más cerca de ser una obra maestra.

La he releído ahora con verdadero placer. El tiempo y las malas costumbres de nuestra época han rebajado su violencia y lo que parecían sus atrevimientos retóricos; ahora ya sabemos que los pedos y las gonorreas pueden ser también estéticos. Pero ello no ha empobrecido el sortilegio de su prosa ni le ha restado fuerza. Por el contrario: le ha añadido un relente de serenidad, una suerte de madurez. Al aparecer el libro, en 1934, en una editorial semiclandestina, en el exilio lingüístico, y ser víctima de prohibiciones y ataques edificantes, lo que se valoraba o maldecía en él era su iconoclasia, la insolencia con que las peores palabras malsonantes desplazaban en sus frases a las consideradas de buen gusto, así como la obsesión escatológica. Hoy ese aspecto del libro choca a pocos lectores, pues la literatura moderna ha ido haciendo suyas esas costumbres que inauguró Miller con *Trópico de Cáncer* y ellas han pasado, en cierto modo, a ser tan extendidas que, en muchos casos, se han vuelto un tópico, como hablar de la geometría de las pasiones en el siglo XVIII y vilipendiar al burgués en la época romántica o comprometerse históricamente en tiempos de existencialismo. La palabrota dejó de serlo hace un buen tiempo y el sexo y sus ceremonias se han vulgarizado hasta la saciedad. Esto no deja de tener algunos inconvenientes, desde luego, pero una de sus inequívocas ventajas es que ahora se puede, por fin, averiguar si Henry Miller fue, además de un dinamitero verbal y un novelista sicalíptico, un artista genuino.

Lo fue, sin la menor duda. Un verdadero creador, con un mundo propio y una visión de la realidad humana y de la literatura que lo singularizan nítidamente entre los escritores de su tiempo. Representó, en nuestra época, como Céline o Genet, a esa luciferina tradición de iconoclastas de muy variada condición para quienes escribir ha significado a lo largo de la historia desafiar las convenciones de la época, aguar la fiesta de la armonía social, sacando a la luz pública todas las alimañas y suciedades que la sociedad —a veces con razón y otras sin ella— se empeña en reprimir. Ésta es una de las más importantes funciones de la literatura: recordar a los hombres que, por más firme que parezca el suelo que pisan y por más radiante que luzca la ciudad que habitan, hay demonios escondidos por todas partes que pueden, en cualquier momento, provocar un cataclismo.

Cataclismo, Apocalipsis, son palabras que vienen inmediatamente a cuento cuando se habla de *Trópico de Cáncer,* a pesar de que en sus páginas no hay más sangre que la de algunos pugilatos de borrachines ni otra guerra que las fornicaciones (siempre beligerantes) de sus personajes. Pero un presentimiento de inminente catástrofe ronda sus páginas, la intuición de que todo aquello que se narra está a punto de desaparecer en un holocausto. Esta adivinación empuja a su pintoresca y promiscua humanidad a vivir en semejante frenesí disoluto. Un mundo que se acaba, que se desintegra moral y socialmente en una juerga histérica esperando la llegada de la peste y la muerte, como en una fantasía truculenta de Jerónimo Bosch. En términos históricos esto es rigurosamente cierto. Miller escribió la novela, en París, entre 1931 y 1933, mientras se echaban los cimientos de la gran conflagración que arrasaría a Europa unos años más tarde. Eran años de bonanza y francachelas, de alegre inconsciencia y espléndida creatividad. Florecían todas las vanguardias estéticas y los surrealistas encantaban a los modernos con su imaginería poética y sus «espectáculos provocación». París era la capital del mundo artístico y de la felicidad humana.

En *Trópico de Cáncer* aparece el revés de esta trama. Su mundo es parisino pero está como a años luz de aquella sociedad de triunfadores y de optimistas prósperos: se compone de parias, seudopintores, seudoescritores, marginados y parásitos que viven en la periferia de la ciudad, sin participar de la fiesta, peleándose por los desechos. Expatriados que han perdido el cordón umbilical con su país de origen —Estados Unidos, Rusia—, no han echado raíces en París y viven en una especie de limbo cultural. Su geografía se compone de burdeles, bares, hoteles de mal vivir, tugurios sórdidos, restaurantes ínfimos y los parques, plazas y calles que imantan a los vagabundos. Para sobrevivir en esa patria difícil todo vale: desde el oficio embrutecedor —corregir las pruebas de un periódico— hasta el sablazo, el cafichazgo o el cuento del tío. Un vago propósito artístico es la coartada moral más frecuente entre esta fauna —escribir la novela fundamental, pintar los cuadros redentores, etcétera—, pero, en verdad, lo único serio allí es la falta de seriedad de sus gentes, su promiscuidad, su pasiva indiferencia, su lenta desintegración.

Éste es un mundo —un submundo, más bien— que yo conocí en la realidad, a fines de los años cincuenta, y estoy seguro de que no debía ser muy diferente del que frecuentó Miller —y le inspiró *Trópico de Cáncer*— veinte años atrás. A mí la muerte lenta e inútil de esa bohemia parisina me producía horror y sólo la necesidad me tuvo cerca de ella, mientras no hubo otro remedio. Por eso mismo, puedo apreciar, en todo su mérito, la proeza que significa transfigurar literariamente ese medio, esas gentes, esos ritos y toda esa asfixiante mediocridad, en las dramáticas y heroicas existencias que aparecen en la novela. Pero, tal vez, lo más notable es que en semejante ambiente, corroído por la inercia y el derrotismo, haya podido ser concebido y realizado un proyecto creativo tan ambicioso como *Trópico de Cáncer*. (El libro fue reescrito tres veces y reducido, en su versión final, a una tercera parte.)

Porque se trata de una creación antes que de un testimonio. Su valor documental es indiscutible pero lo añadido por la fantasía y las obsesiones de Miller prevalece sobre lo histórico y confiere a *Trópico de Cáncer* su categoría literaria. Lo autobiográfico en el libro es una apariencia más que una realidad, una estrategia narrativa para dar un semblante fidedigno a lo que es una ficción. Esto ocurre en una novela inevitablemente, con prescindencia de las intenciones del autor. Tal vez Miller quiso volcarse a sí mismo en su historia, ofrecerse en espectáculo en un gran alarde exhibicionista de desnudamiento total. Pero el resultado no fue distinto del que obtiene el novelista que se retrae cuidadosamente de su mundo narrativo y trata de despersonalizarlo al máximo. El «Henry» de *Trópico de Cáncer* es una invención que gana nuestra simpatía o nuestra repulsa por una idiosincrasia que va desplegándose ante los ojos del lector de manera autónoma, dentro de los confines de la ficción, sin que para creer en él —verlo, sentirlo y sobre todo oírlo— tengamos que cotejarlo con el modelo vivo que supuestamente sirvió para crearlo. Entre el autor y el narrador de una novela hay siempre una distancia; aquél crea a éste siempre, sea un narrador invisible o esté entrometido en la historia, sea un dios todopoderoso e inapelable que lo sabe todo o viva como un personaje entre los personajes, y tenga una visión tan recortada y subjetiva como la de cualquiera de sus congéneres ficticios. El narrador es, en todos los casos, la primera criatura que fantasea ese fantaseador alambicado que es el autor de una novela.

El narrador-personaje de *Trópico de Cáncer* es la gran creación de la novela, el éxito supremo de Miller como novelista. Ese «Henry» obsceno y narcisista, despectivo del mundo, solícito sólo con su falo y sus tripas, tiene, ante todo, una verba inconfundible, una rabelesiana vitalidad para transmutar en arte lo vulgar y lo sucio, para espiritualizar con su gran vozarrón poético las funciones fisiológicas, la mezquindad, lo sórdido, para dar una dignidad estética a la grosería. Lo más notable en él no es la desenvoltura y naturalidad con que describe la vida sexual o fantasea sobre ella, llegando a unos extremos de impudor sin precedentes en la literatura moderna, sino su actitud moral. ¿Sería más justo, tal vez, hablar de amoralidad? No lo creo. Porque, aunque el comportamiento del narrador y sus opiniones desafíen la moral establecida —las morales establecidas, más bien—, sería injusto hablar en su caso de indiferencia sobre este tema. Su manera de actuar y de pensar es coherente: su desprecio de las convenciones sociales responde a una convicción profunda, a una cierta visión del hombre, de la sociedad y de la cultura, que, aunque de manera confusa, se va transparentando a lo largo del libro.

Se podría definir como la moral de un anarquista romántico en rebelión contra la sociedad industrializada y moderna en la que vislumbra una amenaza para la soberanía individual. Las imprecaciones contra el «progreso» y la robotización de la humanidad —lo que, en un libro posterior, Miller llamaría «la pesadilla refrigerada»— no son muy distintas de las que, por esos mismos años, lanzaban Louis-Ferdinand Céline, en libros también llenos de injurias contra la inhumanidad de la vida moderna, o Ezra Pound, para quien la sociedad «mercantil» significaba el fin de la cultura. Céline y Pound —como Drieu La Rochelle y Robert Brasillach— creían que esto implicaba decadencia, una desviación de ciertos patrones ejemplares alcanzados por el Occidente en ciertos momentos del pasado (Roma, la Edad Media, el Renacimiento). Ese pasadismo reaccionario los echó en brazos del fascismo. En el caso de Miller no ocurrió así porque el rechazo frontal de la sociedad moderna él no lo hace en nombre de una civilización ideal, extinta o inventada, sino del individuo, cuyos derechos, caprichos, sueños e instintos son para Miller inalienables y preciosos valores en vías de extinción que deben ser reivindicados a voz en cuello antes de que los rodillos implacables de la modernidad acaben con ellos.

Su postura no es menos utópica que la de otros escritores «malditos» en guerra contra el odiado progreso, pero sí más simpática, y, en última instancia, más defendible que la de aquellos que, creyendo defender la cultura o la tradición, se hicieron nazis. Ése es un peligro del que vacunó a Miller su rabioso individualismo. Ninguna forma de organización social y sobre todo de colectivismo es tolerable para este rebelde que ha dejado su trabajo, su familia y toda clase de responsabilidades porque representaban para él servidumbres, que ha elegido ser un paria y un marginal porque de este modo, pese a las incomodidades y al hambre, llevando este género de existencia preserva mejor su libertad.

Es esta convicción —la de que, viviendo de ese modo semipordiosero y al abrigo de toda obligación y sin respetar ninguna de las convenciones sociales vigentes, es más libre y más auténtico que en el horrible enjambre de los ciudadanos enajenados— la que hace de «Henry», pesimista incurable sobre el destino de la humanidad, un hombre jocundo, gozador de la vida y, en cierto modo, feliz. Esa insólita mezcla es uno de los rasgos más originales y atractivos que tiene el personaje, el mayor encanto de la novela, la que torna llevadero, ameno y hasta seductor el ambiente de frustración, amoralismo, abandono y mugre en que transcurre la historia.

Aunque hablar de «historia» no sea del todo exacto en *Trópico de Cáncer*. Más justo sería decir escenas, cuadros, episodios, deshilvanados y sin una cronología muy precisa, a los que coagula sólo la presencia del narrador, fuerza ególatra tan abrumadora que todos los demás personajes quedan reducidos a comparsas borrosas. Pero esta forma inconexa no es gratuita: corresponde a la idiosincrasia del narrador, refleja su anarquía contumaz, su alergia a toda organización y orden, esa suprema arbitrariedad que él confunde con la libertad. En *Trópico de Cáncer,* Miller alcanzó el difícil equilibrio entre el desorden de la espontaneidad y de la pura intuición y el mínimo control racional y planificado que exige cualquier ficción para ser persuasiva (ya que ella, aunque sea más historia de instintos y de pasiones que de ideas, siempre deberá pasar por la inteligencia del lector antes de llegar a sus emociones y a su corazón). En libros posteriores no fue así, y por eso, muchos de ellos, aunque el lenguaje chisporroteara a veces como un bello incendio y hubiera episodios memorables, resultaban tediosos, demasiado amorfos para ilusionar al lector. En éste, en cambio, el lector queda atrapado desde la primera frase y el hechizo no se rompe hasta el final, en esa beatífica contemplación del discurrir del Sena con que termina la excursión por los territorios de la vida marginal y las cavernas del sexo.

El libro es hermoso y su filosofía, aunque ingenua, nos llega al alma. Es verdad, no hay civilización que resista un individualismo tan intransigente y extremo, salvo aquella que esté dispuesta a retroceder al hombre a la época del garrote y el gruñido. Pero, aun así, qué nostalgia despierta esa llamada a la irresponsabilidad total, a ese gran desarreglo de la vida y el sexo que precedió a la sociedad, a las reglas, a las prohibiciones, a la ley...

Lima, agosto de 1988

Los cuentos de la baronesa

La baronesa Karen Blixen de Rungstedlund, que firmó sus libros con el seudónimo de Isak Dinesen, debió ser una mujer extraordinaria. Hay una foto de ella, en Nueva York, junto a Marilyn Monroe, cuando era ya sólo un pedacito de persona consumida por la sífilis, y no es la bella actriz sino los grandes ojos irónicos y turbulentos y la cara esquelética de la escritora los que se roban la foto.

Nació en Dinamarca, en una casa a orillas del mar, a medio camino entre Copenhague y Elsinor, que es hoy algo muy afín a ese ser imaginativo e inesperado que ella fue: un enclave de plantas y pájaros exóticos. Allí está enterrada, en pleno campo, bajo los árboles que la vieron gatear. Había nacido en 1885, pero daba la impresión de haber sido educada con un siglo de atraso, ese que se inició en 1781 y terminó con el Segundo Imperio en 1871, que ella llamaba «la última gran época de la cultura aristocrática». Entre esos años ocurren casi todas sus historias. Espiritualmente, fue una mujer del XVIII y del XIX, aunque, según confesó en una de las charlas radiales de sus últimos años, sus amigos sospechaban que tenía «tres mil años de antigüedad». Nunca pisó una escuela; fue educada por institutrices asombrosas que a los doce años le hacían escribir ensayos sobre las tragedias de Racine y traducir Walter Scott al danés. Su formación fue políglota y cosmopolita; aunque danesa, escribió la mayor parte de su obra en inglés.

Los cuentos y las historias la hechizaron desde niña, pero su vocación literaria fue tardía; la aventurera, precoz. Ambas las heredó del padre, el simpatiquísimo capitán Wilhelm Dinesen, quien, luego de una arriesgada carrera militar, a mediados del XIX se enamoró de los pieles rojas y otras tribus de Norteamérica y se fue a vivir entre ellos. Los indios lo aceptaron y lo bautizaron con el nombre de Boganis, que él puso en la carátula de sus memorias. Terminó ahorcándose, cuando Karen tenía diez años. Como corresponde a una baronesa, ésta se casó muy joven con un vago primo enfermo, Bror Blixen, y ambos se marcharon al África, a plantar café en el interior de Kenya. El matrimonio no anduvo bien (el *mal francés* que devoró en vida a Isak Dinesen se lo contagió su marido) y terminó en divorcio. Cuando Bror volvió a Europa, ella decidió permanecer en África, manejando sola la hacienda de setecientos acres. Lo hizo por un cuarto de siglo, en una terca lucha contra la adversidad. Su vida en el continente africano, con el que llegó a consubstanciarse y de cuyas gentes y paisajes su irreprimible fantasía compuso una visión sui géneris, está bellamente recordada en *Out of Africa* (1938), tierna y risueña evocación de su peripecia africana y del extraordinario marco en el que transcurrió.

Mientras hacía de pionera agrícola, luchaba contra las plagas y las inundaciones y administraba sus cafetales, en las primeras décadas del siglo, la baronesa de Rungstedlund no tuvo urgencia en escribir. Sólo garabateó unos cuadernos de notas en los que aparecen en embrión algunos de sus futuros relatos. La atraían más los safaris, las expediciones a comarcas remotas, la familiaridad con las tribus, el contacto con la Naturaleza y los animales salvajes. El primitivo contorno, sin embargo, no le impidió tener una refinada vida cultural, fraguada por ella misma y enriquecida por lecturas y el trato de algunos curiosos representantes de la Europa culta que llegaban a esos parajes, como el mítico inglés Denys Finch-Hatton, esteta y aventurero salido de Oxford con quien Karen Blixen mantuvo una intensa relación sentimental. No es difícil imaginárselos discutiendo sobre Eurípides o Shakespeare, después de haberse pasado el día cazando leones. (No sorprende, por eso, que el único escritor del que Hemingway habló siempre con una admiración sin reservas fuera Isak Dinesen.) El aislamiento en aquella plantación africana y el estrecho círculo de expatriados europeos con los que alternaba en Kenya explica en buena parte el tipo de cultura que sorprende tanto al lector de Isak Dinesen. No es una cultura que refleje su época sino que la ignora, un anacronismo deliberado, algo estrictamente personal y extemporáneo, una cultura disociada de las grandes corrientes y preocupaciones intelectuales de su tiempo y de los valores estéticos dominantes, una reelaboración singularísima de ideas, imágenes, curiosidades, formas y símbolos que vienen del pasado nórdico, de una tradición familiar y de una educación excéntrica, marcada por la historia escandinava, la poesía inglesa, el folclore mediterráneo, la literatura oral africana y las leyendas y maneras de contar de los juglares árabes. Un libro capital en su vida fue *Las mil y una noches,* ese bosque de historias relacionadas entre sí por la astucia narradora de Sherezada, modelo de Isak Dinesen. África le permitió vivir, de manera casi incontaminada, dentro de una cultura caprichosa, sin antecedentes, creada para uso propio, que aparece como horizonte y subsuelo de su mundo, a la que deben tanto la originalidad de los temas, el estilo, la construcción y la filosofía de sus cuentos.

Su vocación literaria tuvo estrecha relación con la bancarrota de sus cafetales. Pese a que los precios del café se venían abajo, ella, con temeridad característica, se empeñó en proseguir los cultivos, hasta arruinarse. No sólo perdió la hacienda; también, su herencia danesa. Fue, cuenta ella, en ese tiempo de crisis, al comprender que el fin de su experiencia africana era inevitable, cuando comenzó a escribir. Lo hacía en las noches, huyendo de las angustias y trajines del día. Así terminó los *Seven Gothic Tales,* que aparecieron en 1934, en Nueva York y en Londres, después de haber sido rechazados por varios editores. Publicó luego otras colecciones de cuentos, algunas de alto nivel, como los *Winter's Tales* (1943), pero su nombre quedaría siempre identificado con sus primeros cuentos reunidos en aquella obra, una de las más fulgurantes invenciones literarias de este siglo.

Aunque escribió también una novela (la olvidable *The Angelic Avengers*), Isak Dinesen fue, como Maupassant, Poe, Kipling o Borges, esencialmente cuentista. Es uno de los rasgos de su singularidad. El mundo que creó fue un mundo de cuento, con las resonancias de fantasía desplegada y hechizo infantil que tiene la palabra. Cuando uno la lee, es imposible no pensar en el libro de cuentos por antonomasia: *Las mil y una noches.* Como en la célebre recopilación árabe, en sus cuentos la pasión más universalmente compartida por los personajes es, junto a la de disfrazarse y cambiar de identidad, la de escuchar y decir historias, evadirse de la realidad en un espejismo de ficciones. Semejante propensión llega a su apogeo en *The roads round Pisa,* cuando la joven Agnese della Gherardesca (vestida de hombre) interrumpe el duelo entre el viejo Príncipe y Giovanni para contarle a aquél un cuento. Ese vicio fantaseador imprime a los *Seven Gothic Tales,* como a los de Sherezada, una estructura de cajas chinas, historias que brotan de historias y se descomponen en historias, entre las que discurre, ocultándose y revelándose en un ambiguo y escurridizo baile de máscaras, la historia principal.

Sucedan en abadías polacas del siglo XVIII, en albergues toscanos del XIX, en un pajar de Norderney a punto de ser sumergido por el diluvio o en la ardiente noche de la costa africana entre Lamu y Zanzíbar, entre cardenales de gustos sibaríticos, cantantes de ópera que han perdido la voz, o contadores de cuentos desnarigados y desorejados como el Mira Jama de *The Dreamers,* los cuentos de Isak Dinesen son siempre engañosos, impregnados de elementos secretos e inapresables. Por lo pronto, es difícil saber dónde comienzan, cuál es realmente la historia —entre las historias engarzadas por las que va discurriendo el subyugado lector— que la autora quiere contar. Ella se va perfilando poco a poco, de manera sesgada, como de casualidad, contra el telón de fondo de una floración de aventuras disímiles que, algunas veces, figuran allí como meras damas de compañía, y otras, como en *The Dreamers,* gracias al desconcertante final, resultan articuladas y fundidas en una sola coherente narración.

Artificiales, brillantes, inesperados, hechiceros, casi siempre mejor comenzados que rematados, los cuentos de Isak Dinesen son, sobre todo, extravagantes. El disparate, el absurdo, el detalle grotesco e inverosímil, irrumpen siempre, destruyendo a veces el dramatismo o la delicadeza de un episodio. Era más fuerte que ella, una predisposición invencible, como en otros la risa o el melodrama. Hay que esperar siempre lo inesperado en los cuentos de Isak Dinesen. En la inverosimilitud veía ella la esencia de la ficción. Se lo dice al cardenal de *The Deluge at Norderney,* la perversa y deliciosa Miss Malin Nat-og-Dag, mientras conversan rodeados por las aguas que sin duda terminarán por tragárselos, al exponerle su teoría de que

Dios prefiere las máscaras a la verdad «que ya conoce», pues *Truth is for tailors and shoemakers* (La verdad es para sastres y zapateros). Para Isak Dinesen la verdad de la ficción era la mentira, una mentira explícita, tan diestramente fabricada, tan exótica y preciosa, tan desmedida y atractiva, que resultaba preferible a la verdad. Lo que el príncipe de la Iglesia predica en ese cuento: *«Be not afraid of absurdity; do not shrink from the fantastic»* (No temas lo absurdo, no rehúyas lo fantástico), podría ser la divisa del arte de Isak Dinesen, pero delimitando la noción de lo fantástico a lo que por su desmesura y extravagancia difícilmente encaja en nuestra concepción de lo real y excluyendo la vertiente sobrenatural de lo fantástico, pues, en estos relatos, aunque resucite un muerto y abandone el infierno para venir a cenar con sus dos hermanas —el corsario Morten de Coninck de *The supper at Elsinor*—, la fantasía, pese a sus excesos, tiene siempre una raíz en el mundo real, como ocurre con las representaciones teatrales o los circos.

El pasado atraía a Isak Dinesen por la memoria del ambiente de su infancia, por la educación que recibió y su sensibilidad aristocrática, pero, también, por lo que tiene de inverificable; situando sus historias un siglo o dos atrás, podía dar rienda suelta a esa pasión antirrealista que la animaba, a su fervor por lo grotesco y lo arbitrario, sin sentirse coactada por la actualidad. Lo curioso es que la obra de esta autora de imaginación tan libre y marginal, que poco antes de morir se jactaba ante Daniel Gillés de no tener «el menor interés por las cuestiones sociales ni la psicología freudiana» y ambicionar sólo «inventar bellas historias», surgiera en los años treinta, cuando la narrativa occidental giraba maniáticamente en torno a las descripciones realistas: problemas políticos, asuntos sociales, estudios psicológicos, cuadros costumbristas. Por eso André Breton consideró que sobre la novela pesaba una suerte de maldición realista y la expulsó de la literatura. Había excepciones a ese realismo narrativo, escritores que estaban en entredicho con la tendencia dominante. Uno de ellos fue Valle-Inclán; otro, Isak Dinesen. En ambos el relato se hacía sueño, locura, delirio, misterio, juego, ni más ni menos que la poesía.

Los siete cuentos góticos del libro son admirables; pero *The Monkey* lo es más aún que los otros, y, de todos los que la autora escribió, el que mejor sintetiza su mundo disforzado, refinado, de exquisita factura, retorcida sensualidad y desalada fantasía. Todo es coherente y macizo en esta deliciosa joya y por eso resulta difícil decir en pocas palabras de qué trata. En sus breves páginas se las arregla para contar historias muy diversas, sutilmente emparentadas entre sí. Una de ellas es la sorda lucha entre dos temibles mujeres, la elegante Priora de Closter Seven, y la joven y silvestre Athena, a quien aquélla se ha propuesto casar con su sobrino Boris, valiéndose de todos los medios lícitos e ilícitos, incluidos los filtros de amor, el engaño y el estupro. Pero la indomable Priora encuentra al frente una voluntad tan inflexible como la suya en la joven giganta que es Athena, criada a la intemperie de los bosques de Hopballehus, y que no tiene el menor empacho en romperle al galante Boris dos dientes de un puñetazo y en luchar con él cuerpo a cuerpo, en un combate semimortal, cuando el joven, azuzado por su tía, intenta seducirla.

Nunca sabremos cuál de estas dos epónimas mujeres vence en ese forcejeo, porque esta historia es interrumpida de manera fulminante cuando el lector está por averiguarlo, con la sorprendente irrupción de otra historia, que, hasta entonces, ha estado reptando, discreta como una culebra, debajo de la anterior: las relaciones de la

Priora de Closter Seven con un mono de Zanzíbar, que le regaló un primo almirante, y al que ella mima. La violenta aparición del mono —entra a la habitación rompiendo la ventana de la Priora y presa de fiebre que sólo puede ser sexual— cuando la Superiora del claustro está a punto de rematar su emboscada obligando a Athena a aceptar a Boris como esposo, es uno de los episodios más difíciles de contar y más magistralmente resueltos de la literatura. Es un hiato, un escamoteo tan genial como el paseo del fiacre por las calles de Rouen en el que van Emma y León, en *Madame Bovary*. Lo que ocurre en el interior de ese fiacre lo adivinamos pero el narrador no lo dice, lo insinúa, lo deja adivinar, azuzando con su silencio locuaz la imaginación del lector. Un dato escondido semejante es este cráter narrativo de *The Monkey*. La astuta descripción del episodio abunda en lo superfluo y calla lo esencial —las relaciones culpables entre el mono y la Priora— y, por eso mismo, esta nefanda relación vibra y se delinea en el silencio con tanta o más fuerza que ante los ojos espantados de Athena y Boris, que presencian la increíble ocurrencia. Que, al final del relato, el saciado mono termine encaramado sobre un busto de Immanuel Kant es como la quintaesencia de la delirante orfebrería que amuebla el mundo de Isak Dinesen.

Entretener, divertir, distraer: muchos escritores modernos se indignarían si alguien les recuerda que ésa es también obligación de la literatura. Las modas, cuando aparecieron los *Siete cuentos góticos,* establecían que el escritor debía ser la conciencia crítica de su sociedad o explorar las posibilidades del lenguaje. El compromiso y la experimentación son muy respetables, desde luego, pero cuando una ficción es aburrida no hay doctrina que la salve. Los cuentos de Isak Dinesen son a veces imperfectos, a veces demasiado alambicados, jamás aburridos. También en eso fue anacrónica; para ella contar era encantar, impedir el bostezo valiéndose de cualquier ardid: el suspenso, la revelación truculenta, el suceso extraordinario, el detalle efectista, la aparición inverosímil. La fantasía, abundante y excéntrica, enrevesa de pronto una historia con exceso de anécdotas o la encamina en la dirección más infortunada. La razón de esos sacrificios o malabarismos es sorprender al lector, algo que siempre consigue. Sus cuentos suceden en una indecisa región, que ya no es el mundo objetivo pero que aún no es lo fantástico. Su realidad participa de ambas realidades y es, por eso, distinta de ambas, como sucede con los mejores textos de Cortázar.

Una de las constantes de su mundo son los cambios de identidad de los personajes, que viven emboscados bajo nombres o sexos diferentes y que, a menudo, llevan simultáneamente dos o más vidas paralelas. Se diría que una plaga de inestabilidad ontológica ha contagiado a los seres humanos; sólo los objetos y el mundo natural son siempre los mismos. Así, por ejemplo, el renacentista cardenal de *The Deluge at Norderney* resulta ser, al final de la historia, el valet Kasparson que asesinó a su amo y lo suplantó. Pero, en este dominio, la apoteosis de la danza de identidades la encarna Peregrina Leoni, apodada Lucífera o doña Quijota de la Mancha, cuya historia transparece, a través de una verdadera miríada de otras historias, en *The Dreamers*. Cantante de ópera que perdió la voz, del susto, en un incendio en la Scala de Milán, durante una representación de *Don Giovanni,* hace creer a sus admiradores que ha muerto. La ayuda en sus designios su admirador y su sombra, el riquísimo judío Marcus Coroza, que la sigue por el mundo, prohibido de hablarle o hacerse ver por ella, pero siempre a mano para facilitarle la huida en caso de necesidad. Peregrina cambia de nombre, personalidad, amantes, países —Suiza, Roma, Francia— y oficios —prostituta, artesana, revolucionaria, aristócrata que vela la memoria del general Zumalacárregui— y fallece, finalmente, en un monasterio alpino, bajo una tormenta de nieve, rodeada de cuatro amantes abandonados, que la conocieron en distintas instancias y disfraces y sólo ahora descubren, gracias a Marcus Coroza, su peripatética identidad. La caja china —historias dentro de historias— es utilizada con admirable maestría en este relato para ir componiendo, como un rompecabezas, a través de testimonios que en un principio parecen no tener nada en común, la fragmentada y múltiple existencia de Peregrina Leoni, fuego fatuo, actriz perpetua, hecha —como todos los personajes de Isak Dinesen— no de carne y hueso sino de sueño, fantasía, gracia y humor.

La prosa de Isak Dinesen, como su cultura y sus temas, no remite a modelos de época; es, también, un caso aparte, una anomalía genial. Al aparecer *Seven Gothic Tales,* su prosa desconcertó a los críticos anglosajones por su elegancia ligeramente pasada de moda, su exquisitez e irreverencia, sus juegos y desplantes de erudición, y su escaso, para no decir nulo, contacto con el inglés vivo y hablado de la calle. Pero, también, por su humor, la delicadeza irónica y risueña con que en aquellos relatos se referían crueldades, vilezas y ferocidades indecibles como si fueran nimiedades de la vida cotidiana. El humor es en Isak Dinesen el gran amortiguador de los excesos de todo orden que habitan su mundo —los de la carne y los del espíritu—, el ingrediente que humaniza lo inhumano y da un semblante amable a lo que, sin él, provocaría repugnancia o pánico. Nada como leerla para comprobar hasta qué punto es cierto que todo se puede contar, si se sabe cómo hacerlo.

La literatura, tal como ella la concibió, era algo que a los escritores de su tiempo espeluznaba: una evasión de la vida real, un juego entretenido. Hoy las cosas han cambiado y los lectores la comprenden mejor. Al hacer de la literatura un viaje hacia lo imaginario, la frágil baronesa de Rungstedlund no rehuía responsabilidad moral alguna. Por el contrario, contribuía —distrayendo, hechizando, divirtiendo— a que los seres humanos aplacaran una necesidad tan antigua como la de comer y adornarse: el hambre de irrealidad.

París, abril de 1999

AUTO DE FE (1936)
Elias Canetti

Una pesadilla realista

Canetti cuenta en sus memorias que *Auto de fe* nació de una imagen que, como un pequeño demonio pertinaz, lo obsesionaba: un hombre que prende fuego a su biblioteca y arde junto con sus libros. Comenzó a escribir la novela en el otoño de 1930, en la Viena deslumbrante y preapocalíptica de Broch y de Musil, de Karl Popper y de Alban Berg, como parte de una «Comedia Humana de la locura», que iba a constar de ocho historias, cada una de las cuales tendría como protagonista a un hombre desmedido, en las fronteras de la sinrazón. Del ambicioso proyecto sólo se materializó esta ficción (la que, dice, de alguna manera resumió todas las otras) centrada en torno a un excéntrico incendiario, el hombre-libro Peter Kien. Su propósito era escribir un texto «riguroso y despiadado conmigo mismo y con el lector», muy distinto de la literatura vienesa entonces en boga, de la que tenía una pobre opinión: «Me hallaba inmunizado contra todo cuanto pudiera ser agradable o complaciente...».

Las afirmaciones de un novelista sobre su propia obra no son siempre iluminadoras; pueden ser incluso confusionistas, erróneas, porque el texto y su contexto son para él difícilmente separables y porque el autor tiende a ver en aquello que hizo lo que ambicionaba hacer (y ambas cosas, así como pueden coincidir, muchas veces divergen considerablemente). Pero estas confesiones de Canetti sobre *Auto de fe* —novela que, publicada en 1936, conoció primero un entusiasta reconocimiento en Europa, quedó luego enterrada durante la guerra y la posguerra, tuvo un débil renacer en los países occidentales en los sesenta, hasta alcanzar un nuevo estrellato a partir de 1981, con el Premio Nobel concedido a su autor— son útiles y ayudan al lector a orientarse por la maleza de sus páginas.

Pues *Auto de fe,* una de las ficciones más ambiciosas de la narrativa moderna, es también una de las más arduas, una de aquellas que, como *La muerte de Virgilio* de Broch o *El hombre sin atributos* de Musil, exigen un esfuerzo intelectual y una buena dosis de perseverancia antes de revelar al lector su sentido profundo, las claves de su complicado simbolismo.

La dificultad mayor que ofrece no estriba en entender lo que en ella sucede sino, más bien, en hacerse una idea coherente del conjunto de episodios que la componen. Éstos, aislados, son muy claros: hechos triviales o truculentos; banalidades domésticas y desmesuras visionarias; los estereotipos y clichés pequeño burgueses que surten sin tregua de la boca y la mente de un ama de llaves y las reflexiones extravagantes de un orientalista neurótico; las sórdidas brutalidades de un portero matón y las hazañas delincuentes de un enano jorobado salido del hampa; complicaciones callejeras de una absurdidad demencial, enredos burocráticos, crímenes y violencias de todo orden. Cada uno por separado, todos estos sucesos son inteligibles y están dotados de poder persuasivo. Pero su concatenación, en cambio, es difícil de establecer; la relación de causa a efecto que los vincula o debería vincularlos es tan soterrada que, con frecuencia, se eclipsa. Las bruscas mudas de tono, contenido, humor y sentido entre episodio y episodio resultan a veces desconcertantes. También a este respecto es instructivo el testimonio de Canetti: «Un día se me ocurrió que el mundo no podía ya ser recreado como en las novelas de antes, es decir, desde la perspectiva de un escritor; el mundo estaba desintegrado, y sólo si se tenía el valor de mostrarlo en su desintegración era posible ofrecer de él una imagen verosímil».

La palabra importante es aquí desintegración. El de *Auto de fe* es un mundo desintegrado —«Un mundo sin cabeza», «Una cabeza sin mundo» y «Un mundo en la cabeza», se titulan, adecuadamente, cada una de sus partes— y a primera vista incoherente, una amalgama de hechos y personajes cuya índole y articulación no responden a una lógica racional sino a la sola arbitrariedad artística. Su anarquía, su carácter entre grotesco y pesadillesco, las trayectorias histéricas que siguen sus sucesos, sus extraños disparates, las greguerías que salpican su texto («Se redujo tanto que al final se perdió de vista»), la atmósfera recargada, moralmente insalubre de muchas de sus páginas, no son gratuitas, desde luego. Los críticos han visto en todo ello el santo y seña, la cifra literaria, de la Europa germánica de la entreguerra, preñada de todos los demonios que precipitarían, pocos años después de escrita la novela, las catástrofes de la Segunda Guerra Mundial.

Esta lectura de *Auto de fe,* como alegoría ideológica y moral, es perfectamente lícita, sin duda. El cráter de la historia, aquella imagen de la biblioteca presa de las llamas y la inmolación de su dueño, prefigura gráficamente las inquisiciones del nacionalsocialismo y la destrucción de una de las culturas más creativas de su tiempo por obra del totalitarismo nazi. Y, también, la responsabilidad que cupo en ello a muchos artistas e intelectuales que fueron cómplices de la enajenación colectiva o incapaces de detectarla y combatirla cuando se estaba gestando. Si la cultura no sirve para prevenir este género de tragedias históricas, ¿cuál es entonces su función?

Es una pregunta de total pertinencia en el caso de Peter Kien, el sinólogo de *Auto de fe* a quien su inmensa sabiduría —domina una docena de lenguas orientales y muchas occidentales— no le sirve literalmente de nada que pueda ser apreciado por sus contemporáneos. Porque nada de lo que sabe —de lo que aprende y piensa— revierte sobre los demás; más bien levanta una muralla de incomunicación entre él y su mundo. ¿Cuál es la razón de que se niegue a enseñar? ¿De que publique con tamaña avaricia? ¿De que viva enclaustrado en esa biblioteca de veinticinco mil volúmenes a la que nadie más tiene acceso? El conocimiento, para Peter Kien, no es algo que deba compartirse, un puente entre los hombres; es una manera de tomar distancia y de alcanzar una superioridad vertiginosa sobre el común de las gentes, esos analfabetos cuyo «despreciable objetivo vital es la felicidad». Peter Kien no quiere ser feliz; quiere ser sabio. Lo consigue, sin duda, pero, aunque ello tal vez alimente su soberbia, en la práctica su sabiduría no impide que sea vejado, maltratado, expulsado de su hogar y empujado a la pira por aquellos seres —el ama de llaves que desposa, el portero brutal, su hermano psiquiatra— a los que tanto desdeña. Entre las manías del sinólogo se cuenta la de jugar al ciego. No es extraño, pues, aunque sus lecturas e investigaciones le permitan moverse como por su casa entre las religiones y filosofías del Oriente, que Peter Kien nunca fuera capaz de ver la ciudad en la que vivía ni a las gentes que lo rodeaban.

Si él no es una figura simpática, lo son todavía menos los otros protagonistas y comparsas de la historia. Egoístas, obtusos, ávidos, convencionales, prisioneros de un mundillo limitado por intereses abyectamente mezquinos, sólo salen de esas celdas que son sus existencias para hacer daño o ser victimados. La desintegración de este mundo obedece a la falta absoluta de solidaridad entre sus miembros, ninguno de los cuales parece alentar por los demás algún sentimiento generoso o cierta forma de lealtad. Las jerarquías son estrictas: amos y esclavos; jefes y servidores; fuertes y débiles. Las relaciones humanas sólo se establecen en un sentido vertical. Mandar u obedecer: no hay alternativa. Bajo una aparente coexistencia, la trama social está corroída por toda clase de enconos y prejuicios. Discretamente, se libran mil guerras a la vez. Los hombres desprecian a las mujeres —el machismo y el antifeminismo campean— y éstas odian a aquéllos y conspiran para arruinarlos, como Teresa Krumbholz a su marido.

El antisemitismo es una manifestación, entre otras, del odio generalizado que se profesan los ciudadanos. Se trata de un sentimiento que ha gestado al personaje más pintoresco y vivaz de la novela, el enano jorobado Fischerle, jugador de ajedrez, chulo y hampón, caricatura viviente cuyos rasgos grotescos —su nariz ganchuda, su rapacidad— y su trágico fin —morir apachurrado bajo el puño de Johann Schwer cuando intenta tragarse un botón— son segregados por ese instinto cruel, discriminatorio, hambriento de violencia, que parece anidar en toda la fauna humana del libro. Aunque la novela soslaye la política, leyéndola ahora, con la perspectiva que nos da la historia del pueblo alemán bajo el hechizo hitleriano y los campos de exterminio donde perecieron seis millones de judíos, *Auto de fe* parece una escalofriante metáfora de una sociedad a punto de caer en brazos de la sinrazón y la demagogia más fanáticas, para rodar hacia el cataclismo.

Pero ver en *Auto de fe* sólo una alegoría política es insuficiente y no hace justicia a la novela. Ella es, sobre todo, un mundo de ficción, una realidad paralela, soberana, con una vida propia que no es reflejo de aquella, real, de la que proceden sus materiales históricos y culturales, sino algo distinto, emancipado de su modelo, del que reniega y toma distancia enfrentándole una imagen paroxística en la que las diferencias superan a las semejanzas.

Se ha hablado de las afinidades de esta novela con Kafka —a quien Canetti descubrió, con deslumbramiento, mientras la estaba escribiendo— pero, salvo la obvia relación de ser ambos escritores judíos de lengua alemana, huéspedes en cierto modo de una cultura que, presa de histeria racista, pronto los expelería como parásitos decadentes, y en cuyas obras de ficción el presentimiento de catástrofe próxima ha dejado una impronta, las distancias entre ambos me parecen considerables. En el mundo absurdo de Kafka hay una ternura soterrada y el patetismo baña a sus solitarios personajes sobre los que se desencadenan misteriosas fuerzas destructoras, que permiten al lector identificarse emocionalmente con ellos y vivir sus angustiosas peripecias como propias. Canetti mantiene a raya al lector, impidiéndole, con deliberación, ese género de vampirismo. La crueldad, banalidad, morbosidad y extravagancia que denotan sus creaturas son tales que abren un abismo difícilmente franqueable por el lector; son personajes concebidos para intrigarlo y, a ratos, maravillarlo; también, para exasperarlo, pero no para conmoverlo.

La falta de sentimentalismo es un rasgo central en *Auto de fe,* así como en los ensayos y el teatro de Canetti. La frialdad cerebral de sus visiones, ese extraño control que la inteligencia parece ejercer aun en los momentos de más incandescente delirio, en aquellos episodios —como la arenga de Peter Kien a sus libros, encaramado sobre una escalera, o las fantasías ajedrecísticas de Fischerle en torno a Capablanca— en los que, en la realidad ficticia, se eclipsa la frontera entre los hechos objetivos y los deseos, y la vida se vuelve una fantástica aleación de ambas cosas, hacen pensar en una novela expresionista. Como en los cuadros de un Kirchner o de Dix, o como en los grabados y caricaturas de Grosz, la intensidad y los contrastes de color, la virulencia del trazo, la alteración de la perspectiva, es decir, la factura formal de la obra, se adelantan hacia el lector como un espectáculo, revolucionando aquella realidad exterior que el objeto artístico aparenta representar hasta convertirla en una realidad propia, que debe más a la subjetividad y a la destreza del artista que al parecido con el modelo que lo inspiró. Una vida objetiva se percibe, sin duda, débil y lejana, recompuesta en la ficción de acuerdo al capricho y fantasías de un creador que se ha valido de aquélla para expresar a éstas. *Auto de fe* es, como los más logrados de estos cuadros del expresionismo alemán, una pesadilla realista.

Al mismo tiempo que los demonios de su sociedad y de su época, Canetti se sirvió también de los que lo habitaban sólo a él. Barroco emblema de un mundo a punto de estallar, su novela es asimismo una fantasmagórica creación soberana en la que el artista ha fundido sus fobias y apetitos más íntimos con los sobresaltos y crisis que resquebrajan su mundo. Hablar de «demonios» es en su caso indispensable. Los fantasmas obsesivos, cargados de amenaza, que circulan por la novela desde su título hasta la incineración libresca del final, tienen una doble, contradictoria valencia. De un lado, ya lo hemos visto, encarnan el conformismo, la pasividad, la abdicación de una sociedad que muy pronto se convertirá en «masa». De otro, son las fuerzas y pulsiones irracionales que animan al artista y lo inducen a crear. *Auto de fe,* denuncia simbólica de una sociedad que se deja dominar por los peores instintos, es también una novela que reivindica orgullosamente el derecho a la obsesión.

Si los demonios colectivos son destructores, los privados, los que pueblan la secreta jaula que cada hombre arrastra consigo en su corazón, ¿no son acaso el surtidor de los deseos humanos, el combustible de la fantasía? ¿No son las raíces del arte en general y de la ficción en particular? Estos demonios individuales son los protagonistas invisibles de *Auto de fe*. Cada personaje luce los suyos y los sirve con total impudor, como Peter Kien y su amor pervertido por los libros, Teresa Krumbholz y sus extrañas relaciones con esa falda azul almidonada y la urgencia incontenible que manda a Benedikt Pfaff, ese energúmeno, desbaratar a todas las mujeres.

Para que una obra de ficción lo sea, ella debe añadir al mundo, a la vida, algo que antes no existía, que sólo a partir de ella y gracias a ella formará parte de la inconmensurable realidad. Ese *elemento añadido* es lo que constituye la originalidad de una ficción, lo que diferencia a ésta, ontológicamente, de cualquier documento histórico. En *Auto de fe,* un componente mayor del elemento añadido por el artista al mundo es el haber dado carta de ciudadanía pública a los «demonios humanos», esos fantasmas que, en la vida real, hombres y mujeres mantienen ocultos en los repliegues de su intimidad y a los que sólo ocasionalmente —mediatizados en actos y gestos simbólicos— sacan a la luz. En esta ficción es al revés: los demonios de cada cual —sus obsesiones— se exhiben sin disfraces y, no importa cuán absurdos o feroces sean, todos viven para obedecerlos y acatarlos, con olímpico desprecio de las consecuencias. El malestar que nos produce la novela viene seguramente de esta inquietante verdad que se desprende de sus páginas: los demonios que provocan los desvaríos y apocalipsis sociales son los mismos que fraguan las obras maestras.

Londres, 17 de mayo de 1987

EL CERO Y EL INFINITO (1940)
Arthur Koestler

Almas inflexibles

Era un hombre bajito y fortachón, con una cara de pocos amigos, cuadrada y abrupta. No figuraba en la guía de teléfonos y a los candidatos al doctorado que preparaban tesis sobre él y se atrevían a llamar a su casa, en el barrio de Knightsbridge, los despedía con brusquedad. Quienes lo divisaban, en las grises mañanas londinenses, bajo los árboles de Montpelier Square, paseando a un terranova peludo, se lo imaginaban un típico inglés de clase media, benigno y fantasmal.

En realidad, era un judío nacido en Hungría, en 1905, que había escrito parte de su obra en alemán y vivido de cerca los acontecimientos más notables de nuestro tiempo —la utopía del sionismo, la revolución comunista, la captura de Alemania por los nazis, la guerra de España, la caída de Francia, la batalla de Inglaterra, el nacimiento de Israel, los prodigios científicos y técnicos de la posguerra—, nacionalizado británico por necesidad. La sorpresa de sus vecinos con su muerte, un día de 1983, fue tan mayúscula como la de la empleada doméstica que los encontró a él y a su esposa Cynthia, sentados en la salita donde tomaban el té, pulcramente envenenados por mano propia. No estaban inválidos, eran prósperos. ¿Por qué se suicidaron? Porque él estaba enfermo y ambos habían decidido, fieles a los principios de «Exit», la sociedad de la que Koestler era vicepresidente, partir de este mundo a tiempo, con dignidad, antes de perder las facultades, sin pasar por el innoble trámite de la decadencia intelectual y física. El gesto puede ser discutido, pero es difícil no reconocerle elegancia.

El apocalipsis doméstico de Montpelier Square pinta a Arthur Koestler de cuerpo entero: la vorágine que fue su vida y su propensión hacia la disidencia. Vivió nuestra época con una intensidad comparable a la de un André Malraux o un Hemingway y testimonió y reflexionó sobre las grandes opciones éticas y políticas con la lucidez y el desgarramiento de un Orwell o un Camus. Lo que escribió tuvo tanta repercusión y motivó tantas controversias como los libros y opiniones de aquellos ilustres intelectuales comprometidos, a cuya estirpe pertenecía. Fue menos artista que ellos, pero los superó a todos en conocimientos científicos. Su obra, por eso, ofrece una visión más variada de la realidad contemporánea que la de aquéllos.

Al mismo tiempo, es una obra más perecedera, por su dependencia de la actualidad. Se trata, en conjunto, de una obra periodística, en el sentido egregio que puede alcanzar este género gracias al talento y al rigor con que algunos escritores, como él, asumen la tarea de investigar, interpretar y relatar la historia inmediata. No escribió para la eternidad, sustrayendo del acontecer contemporáneo ciertos asuntos y personajes que, gracias a la fuerza persuasiva del lenguaje y a la astucia de una técnica, trascenderían su tiempo para alcanzar la inmortalidad de las obras maestras de la literatura. Aunque, a veces, como en su libro más leído, *Darkness at Noon,* se disfrazaran de novelas, sus libros fueron casi siempre ensayos, o, más exactamente, panfletos, testimonios, documentos, manifiestos, en los que, amparado en una información copiosa, en experiencias de primera mano y a menudo dramáticas —como sus tres meses en una celda de condenado a muerte, en la Sevilla sometida a la férula del general Queipo de Llano, durante la guerra civil— y una capacidad dialéctica poco común, atacaba o defendía tesis políticas, morales o científicas que estaban en el vértice de la actualidad. (En su autobiografía dijo, con justicia: «Arruiné la mayor parte de mis novelas por mi manía de defender en ellas una causa; sabía que un artista no debe exhortar ni pronunciar sermones, y seguía exhortando y pronunciando sermones».)

Defendía a veces, pero en lo que sobresalió (y lo hizo con tanta valentía como brillo y, con frecuencia, arbitrariedad) fue en atacar, oponerse, tomar distancia, cuestionar. El famoso *dictum* que se atribuye a Unamuno —«¿De qué se trata para oponerme?»— parece haber sido la norma que guió la vida de Koestler. Era un disidente nato, pero no por frivolidad o narcisismo, sino por una muy respetable ineptitud a aceptar verdades absolutas y un horror a cualquier tipo de fe. Lo que no fue obstáculo para que, cada vez, defendiera esas convicciones transeúntes que fueron siempre las suyas, con el apasionamiento de un dogmático.

Bastaba que abrazara una causa para que empezara a cuestionarla. Le ocurrió así con el sionismo de su juventud, que lo llevó a compartir la aventura de los pioneros centroeuropeos que emigraban a Palestina, entonces una perdida provincia del imperio otomano. Pronto se desencantó de ese ideal y lo criticó hasta atraerse la hostilidad de sus antiguos compañeros. Nacido y educado en una familia judía, condición que reivindicaba sin complejos de superioridad ni inferioridad, escribió un libro —*The thirteen tribe (La tribu número trece)*— que provocó la indignación de incontables judíos. El ensayo sostiene que, probablemente, los judíos europeos no descienden de aquellos que Roma expulsó de Palestina, sino de los kazhares, centroeuropeos de un breve reino medieval, surgido entre el mar Negro y el Caspio, cuyos habitantes, para defender mejor su identidad amenazada por el cristianismo y el islam de sus fronteras, se convirtieron al judaísmo.

Pero la deserción que lo hizo célebre fue la del Partido Comunista, al que se había afiliado en Alemania, a principios de 1931, y del que se apartó siete años más tarde, después de haber sido militante y agente de la Komintern a tiempo completo, disgustado por las prácticas estalinistas. «Tenía veintiséis años cuando ingresé en el Partido Comunista y treinta y tres cuando salí de él... —escribió—. Nunca antes ni después fue la vida tan plena de significado como en aquellos siete años. Tuvieron la grandeza de un hermoso error por encima de la podrida verdad». Su renuncia fue espectacular porque, desde que cayó en manos de los franquistas en España y lo salvó del fusilamiento una campaña internacional, Koestler se había hecho famoso. *El cero y el infinito* (1940), novela que ilustra los mecanismos de la destrucción de la personalidad y el envilecimiento de las víctimas que pusieron en evidencia los procesos de Moscú de los años treinta —en los que toda una generación de dirigentes de la III Internacional colaboró con sus verdugos autoacusándose de los crímenes y traiciones más abyectos hasta ser fusilados—, generó polémicas interminables, se dice que influyó en la derrota comunista en el referéndum de 1946 en Francia y convirtió a Koestler en la bestia negra de los comunistas de todo el mundo, que, durante años, organizaron campañas de desprestigio contra él («Hiena», «Perro rabioso del anticomunismo», cosas así). Los tiempos atenuaron luego la acidez de ese libro: comparados con los horrores que relataron treinta años después Solzhenitsin y otros sobrevivientes del Gulag, las acusaciones de Koestler resultan hoy modestas.

Entre agosto de 1936 y marzo de 1938 se celebraron en Moscú unos juicios que asombraron al mundo. Docenas de bolcheviques de la primera hora, héroes de la revolución que habían alcanzado los más altos cargos en el Partido Comunista y en la Tercera Internacional, como Zinóviev, Kámenev, Mrajkovski, Bujarin, Piatakov, Rykov y otros, fueron juzgados y ejecutados por crímenes que incluían desde conjuras terroristas para asesinar a Stalin y otros dirigentes del Kremlin hasta complicidad con la Gestapo y los servicios de inteligencia del Japón y Gran Bretaña con miras a socavar el régimen soviético. Entre sus delitos, figuraba incluso el sabotaje a la producción, valiéndose de métodos tan salvajes como mezclar la harina y la mantequilla con vidrio y clavos para envenenar a los consumidores. Lo extraordinario fue que los acusados reconocieron estos crímenes, y, en las sesiones, compitieron con el fiscal Vishinski en autolapidarse como «fascistas pérfidos» y «trotskistas degenerados». Y, algunos, en reclamar la pena de muerte para sí como castigo a sus acciones contrarrevolucionarias.

Un malestar estupefacto recorrió todo Occidente ante estos juicios. ¿Qué había ocurrido, exactamente? Para quien conocía algo del movimiento obrero resultaba inconcebible que hubieran cometido tales delitos y mostrado semejante duplicidad los mismos hombres que, codo a codo con Lenin, habían dirigido el Partido en la clandestinidad, encabezado la Revolución de octubre, combatido en la guerra civil y organizado al país en los heroicos años iniciales del socialismo. De otro lado, ¿qué pudo llevarlos a ofrecer ese espectáculo de autovilipendio y humillación? La humanidad no había visto nada parecido desde los grandes fastos de la Inquisición. Parecía poco probable que gentes como Bujarin, Kámenev y Zinóviev hubieran actuado bajo presión. ¿Acaso no habían pasado todos ellos, sin doblegarse, por las cámaras de tortura de la policía zarista, y, algunos, por los calabozos fascistas de Europa? ¿Cómo entender el comportamiento de estos fogueados dirigentes ante sus jueces? El inmenso éxito de la novela de Koestler, *Darkness at Noon,* se debió a que proponía una respuesta, que en su momento pareció convincente, a este enigma que desasosegaba a tantos comunistas, socialistas y demócratas de todo el mundo.

Para entender cabalmente la desilusión y el pesimismo que impregnan la novela hay que tener en cuenta el momento en que fue escrita: entre el pacto de Múnich, en el que el Occidente liberal se rindió diplomáticamente ante Hitler, y abril de 1940, pocas semanas antes de la ocupación de Francia. También, la situación personal del autor en ese período, que Koestler relató, a trazos ágiles, en su testimonio autobiográfico *Scum of the Earth (Escoria de la tierra).* En los meses que precedieron y siguieron al estallido de la Segunda Guerra Mundial, Koestler, como miles de antifascistas refugiados en Francia, fue acosado sin misericordia por el gobierno democrático de París, que requisó todos sus papeles —el manuscrito de la novela se salvó de milagro—, lo sometió a interrogatorios y encarcelamientos varios, hasta, por último, encerrarlo en un campo de concentración cerca de los Pirineos. Más tarde, ya libre, Koestler vagó como un paria por la Francia ocupada, tratando de escapar de los nazis de cualquier manera —intentó, incluso, inscribirse en la Legión Extranjera—, hasta que, luego de peripecias múltiples, consiguió huir a Inglaterra, país en el que, después de otra temporada en la cárcel, pudo por fin enrolarse en el ejército. Para quienes, como él, habían dedicado buena parte de su vida a luchar por el socialismo, y vieron, en ese año, avanzar el nazismo por Europa como una tempestad incontenible, se sintieron tratados como delincuentes por los gobiernos democráticos a los que pidieron protección, y debieron —suprema decepción— tragarse el escándalo del pacto nazi-soviético, el mundo tuvo que parecer un irrespirable absurdo, una trampa mortal. Incapaces de soportar tanta ignominia muchos intelectuales amigos de Koestler, como Walter Benjamin y Carl Eistein, se suicidaron. La atmósfera de desesperación y fracaso que vivieron esos hombres es la que respira, de principio a fin, el lector de *Darkness at Noon*.

La novela, una suerte de glacial teorema, transcurre en la prisión a la que ha sido conducido un dirigente de la vieja guardia bolchevique caído en desgracia, Rubashov, personaje, según cuenta Koestler en sus memorias, calcado en sus ideas de Nikolai Bujarin, y en su personalidad y rasgos físicos de León Trotski y Karl Radek. Aunque, para debilitar su resistencia, Rubashov es sometido a mortificaciones como impedirle dormir y enfrentarlo a reflectores deslumbrantes, no se puede decir que sea torturado. En verdad, es dialécticamente persuadido por los dos magistrados que preparan su juicio —su antiguo amigo Ivanov, primero, y, luego, el *aparatchik* Gletkin— de autoculparse de una larga serie de delitos y traiciones contra el Partido.

La tarea de Ivanov y Gletkin es posible porque entre ellos y Rubashov hay un denominador común ideológico. Los tres son «almas inflexibles», seres convencidos de que «el Partido es la encarnación de la idea revolucionaria en la Historia», y de que la Historia, que no conoce escrúpulos ni vacilaciones, «nunca se equivoca». El revolucionario auténtico, según ellos, sabe que la humanidad importa siempre más que los individuos y no teme seguir cada uno de sus pensamientos hasta su conclusión lógica. Los tres sienten idéntico desprecio por el sentimentalismo burgués y sus nociones hipócritas del honor individual y de una ética no subordinada a los intereses de la praxis política. Los verdugos y la víctima creen ciegamente que «la verdad es aquello que es útil a la humanidad» y «la mentira lo que le es perjudicial».

Todo el trabajo de Gletkin consiste, pues, en demostrar lógicamente a Rubashov que, al criticar la línea del Partido fijada por el líder máximo, se ha equivocado y la mejor prueba de ello es su derrota. Es la Historia, encarnada en el Partido y en Stalin (quien en la novela aparece como el Número Uno) la que lo ha arrojado al calabozo y la que lo va a fusilar. Como buen revolucionario, consecuente con su propio modo de razonar, Rubashov debe sacar las conclusiones pertinentes. ¿Qué importa que, en el trivial acontecer cotidiano, él no haya conspirado con el enemigo ni saboteado las fábricas? Objetivamente ha sido un opositor, es decir, un traidor, pues si su oposición hubiera tenido éxito habría provocado una división en el Partido, tal vez la guerra civil. ¿Acaso eso no hubiera favorecido a la reacción y a los enemigos exteriores?

Utilizando con impecable técnica los escritos y argumentos del propio Rubashov, Gletkin convence al viejo militante que le toca ahora a él dar pruebas concretas de su antigua convicción según la cual el revolucionario, para facilitar la acción de las masas, debe «dorar lo bueno y lo justo y oscurecer lo malo y lo injusto». Si de veras cree que hay que preservar ante y sobre todo la unidad del Partido —ya que éste es el «único instrumento de la Historia»— Rubashov tiene ahora, en su derrota, la ocasión de prestar un último servicio a la causa, mostrando a las masas que la oposición al Número Uno y al Partido es un crimen y los opositores unos criminales. Es preciso que lo haga de manera sencilla y convincente, capaz de ser asimilada por esos humildes campesinos y obreros a los que conviene inculcar esa «verdad útil». Ellos no entenderían jamás las complicadas razones ideológicas y filosóficas que indujeron al viejo bolchevique a cuestionar la línea del Partido. En cambio, comprenderán en el acto si Rubashov, llevando hasta el límite la lógica de su actuación, da a sus errores las formas gráficas de la conjura terrorista, la complicidad con la Gestapo y otras infamias igualmente evidentes. Rubashov acepta, asume esos crímenes, es condenado y recibe un pistoletazo en la nuca convencido de haber llevado a buen término, como ha dicho Gletkin, la última misión que le confió el Partido.

Esbozado así el argumento de *Darkness at Noon*, puede dar la impresión de que la novela es una tragedia de corte shakespeariano sobre el fanatismo, una subyugante parábola moral. En realidad, es un libro sobrecogedor pero frío, una demostración abstracta, en la que los discursos de los personajes se suceden unos a otros como manifestaciones de una sola conciencia discursiva que se vale de episódicas comparsas, sobre el fracaso de un sistema que ha querido valerse exclusivamente de la razón para explicar el desenvolvimiento de la sociedad y el destino del individuo. Querer suprimir la posibilidad del error, del azar, del absurdo y de factores irracionales inexplicables en el destino histórico ha llevado al sistema, pese a su rigurosa solidez intelectual interna, a apartarse de la realidad hasta volverse totalmente impermeable a ella. Por eso, sólo puede sobrevivir, en esa Historia que usa como coartada para todo, a costa de ficciones y crímenes como los que protagonizan Gletkin y Rubashov.

«Tal vez la causa más profunda del fracaso de los socialistas es que han tratado de conquistar el mundo por la razón», escribió Koestler en *Scum of the Earth*. Curiosamente, algo semejante puede decirse de *El cero y el infinito* en nuestros días: la explicación que ofrece de los juicios de Moscú de los años treinta fracasa por su excesivo racionalismo. Medio siglo más tarde, sabemos que los bolcheviques que se inmolaron en ellos no lo hicieron —la mayoría, al menos— por el altruismo fanático y lógico de Rubashov, sino, según reveló el Informe de Jruschov en el XX Congreso, porque fueron torturados durante meses, como Zinóviev, o porque querían salvar a algún ser querido, como Kámenev (a quien se amenazó con ejecutar al hijo que adoraba), o salvarse a sí mismos de la muerte, como Radek, quien ingenuamente creyó que si «confesaba» lo que le pedían iría a prisión en vez de ser ejecutado. De todos los reos de la fantástica mojiganga, sólo uno, al parecer, Mrajkovski, actuó ante el tribunal por una convicción semejante a la de Rubashov, pues fue convencido por sus interrogadores de que su confesión era necesaria para impedir que las masas soviéticas descontentas se volvieran contra el régimen, lo que significaría no sólo el derrumbe de Stalin sino del socialismo en el mundo.

Eso que ocurrió en la realidad, esas menudas y legítimas pequeñeces humanas de las víctimas —el pavor ante la muerte, el miedo al dolor físico, el deseo de salvar a un hijo, el abatimiento y el hartazgo— está ausente en la novela de Koestler y esa ausencia la priva de verosimilitud psicológica. La verdad histórica, más pobre que la ficción, ha vuelto a la novela inactual y algo fantástica. Hoy sabemos que detrás del horror de las purgas hubo menos dogmatismo ideológico y más mezquindad, egoísmo y crueldad; que víctimas y verdugos no fueron esos superhombres dialécticos y sin apetitos ni sentimientos que fabuló Koestler, sino seres comunes espoleados, unos, por la codicia del poder absoluto, y, otros, doblegados por la violencia y la coacción moral, que enmascaraban esas miserias bajo el ropaje mentiroso de la ideología.

En los años cincuenta, después de una exitosa campaña contra la pena de muerte en Inglaterra, de la que salió su ensayo *Reflections on hanging (Reflexiones sobre la horca),* formidable alegato histórico y ético en contra de la máxima pena, Koestler anunció que se desinteresaba de la política y que no escribiría ni opinaría más sobre este tema. Cumplió puntualmente y nadie más pudo arrancarle una firma, un artículo o una declaración sobre cuestiones políticas.

Pero no se había retirado a sus cuarteles de invierno ni renunciado a la polémica intelectual y a posturas heterodoxas. Ejerció esas disposiciones, desde entonces, en el campo científico. Había sido su primer amor; había estudiado ciencias en la Universidad de Viena y trabajado como periodista especializado en cuestiones científicas en Alemania y Francia. Esa formación le permitió moverse con desenvoltura en el complejo escenario de las grandes transformaciones de la física, la biología, la química, la astronomía y las matemáticas. También la parasicología imantó su curiosidad y provocó sus impertinencias. Porque, naturalmente, lo que escribió sobre estas disciplinas no fue jamás mera divulgación, sino interpretación polémica y flagrantes herejías. Es tal vez en lo único en que fue consecuente de principio a fin: en buscar siempre tres pies al gato aunque tuviera cuatro. Por eso, como antes los sionistas, los judíos, los comunistas y los psicoanalistas, los científicos recibieron por lo general con incomodidad y antipatía los trabajos de Koestler sobre la técnica, las máquinas, el acto de creación o las raíces del azar.

Conociéndolo, podemos estar seguros de que, si no lo impidiera una causa mayor, a la corta o a la larga habría terminado también por exasperar a sus aliados de la última hora, los de «Exit», esos caballeros tan ingleses que se asociaron para ayudar a salir de esta vida a los que están ya hartos de ella. Del escritor que fue se puede decir mucho de bien y sin duda algo de mal. Pero hay que reconocer que fue una figura apasionante, un barómetro que registró las más recias tormentas de nuestro tiempo. Releer sus libros es pasar revista a lo más vibrante y trémulo del siglo que termina.

París, mayo de 1999

El derecho a la esperanza

Graham Greene estuvo unos meses en México, en 1938 —en los Estados de Tabasco y de Chiapas, principalmente—, investigando la persecución religiosa que desencadenó el presidente Calles y continuó, con menos virulencia, Lázaro Cárdenas. De esa experiencia resultaron un libro de viajes, *The Lawless Roads* (1939), y *El poder y la gloria,* una novela que, con *The Heart of the Matter,* es la mejor que ha escrito.

Leída hoy, casi medio siglo después de su aparición en 1940, cuando el fondo histórico que le sirvió de base ha cambiado sustancialmente —aunque no formalmente, ya que el Estado mexicano practica aún cierto anticlericalismo retórico y mantiene la prohibición de que los religiosos vistan hábitos, lo cual no ha impedido que el país, sobre todo a nivel popular, parezca muy católico—, sigue siendo una poderosa novela, que, mediante una historia sencilla y eficaz, espléndidamente relatada, dramatiza el viejo antagonismo de la razón y la fe, o, en más amplios términos, el de las utopías encontradas del espiritualismo y el materialismo. El anónimo sacerdote perseguido y el teniente de policía, su anónimo perseguidor, no carecen de nombres propios por casualidad. Sucede que antes que dos hombres particulares son dos ideas generales, dos abstracciones que se repelen como la noche y el día o el vicio y la virtud. Ambos encarnan una oposición que, con doctrinas e ideología diferentes, se ramifica como un laberinto en el curso de la historia humana.

La astucia del narrador de la novela está en simular que hace todas las concesiones en favor de quien, para su punto de vista, simboliza el mal —el teniente—, en tanto que se encarniza contra el curita que personifica el bien revelándonos sus incoherencias y debilidades. Ésta era una técnica ya usada por los novelistas católicos cuando Graham Greene la empleó: en François Mauriac, en Bernanos, los lectores estaban acostumbrados a vislumbrar los destellos de la gracia en el cieno de la miseria humana y a ver elevarse la pureza del alma entre las miasmas de la vileza. Pero en aquellos escritores, como en Claudel —en éste más que en ningún otro—, la estrategia resultaba demasiado evidente y la moraleja final terminaba transmutando sus historias y dramas en parábolas. Eran buenos escritores pero sólo sabían escribir para creyentes y convencidos. *El poder y la gloria*, en cambio, es una novela para incrédulos. Y, por eso, aunque su autor no tenga la riqueza estilística de un Claudel, ni la sutileza intelectual de un Mauriac, su libro es un libro moderno, para lectores de nuestros días, en tanto que los de aquéllos se van quedando cada día más rezagados.

El teniente es un hombre austero y rectilíneo, que vive en perfecta armonía con sus ideas. Su deber ocupa toda su vida. No bebe y, pese a su juventud, no lo tientan las mujeres. Tiene clara conciencia de la injusticia social y odia a la Iglesia y a los curas porque ve en ellos a unos cómplices del abuso y la explotación de los humildes. Se lo dice al sacerdote el día que lo captura: él no puede aceptar una religión que escucha en el confesonario los pecados del patrón contra sus siervos, los absuelve, los olvida, y se va luego a cenar a su mesa. Su solidaridad con los pobres es abstracta, pero se manifiesta también en gestos generosos, como regalar dinero de su bolsillo a los pobres diablos que tiene que encarcelar porque contrabandean alcohol. El teniente cree en la ley y en este mundo, en la reforma de este mundo mediante la ley. Para que desaparezcan la injusticia y la miseria de éste, el otro mundo —aquel del que el curita es emisario— debe desaparecer. Su existencia, mejor dicho, su ilusión, es un obstáculo insalvable para instalar el paraíso en la tierra. Mientras la superstición haga creer a los pobres que en la otra vida sus padecimientos serán recompensados y vivan por lo tanto sumisos, nada cambiará. Es para que todo cambie y éste sea por fin un mundo justo, modelado por la razón y no por el miedo ni los fantasmas de la fe, que el teniente rastrilla las húmedas tierras de su Estado en busca de curas, fusilando rehenes y aterrorizando las aldeas. Su lógica es la del fin que justifica los medios: para que el cielo sea una realidad terrenal el mundo debe ser limpiado de alimañas celestes.

Su adversario no luce ni sombra de la coherencia de propósitos y de métodos que caracteriza al teniente. El curita no sólo es un borrachín y un estuprador —ha tenido una hija con una campesina a la que hizo el amor estando ebrio— sino también un ser acobardado y confuso. Él no se engaña a este respecto (ni el narrador trata de engañarnos buscando coartadas morales o psicológicas para su personaje). Cuando se desencadenaron las persecuciones contra religiosos en el Estado, a diferencia de otros, que huyeron, él se quedó. ¿Lo hizo por una cuestión de principio, de alta moral? En su terrible examen de conciencia, cuando va rumbo a la muerte, descubrimos que su heroísmo no fue tal, o que, en todo caso, estuvo contaminado de vanidad y errores de cálculo. Permaneció, *también*, porque quedándose solo podría obrar como quisiera, sin cortapisas de ningún género, y porque actuando así se sintió vindicado ante esos sacerdotes que lo criticaban (y que ahora han huido). Más tarde, cuando el gobierno dictó la ley de que todos los sacerdotes se casaran, a él no se le dio siquiera la oportunidad de acogerse a aquella disposición, como ha hecho el padre José, esa lastimosa ruindad. Fue como si los otros le hubieran asignado el papel de mártir sin darle ocasión de rechazarlo.

De otro lado, como prototipo del hombre de fe, la imagen que ofrece no es envidiable. Vive en la confusión, incapaz de interpretar cabalmente en su propia vida los designios divinos, y todas sus acciones están como lastradas por la mala conciencia. Su ministerio no presta mayor ayuda a los fieles, su impaciencia y su falta de tacto para con las beatas pueden hacerlo aparecer como un arrogante. Aunque lleva ocho años sobreviviendo al acoso, se diría que siempre ha estado vacilando y a punto de huir. La cobardía lo tortura sin tregua; esa exclamación final, que Mr. Tench escucha y que la metralla interrumpe, ¿fue un grito de victoria, digno de figurar en las estampas? Dentro de las coordenadas anímicas del personaje, bien pudiera ser una apostasía in extremis precipitada por el miedo.

Y, sin embargo, al terminar la historia, la conclusión que saca el lector no se presta a duda. Quien representa en ella lo humano, lo digno de admiración y de solidaridad, no es el íntegro racionalista aplicador de la ley sino su víctima, ese pozo de contradicciones y de fallas cuyo cadáver, acribillado por las balas, yace en esa placita de pueblo circundada por los buitres.

Porque entre las dos utopías enfrentadas en la novela, la más visiblemente falsa y peligrosa es la que cree posible construir el paraíso en la tierra a costa de patíbulos y de incendios de iglesias. ¿A cuántos hombres más tendría que fusilar el teniente para establecer aquella sociedad con la que sueña? Desaparecidos los curas, tendrían que desfilar por el paredón muchos de sus propios partidarios, empezando por su mismo jefe, para quien la revolución no es, como para el teniente, un ideal, sino un pretexto para disfrutar del poder y enriquecerse con tráficos ilícitos. El oficial es algo más grave, en términos sociales, que un fanático: un soñador político a quien la hipnótica concentración en una quimera le nubla la visión de la vida real. Se empeña en cortar la rama podrida cuando en verdad lo que se está quemando es el bosque. Curitas como el que persigue pueden haber embotado con sus prédicas sobre el más allá el espíritu de rebelión de los pobres, pero lo que el teniente no ve es que aquella revolución que él cree liberadora está reemplazando una injusticia por otra y entronizando, al amparo de una retórica transformadora en la que por lo visto sólo él cree y que los otros utilizan como propaganda, nuevas formas de abuso, de oscurantismo y de corrupción.

Uno puede encontrar discutibles o incluso intolerables los razonamientos con que el curita de la novela defiende su fe. Ellos pondrían los pelos de punta a un teólogo de la liberación de nuestros días. Se trata, hay que subrayarlo, de un curita preconciliar, que, en la conversación con el teniente el día de su captura —uno de los cráteres de la novela—, sostiene que, como «todo el mundo es desdichado, tanto si es uno rico como pobre, no vale la pena preocuparse por un poco de dolor aquí abajo». ¿No es la salvación del alma lo único que importa? Siguiendo su razonamiento cabe deducir que, a su juicio, las iniquidades sociales son en cierto modo tolerables ya que constituyen una garantía de la salvación final de los pobres. Lo que justificaría las peores certidumbres del teniente sobre la función histórica de la fe.

Pero, en realidad, lo que mueve nuestra simpatía hacia el curita de *El poder y la gloria* no son sus razones. Es su suerte y una esperanza que lo trasciende tanto a él como a sus ideas y que está implícita en su vida y en su ministerio por más fracasos que haya experimentado. En su indefensión y soledad, él representa al débil a merced del poderoso, al individuo concreto inerme frente a la fuerza institucionalizada, y esa condición, más todavía que sus creencias, lo hacen un ser próximo a las víctimas de la sociedad, esos campesinos e indios entre los que la revolución elige fríamente sus rehenes. Además, comparta el lector o no su creencia en el otro mundo y su adhesión a Roma, ese hombrecillo que es como un candil tratando desesperado de que no lo apaguen los vientos de la historia encarna aquella dimensión de lo humano que, con el nombre a veces de religión y a veces de filosofía, ha sabido oponer a la barbarie y al horror de cada época unas razones para no perder la esperanza y para resistir al sufrimiento y a la injusticia. Sin esa convicción espiritual en algo superior y distinto a lo presente, que alienta en el curita, todo hubiera sido siempre peor y eso le confiere una grandeza moral que no disminuiría un ápice si su credo particular fuera falso y su creencia en una justicia póstuma una quimera. En una época alérgica a las ficciones aleccionadoras, a las historias edificantes, *El poder y la gloria* ha sobrevivido porque, en vez de combatir un dogma en nombre de otro dogma, opone a la intolerancia algo que creyentes y no creyentes pueden compartir: el derecho a la esperanza. ¿No es ella consustancial a la imaginación, al espíritu?

Otra razón por la que esta novela ha aprobado el examen del tiempo es que los asuntos políticos y morales que trata están sutilmente disueltos en su trama anecdótica y transpiran de ella, a diferencia de lo que ocurre en tantas novelas de ideas en las que la historia es un mero vehículo para la formulación de una tesis. Cuando sucede eso y el lector advierte que los personajes de la ficción no son libres sino testaferros de una voluntad superior que los mueve arbitrariamente, como el titiritero a sus muñecos, el poder de persuasión de la novela se debilita y a veces se esfuma. La ficción entonces ha fracasado, por importantes que sean los temas que la ocupan y por inteligentes y originales que fueran las ideas que pretendía divulgar el autor. Porque la primera obligación de una novela —no la única, pero sí la primordial, aquella que es requisito indispensable para las demás— no es instruir sino hechizar al lector: destruir su conciencia crítica, absorber su atención, manipular sus sentimientos, abstraerlo del mundo real y sumirlo en la ilusión. El novelista llega indirectamente a la inteligencia del lector, después de haberlo contaminado con la vitalidad artificial de su mundo imaginario y haberlo hecho vivir, en el paréntesis mágico de la lectura, la mentira como verdad y la verdad como mentira.

Graham Greene es un diestro contador de historias. Sabe graduar los efectos y reavivar la expectativa con revelaciones inesperadas, así como matizar las situaciones excesivamente dramáticas con pinceladas de humor y esbozar en pocas líneas la identidad de un personaje y de un paisaje. La naturaleza visual, cinematográfica, de sus historias es muy notoria en *El poder y la gloria*. En cierto modo, esta novela fundó el esquema que otras historias suyas repetirían, de manera obsesiva, aunque no con tanta eficacia. Un mundo exótico, primitivo, conmovido por la violencia, donde la civilización europea que pasó por allí sólo parece haber dejado pintorescos detritos. Mr. Tench, el flatulento dentista, Mr. Fellows, recogedor de bananas y su hipocondríaca mujer, y los Lehr, los agricultores luteranos de esta ficción, son el prototipo de esa larga genealogía de bribones, espías, excéntricos y aventureros de toda calaña que Europa ha sembrado por el Tercer Mundo, que son los héroes —los antihéroes, más bien— de las novelas de Greene.

Con él se cierra un ciclo, en verdad. En las historias de Conrad y en las de Kipling, situadas también en la periferia de Occidente, los personajes europeos llegaban hasta allí trayendo la civilización o con el ánimo de purificarse, bregando con los elementos y una humanidad bárbara. En las de Greene aquella buena conciencia se ha evaporado, cediendo el lugar a un tortuoso sentimiento de culpa. Aquella periferia es siempre un mundo elemental, donde florece el salvajismo, pero los europeos que están allí no son ajenos a ese estado de cosas, sino más bien corresponsables de lo que ocurre y, a menudo, aprovechadores de ello, como los buitres de la carroña.

Mustique, West Indies, marzo de 1987

EL FIN DE LA AVENTURA (1951)
Graham Greene

Milagros en el siglo XX

A Graham Greene le irritaba sobremanera que lo llamaran «un escritor católico», y en el segundo volumen de su elusiva autobiografía, *Ways of escape,* explicó que no era «*a Catholic writer but a writer who happens to be a Catholic*» («un escritor católico sino un escritor al que le ocurría ser católico»). Sin embargo, lo cierto es que las tres mejores novelas de su vasta obra, *The Power and the Glory, The Heart of the Matter* y *The End of the Affaire,* en las que se acercó más a la obra maestra que nunca llegó a escribir, giran en torno de la religión, del problema de la fe, y, más concretamente, del drama que significa ser católico en el mundo moderno.

Donde con más audacia desarrolló este tema fue en *El fin de la aventura* (1951), cuyo arranque es uno de los mejores con que haya empezado jamás una novela («Una historia no tiene principio ni fin...»), comparable a las más hechiceras frases inaugurales de una historia (como «En un lugar de la Mancha» o «Digamos que me llamo Ismael»), que inmediatamente subyugan al lector y lo instalan en un clima psicológico que la continuación del relato irá espesando. Fue la primera ficción que Greene narró en primera persona, dice que por influencia de *Great Expectations* de Dickens, que estaba leyendo en diciembre de 1948, en el Hotel Palma de Capri, al empezar a escribir esta historia.

Ella narra, en el marco de un Londres sórdido, triste y pobretón, aturdido por constantes bombardeos de la aviación alemana, los amores adúlteros de un mediocre novelista ateo, Maurice Bendrix, con Sarah Miles, esposa de su amigo Henry, un funcionario apagado, eficaz y, en cierto modo, emblemático. La sencillez estructural del relato es engañosa, porque encierra una compleja trama espiritual de la que el lector va tomando conciencia tardíamente, al igual que el propio protagonista, el retorcido Bendrix, quien sólo luego de la muerte de Sarah descubre la explicación de su extraña conducta, algo que él, estúpidamente, trataba de esclarecer haciéndola seguir por un detective privado (el amable y juicioso Parkis, que inyecta algo de humor al mundo asfixiantemente depresivo en que fluye la historia).

En verdad, el tema profundo de *El fin de la aventura,* que la torturada relación de Bendrix y Sarah sirve para ilustrar, es si Dios existe y si su existencia, tal como está concebida por la teología católica, es compatible con una vida que no exija de los creyentes el heroísmo, la santidad, que congenie con los vaivenes y quebrantos de la normalidad. La respuesta que la novela ofrece a esta indagación es enigmática, o, mejor dicho, librada a cada lector, porque el narrador-personaje de la historia, aunque nos transmite todos los elementos de juicio necesarios para decidir al respecto, es incapaz él mismo de sacar una conclusión, salvo —situación recurrente en las ficciones de Graham Greene— pese a reconocer que la trascendencia existe, que hay un más allá y un ser superior al que sin duda el alma de Sarah ha accedido, la de persistir en su ateísmo y rechazar a Dios.

No es de extrañar que la novela erizara los cabellos de un príncipe de la Iglesia Católica, el cardenal Griffin, quien, según cuenta Greene en *A sort of life,* lo llamó a Westminster Cathedral para decirle, sin ambages, que aquel libro debía ser excomulgado por el Santo Oficio. El pío purpurado no había comprendido que las novelas de Greene, como los misioneros, no orientan sus empeños hacia los creyentes convencidos, sino a los dudosos y atormentados, y a los no creyentes, a los que muy sutilmente tratan de ganar para la fe. Es la superioridad, en términos literarios, del catolicismo de Graham Greene sobre el de escritores como François Mauriac o Claudel, cuyas obras, cuando abordan el tema de la fe, la presuponen en el lector, y el que no la comparte o la comparte con traumas queda excluido de su mundo. Si a alguien se asemeja Greene es más bien al olvidado Georges Bernanos o a Unamuno, que vivieron también la fe como drama y agonía y supieron llegar en sus libros a creyentes e incrédulos por igual.

La relación de Bendrix y Sarah comienza a alterarse por culpa de él, no de ella, y no por falta sino exceso de amor. Porque la desea y goza con ella más que con ninguna otra mujer, Maurice la cela e importuna, como si, de manera inconsciente, temiera la felicidad y quisiera atajarla. La aventura concluye de manera abrupta. Un encuentro casual, tiempo después, parece reavivarla, pero no llega a suceder por una recóndita resistencia de Sarah, que, sin embargo, quiere a Maurice tanto como él a ella. La sustracción de un diario de Sarah, por obra de Parkis, revela a Maurice la verdad. Es decir, la conversión de Sarah al catolicismo en medio y a raíz de sus amores clandestinos, y el dilema que la desgarra desde entonces entre su pasión y su fe.

Esta historia pasablemente convencional experimenta un brusco trastorno cuando, a pocos, con astucia, como sin quererlo ni advertirlo, el narrador nos revela que la conversión de Sarah no fue un acto espontáneo, sino de

alguna manera inducido por el más allá. ¿Cómo? A través
de un milagro. Este episodio, el cráter de la novela, está
admirablemente contado, según un dato escondido que,
de manera ambigua y demorada, va transpareciendo hasta hacerse visible, pero siempre de modo que quede, respecto a su naturaleza profunda, un margen de duda, una
interpretación que permita rechazarlo —es lo que hace
Bendrix— como hecho sobrenatural. Una de las tardes
en que la pareja se encuentra en la pensión de Maurice para hacer el amor, sobreviene uno de los periódicos bombardeos nazis, y los amantes divisan incluso por la ventana algunos de los cohetes y proyectiles con paracaídas que
lanza el enemigo contra la ciudad. Uno de ellos estalla en
el edificio, mientras Bendrix bajaba las escaleras hacia la
salida, enterrándolo bajo los escombros. Cuando recobra
el sentido y vuelve a la habitación, Sarah, de rodillas, está
rezando. Sólo mucho después averiguamos que, en el intervalo, algo ocurrió que Bendrix ignoraba. Luego de la
explosión, Sarah corrió en su busca y lo encontró sepul-
tado bajo los restos de la escalera. Tocó su mano yerta y
supo que estaba muerto. Entonces, imploró a Dios que hiciera un milagro y (según ella) lo hizo.

Ese episodio desencadena o acelera el proceso de
conversión que devolverá a Sarah a la Iglesia (había sido
secretamente bautizada por su madre al nacer, pero ella
nunca lo supo), la apartará de Maurice y, en cierto modo,
pondrá fin a su vida terrenal. Pero no a la otra, la trascendente, la eterna, desde la cual una invisible Sarah seguirá discretamente manifestándose en los últimos capítulos al privilegiado grupo de personas que la conoció y
amó. No creo que haya hazaña más difícil, en una novela
contemporánea, que narrar *un milagro* con poder de persuasión suficiente para hacerlo verosímil a creyentes y no
creyentes por igual. Y Greene lo consigue en este caso,

gracias a la destreza con que descoloca y disimula los datos que conforman lo ocurrido. Pero que, además de este milagro, haya otros dos más, es demasiado, literariamente hablando. Por más dominio técnico, por más rodeos y precauciones verbales que el narrador adopte para referirlas, aquellas misteriosas ocurrencias que por acción de Sarah parecen haber sucedido —la desaparición de la marca que afeaba la cara del predicador racionalista Smythe y la curación in extremis del hijo de Parkis—, fuerzan la credibilidad del lector de manera excesiva. Es verdad que Maurice Bendrix, curándose en salud, se resiste a aceptarlos como milagros, que se empeña en rebajarlos a la miserable condición de sucesos naturales, hablando de coincidencias y excepciones científicas. Pero no le creemos porque —basta arañar la superficie de sus palabras para descubrirlo— él tampoco se lo cree. Y la prueba es que este ateo termina blasfemando contra Dios.

Estos dos excesos disminuyen, pero en modo alguno desaparecen, el vigor de la novela. Aunque la relación de Sarah y Maurice es su espina dorsal, hay en ella otros episodios singulares, trenzados con habilidad al principal. Como la inesperada y entrañable complicidad que surge, luego de la muerte de Sarah, entre el marido de ésta y Bendrix. Llegan a vivir juntos, a olvidar celos y rencores de antaño, y a sostenerse mutuamente, hermanados se diría y tal vez hasta bendecidos —describo, no hago una broma— por la mujer que, para no tener que optar en este mundo por el uno contra el otro, se martirizó en silencio hasta alcanzar la misteriosa santidad.

El fin de la aventura es una novela que difícilmente convencería a un agnóstico, pero que conmueve a todo lector sensible, por la eficacia de su estilo y la delicadeza de su construcción. Aunque ella no tenga el colorido y el sustrato épico que da tanta viveza a *El poder y la gloria*, en ella Greene consiguió una profundidad y complejidad de las que por lo general están exentas sus ficciones. Es sabido que él dividió éstas entre *entertainments* y obras serias, una nomenclatura sumamente discutible. La verdad es que todas sus novelas fueron siempre «diversiones», aunque algunas, como el trío que he citado, encararan asuntos morales de turbia consistencia, principalmente la tensión a que está condenado el creyente que trata de domesticar sus instintos, emociones y apetitos —la naturaleza humana— para vivir de acuerdo con los postulados de su fe. Éste es un tema que Greene vivió en carne propia, desde que, a los veintidós años, en Nottingham, se convirtió al catolicismo. Y sabemos, por sus biógrafos, que lo atormentó a lo largo de toda su vida, y volvió problemática su relación con sus varias amantes, sobre todo con aquella que sirvió de modelo al personaje de Sarah Miles y a quien está dedicada *The End of the Affaire.* Pero, incluso en estas novelas en que volcaba asuntos tan personales y vívidos, Graham Greene nos parece un escritor más superficial y previsible —más cerca de la cultura comercial y popular del mero entretenimiento que de la artística y creativa—, que un E. M. Forster, una Virginia Woolf o un William Faulkner. Esto no se debe a los temas que trataba, que eran a veces, en potencia, como el de esta novela, de riquísima proyección moral y psicológica, sino a lo convencional y simple de la forma en que los plasmaba, una forma que, al mismo tiempo que los volvía fáciles y entretenidos, los aligeraba y a veces banalizaba a niveles cinematográficos. (Por eso sus historias pasaban con tanto éxito a la pantalla; y, algunas de las que escribió directamente para el cine, como *El tercer hombre,* son magníficas.) En literatura el tema no es nunca lo esencial; lo son el estilo y el orden —la forma—, pues ellos determinan que una obra sea profunda o vacua, espléndida o exangüe de significados. Con el tema más truculento y disparatado que cabe imaginar, Faulkner escribió novelas imperecederas como *Santuario* y *Mientras agonizo*.

En *El fin de la aventura* el estilo y la estructura de las ficciones de Graham Greene alcanzan su apogeo y muestran sus límites. La claridad y la transparencia del lenguaje son tan extremas que raspan el ideal flaubertiano de la invisibilidad: se diría que la historia se autogenera ante nosotros, sin necesidad de palabras. La estructura se ciñe al tema con precisión y economía de medios. Además de Bendrix, hay un segundo narrador-personaje ya que el diario de Sarah está transcrito literalmente —ella habla en primera persona en esos capítulos— y la cronología, que muda entre dos instancias del pasado, una remota y otra próxima, sirve para impregnar de expectativa e incertidumbre el relato. El puñado de personajes está caracterizado con la solvencia con que solía hacerlo Greene, aunque todos ellos, incluido Bendrix, parezcan instrumentales, dóciles a la voluntad del narrador. La excepción es Sarah, el mejor personaje femenino de toda su obra, que, en el curso del relato, se crece y emancipa hasta cortar totalmente los vínculos con la persona que cree evocar su antiguo amante. Cuando, luego de muerta, se revela la intensidad del drama de Sarah, sus escrúpulos, su pureza y el indecible sufrimiento con que lo vivió, se agiganta un personaje que hasta entonces parecía una mujercita de clase media malcasada, sin misterio ni vida interior. En esas páginas, que son casi las últimas, la historia alcanza una nueva valencia, retroactivamente se carga de una dimensión espiritual y moral insospechadas en lo que fingía ser una vulgar historia de adulterio muy bien contada.

Nunca volvió a estar tan cerca de la obra maestra Graham Greene como en *El fin de la aventura*. ¿Por qué no llegó a escribirla, teniendo el excelente oficio, la buena cultura y la pasión por la literatura que tenía? ¿Qué le faltó? Dos ingredientes, difíciles de definir, que asoman detrás de todas las grandes novelas, pero nunca en las suyas: una ambición desmesurada y cierta dosis de insensatez (puede llamársele locura). Greene, viajero incansable, aventurero al que su curiosidad llevó a vivir guerras, revoluciones, plagas, y a frecuentar, por todos los rincones del planeta, a los tipos humanos más pintorescos y diversos, a la hora de sentarse a escribir perdía aquellos ímpetus, aquella vocación de riesgo que lo llevó de adolescente a jugar a la ruleta rusa, y se volvía un eficiente escribidor, tímido y funcional, que se sentía satisfecho contando con acierto una historia que hiciera pasar un rato feliz y distraído a toda clase de lectores. Desde luego que consiguió lo que se propuso como escritor, pero lo que se propuso fue siempre poco y por debajo de su talento.

Londres, 7 de julio de 1999

El extranjero debe morir

Con *El hombre rebelde, El extranjero* es el mejor libro que escribió Camus. Nació como proyecto, al parecer, en agosto de 1937, aunque de manera muy vaga, cuando Camus convalecía en un sanatorio de los Alpes de una de las muchas recaídas que padeció desde la tuberculosis de 1930. En sus *Carnets* señala que terminó la novela en mayo de 1940. (Pero sólo fue publicada en 1942, por Gallimard, gracias a una gestión de André Malraux, quien había sido uno de los modelos literarios del joven Camus.)

La época y las circunstancias en que fue concebido *El extranjero* son ilustrativas. En el helado pesimismo que baña la historia en lo que se refiere a la sociedad y a la condición humana tuvieron mucho que ver, sin duda, la enfermedad que debilitaba por épocas ese cuerpo sensible y la angustiosa atmósfera de la Europa que vivía el final de la entreguerra y el comienzo de la segunda conflagración mundial.

El libro fue recibido como una metáfora sobre la sinrazón del mundo y de la vida, una ilustración literaria de esa «sensibilidad absurda» que Camus había descrito en *El mito de Sísifo,* ensayo que apareció poco después de la novela. Fue Sartre quien mejor vinculó ambos textos, en un brillante comentario sobre *El extranjero.* Meursault sería la encarnación del hombre arrojado a una vida sin sentido, víctima de unos mecanismos sociales que bajo el disfraz de las grandes palabras —el Derecho, la Justicia— sólo escondían gratuidad e irracionalidad. Pariente máximo de los anónimos héroes kafkianos, Meursault personificaría la patética situación del individuo cuya suerte depende de fuerzas tanto más incontrolables cuanto que son ininteligibles y arbitrarias.

Pero, muy pronto, surgió una interpretación «positiva» de la novela: Meursault como prototipo del hombre auténtico, libre de las convenciones, incapaz de engañar o de engañarse, a quien la sociedad condena por su ineptitud para decir mentiras o fingir lo que no siente. El propio Camus dio su respaldo a esta lectura del personaje, pues, en el prólogo para una edición norteamericana de *El extranjero,* escribió: «El héroe del libro es condenado porque no juega el juego..., porque rechaza mentir. Mentir no es sólo decir lo que no es. También y sobre todo significa decir más de lo que es, y, en lo que respecta al corazón humano, decir más de lo que se siente. Esto es algo que hacemos todos, a diario, para simplificar la vida. Meursault, contrariamente a las apariencias, no quiere simplificar la vida. Él dice lo que es, rehúsa enmascarar sus sentimientos y al instante la sociedad se siente amenazada... No es del todo erróneo, pues, ver en *El extranjero* la historia de un hombre que, sin actitudes heroicas, acepta morir por la verdad».

Ésta es una interpretación perfectamente válida —aunque, ya lo veremos, incompleta— y ha pasado a ser poco menos que canónica en los estudios sobre Camus: *El extranjero,* alegato contra la tiranía de las convenciones y de la mentira en que se asienta la vida social. Mártir de la verdad, Meursault va a la cárcel, es sentenciado y, presumiblemente, guillotinado por su incapacidad ontológica para disimular sus sentimientos y hacer lo que hacen los otros hombres: representar. Es imposible para

Meursault, por ejemplo, fingir en el entierro de su madre más tristeza de la que siente y decir las cosas que, en esas circunstancias, se espera que un hijo diga. Tampoco puede —pese a que en ello le va la vida— simular ante el tribunal arrepentimiento por la muerte que ha causado. Esto se castiga en él, no su crimen.

Quien quizás haya desarrollado mejor esta argumentación es Robert Champigny, en su libro *Sur un héros païen* (París, Gallimard, 1959), dedicado a la novela. Allí asegura que Meursault es condenado porque rechaza «la sociedad teatral, es decir, no la sociedad en tanto se halla compuesta de seres naturales sino en cuanto ella es hipocresía consagrada». Con su conducta «pagana» —es decir, no romántica y no cristiana— Meursault es una recusación viviente del «mito colectivo». Su probable muerte en la guillotina es, pues, la de un ser libre, un acto heroico y edificante.

Esta visión de *El extranjero* me parece parcial, insuficiente. No hay duda de que la manera como se lleva a cabo el juicio de Meursault es ética y jurídicamente escandalosa, una parodia de justicia, pues lo que se condena en él no es el asesinato del árabe sino la conducta antisocial del acusado, su psicología y su moral excéntricas a lo establecido por la comunidad. El comportamiento de Meursault nos ilumina las insuficiencias y vicios de la administración de la justicia y nos deja entrever las suciedades del periodismo.

Pero de allí a condenar a la sociedad que lo condena por ser «teatral» y reposar sobre un «mito colectivo» es ir demasiado lejos. La sociedad moderna no es más teatral que las otras; todas lo han sido y lo serán, sin excepción posible, aunque el espectáculo que represente cada una de ellas sea distinto. No hay sociedad, es decir, convivencia, sin un consenso de los seres que la integran respecto a ciertos ritos o formas que deben ser respetados por todos. Sin este acuerdo, no habría «sociedad» sino una jungla de bípedos libérrimos donde sólo sobrevivirían los más fuertes. También Meursault, con su manera de ser, interpreta un papel: el de ser libre al extremo, indiferente a las formas entronizadas de la sociabilidad. El problema al que nos enfrenta la novela es, más bien: ¿la manera de ser de Meursault es preferible a la de quienes lo condenan?

Esto es discutible. Pese a lo que insinuó su autor, la novela no saca ninguna conclusión al respecto: es tarea que nos incumbe a sus lectores.

El «mito colectivo» es el pacto tácito que permite a los individuos vivir en comunidad. Esto tiene un precio que al hombre —lo sepa o no— le cuesta pagar: la renuncia a la soberanía absoluta, el recorte de ciertos deseos, impulsos, fantasías, que si se materializan pondrían en peligro a los demás. La tragedia que Meursault simboliza es la del individuo cuya libertad ha sido mutilada para que la vida colectiva sea posible. Eso, su individualismo feroz, irreprimible, hace que el personaje de Camus nos conmueva y despierte nuestra oscura solidaridad: en el fondo de todos nosotros hay un esclavo nostálgico, un prisionero que quisiera ser tan espontáneo, franco y antisocial como es él.

Pero, al mismo tiempo, es preciso reconocer que la sociedad no se equivoca cuando identifica en Meursault a un enemigo, a alguien que, si su ejemplo cundiera, desintegraría el todo comunitario.

Su historia es una dolorosa pero inequívoca demostración de la necesidad del «teatro», de la ficción, o, para decirlo más crudamente, de la mentira en las relaciones humanas. El sentimiento fingido es indispensable para asegurar la coexistencia social, una forma que, aunque parezca hueca y forzada desde la perspectiva individual, se carga de sustancia y necesidad desde el punto de vista comunitario. Esos sentimientos ficticios son convenciones que sueldan el pacto colectivo, igual que las palabras, esas convenciones sonoras sin las cuales la comunicación humana no sería posible. Si los hombres fueran, a la manera de Meursault, puro instinto, no sólo desaparecería la institución de la familia, sino la sociedad en general, y los hombres terminarían entrematándose de la misma manera banal y absurda en que Meursault mata al árabe en la playa.

Uno de los grandes méritos de *El extranjero* es la economía de su prosa. Se dijo de ella, cuando el libro apareció, que emulaba en su limpieza y brevedad a la de Hemingway. Pero la del francés es mucho más premeditada e intelectual que la del norteamericano. Es tan clara y precisa que no parece escrita, sino dicha, o, todavía mejor, oída. Su carácter esencial, su absoluto despojamiento de estilo que carece de adornos y de complacencias, contribuyen decisivamente a la verosimilitud de esta historia inverosímil. En ella, los rasgos de la escritura y los del personaje se confunden: Meursault es, también, transparente, directo y elemental.

Lo más temible que hay en él es su indiferencia ante los demás. Las grandes ideas o causas o asuntos —el amor, la religión, la justicia, la muerte, la libertad— lo dejan frío. También, el sufrimiento ajeno. La golpiza que inflige su vecino, Raymond Sintès, a su amante mora no le provoca la menor conmiseración; por el contrario, no tiene inconveniente en servir de testigo al chulo, para facilitarle una coartada con la policía. Pero tampoco hace esto por afecto o amistad, sino, se diría, por mera negligencia. Los pequeños detalles, o ciertos episodios cotidianos, en cambio, le resultan interesantes, como la relación traumática entre el viejo Salmadano y su perro, y a ello dedica atención y hasta simpatía. Pero las cosas que de veras lo conmueven no tienen que ver con los hombres, sino con la Naturaleza o con ciertos paisajes humanos a los que él ha privado de humanidad y mudado en realidades sensoriales: el trajín de su barrio, los olores del verano, las playas de arenas ardientes.

Es un extranjero en un sentido radical, pues se comunica mejor con las cosas que con los seres humanos. Y, para mantener una relación con éstos, necesita animalizarlos o cosificarlos. Éste es el secreto de por qué se lleva tan bien con María, cuyos vestidos, sandalias y cuerpo mueven en él una cuerda sensible. La muchacha no despierta en él un sentimiento, es decir, algo durable; apenas, rachas de deseos. Sólo la parte animal de su persona, el instinto, le interesa en ella, o, mejor dicho, lo que hay en ella de instintivo y animal. El mundo de Meursault no es pagano, es un mundo deshumanizado.

Lo curioso es que, pese a ser antisocial, Meursault no es un rebelde, pues no hay en él ninguna conciencia de inconformidad. Lo que hace no obedece a un principio o creencia que lo induciría a desafiar lo establecido: él es así. Rehúsa el pacto social, incumple los ritos y formas que sostienen la vida colectiva, de manera natural y sin siquiera advertirlo (por lo menos hasta que es condenado). Su pasividad, su desinterés, son sin duda más graves que su falta para quienes lo juzgan. Si tuviera ideas o valores con que justificar sus actos, su manera de ser, acaso sus jueces serían más benevolentes. Podrían contemplar la posibilidad de reeducarlo, de persuadirlo de que acepte la norma colectiva. Pero, siendo como es, Meursault es incorregible e irrecuperable para la sociedad. A su contacto, las limitaciones, excesos y ridículos que forman parte del «mito colectivo» o pacto social saltan a la luz:

todo lo que hay de falso y absurdo en la vida comunitaria desde la experiencia del individuo aislado, de cualquiera, no sólo de un ser anómalo como Meursault.

Cuando el procurador dice de él que no tiene nada que hacer «con una sociedad cuyas reglas desconoce», dice la verdad. Cierto, entrevisto desde el escaño del magistrado, Meursault es una especie de monstruo. Por otra parte, su caso muestra el lado monstruoso, mutilante, que tiene la sociedad, pues en ella, aun en la más libre, siempre habrá trabas y castigos para la libertad absoluta a la que aspira, en el fondo de su ser, todo individuo.

Dentro del pesimismo existencial de *El extranjero* arde, sin embargo, débilmente, una llama de esperanza: no significa resignación sino lucidez, y aparece en ese hermoso párrafo final, cuando Meursault, purgado de la cólera que le produjo el capellán que quería domesticarlo con la piedad, asume, con serena confianza, su destino de hombre expuesto «a la tierna indiferencia del mundo».

El pesimismo de Camus no es derrotista; por el contrario, entraña un llamado a la acción, o, más precisamente, a la rebeldía. El lector sale de las páginas de la novela con probables sentimientos encontrados respecto a Meursault. Pero, eso sí, convencido de que el mundo está mal hecho y de que debería cambiar.

La novela no concluye, ni explícita ni implícitamente, que, como *las cosas son así,* haya que resignarse a aceptar un mundo organizado por fanáticos como el juez instructor o por histriones leguleyos como el procurador. Ambos personajes nos producen repugnancia. E incluso el capellán nos desagrada por su inflexibilidad y su falta de tacto. Con su comportamiento perturbador, Meursault muestra la precariedad y la dudosa moral de las convenciones y ritos de la civilización. Su actitud discordante con la del ciudadano normal pone al descubierto la hipocresía y las mentiras, los errores y las injusticias que conlleva la vida social. Y, asimismo, pone en evidencia aquella mutilación —o, en términos de Freud, su gran descubridor, y el primero en explorarlas, las represiones— de la soberanía individual, de aquellos instintos y deseos que exige la existencia gregaria.

Aunque es muy visible la influencia en ella de Kafka, y aunque la novela filosófica o ensayística que estuvo de moda durante la boga existencialista haya caído en el descrédito, *El extranjero* se sigue leyendo y discutiendo en nuestra época, una época muy diferente de aquella en que Camus la escribió. Hay, sin duda, para ello una razón más profunda que la obvia, es decir, la de su impecable estructura y hermosa dicción.

Como los seres vivos, las novelas crecen y, a menudo, envejecen y mueren. Las que sobreviven cambian de piel y de ser, como las serpientes y los gusanos que se vuelven mariposas. Esas novelas dicen a las nuevas generaciones cosas distintas de las que dijeron a los lectores al aparecer, y, a veces, cosas que jamás pensó comunicar a través de ellas su autor. A los lectores de hoy, sobre todo a los de esta Europa tanto más próspera, confiada y hedonista que aquella, miedosa, atolondrada y cataclísmica, en la que *El extranjero* vio la luz, el solitario protagonista de esta ficción puede atraerlos por lo que hay en él de epicúreo, de ser contento de su cuerpo y orgulloso de sus sentidos, que asume sus deseos y apetitos elementales sin rubor ni patetismo, como un derecho natural. De todo el fuego de artificio que fue la revolución de Mayo del 68, ese gran alboroto de jóvenes insatisfechos con su sociedad y su tiempo, vagamente idealistas, generosos y confusos, eso es lo que parece haber quedado como logro: los deseos humanos salen de los escondites adonde habían sido confinados por el cuerpo social y comienzan a adquirir carta de ciudadanía.

En esta civilización de los deseos en libertad, que parece despuntar, Meursault también hubiera sido castigado por haber matado a un hombre. Pero nadie lo hubiera enviado a la guillotina, artefacto obsoleto, aherrumbrado en el museo, y, sobre todo, a nadie hubiera chocado su desinterés visceral por sus congéneres ni su desmesurado egoísmo. ¿Debemos alegrarnos por ello? ¿Es un progreso de los tiempos que el Meursault fantaseado por Camus hace medio siglo aparezca como premonición de un prototipo contemporáneo? No hay duda de que la civilización occidental ha derribado muchas barreras indispensables y es hoy más libre, menos opresiva, en lo referente al sexo, la condición de la mujer, las costumbres en general, que la que (tal vez) hizo cortar la cabeza de Meursault. Pero, al mismo tiempo, no se puede decir que esa libertad conquistada en distintos órdenes se haya traducido en una mejora sensible de la calidad de la vida, en un enriquecimiento de la cultura que llega a todo el mundo, o, por lo menos, a la gran mayoría. Por el contrario, parecería que, en innumerables casos, apenas obtenidas, aquellas libertades se traducían en conductas que las abarataban y trivializaban, y en nuevas formas de conformismo entre los afortunados beneficiarios.

El extranjero, como otras buenas novelas, se adelantó a su época, anticipando la deprimente imagen de un hombre al que la libertad que ejercita no lo engrandece moral o culturalmente; más bien, lo desespiritualiza y priva de solidaridad, de entusiasmo, de ambición, y lo torna pasivo, rutinario e instintivo en un grado poco menos que animal. No creo en la pena de muerte y yo no lo hubiera mandado al patíbulo, pero si su cabeza rodó en la guillotina no lloraré por él.

Londres, 5 de junio de 1988

LA GRANJA DE LOS ANIMALES (1945)
George Orwell

Socialista, libertario y anticomunista

I. El león y el unicornio

El uso tendencioso que las fuerzas políticas conservadoras hicieron, durante la guerra fría, de las ficciones antitotalitarias de George Orwell —*Animal Farm* y *1984*— ha distorsionado la imagen de este escritor, al extremo de que muchos ignoran, hoy, que fue un severísimo crítico de la Unión Soviética y el comunismo, no en nombre del statu quo, sino de una revolución socialista que él creía compatible con la democracia y la libertad, y el único sistema capaz de dar a estos valores un contenido real y compartido por todos los miembros de la sociedad. Ignoran, también, que el combatiente voluntario de la República española contra la sublevación franquista, al mismo tiempo que denunciaba los crímenes y la represión en el régimen de Stalin, era un crítico implacable del sistema capitalista y del imperialismo, en artículos y ensayos que figuran entre lo mejor que escribió. El verdadero Orwell es una figura mucho más contradictoria y compleja de lo que aparenta ser en la imagen que ha prevalecido de él, y muy parecida a la de Albert Camus, a quien lo une, además del talento literario, la lucidez política y la valentía moral.

El texto que define de manera más explícita su posición política, el tipo de socialismo que defendía, es *The Lion and the Unicorn. Socialism and the English Ge-*

nius, brillante y polémico panfleto que escribió entre agosto y octubre de 1940, en Londres, cuando Inglaterra se batía sola contra lo que entonces parecía el imparable avance del nazismo por toda Europa.

El estruendo y el horror de la guerra son el telón de fondo de este ensayo en el que Orwell, con el lenguaje limpio y directo que es el suyo, y la desconcertante sinceridad de sus declaraciones políticas —en las que jamás hay sombra de cálculo ni oportunismo—, opina sobre el patriotismo, la revolución, el socialismo, el orden establecido en Gran Bretaña, desde la perspectiva de la contienda bélica. La atmósfera azarosa del momento está magistralmente recreada en la primera frase del texto: «Mientras escribo estas líneas, seres altamente civilizados vuelan sobre mi cabeza tratando de matarme».

El libro nos delata a un Orwell optimista —lo que los bien pensantes llaman «constructivo»—, convencido de que el socialismo gana terreno en Inglaterra y de que este proceso, debido a la guerra, se irá acelerando hasta desembocar en una revolución que reformará de raíz la sociedad inglesa. ¿De qué manera? Aboliendo los privilegios económicos y las injusticias sociales, y reduciendo las desigualdades a un mínimo tolerable, que él define así: las diferencias de renta individual entre los que ganen más y los que ganen menos serán, como máximo, de diez a uno. Este socialismo tendrá una vocación libertaria, pues rescatará lo mejor de la tradición inglesa, las prácticas democráticas, la tolerancia, el respeto a la ley entendida como algo superior al propio Estado, el espíritu de compromiso o concertación, la afabilidad *(gentleness)*, y, acaso, hasta el proverbial insularismo británico.

Esta reflexión política no tiene un sesgo ideológico predominante, no es abstracta, sino, como siempre en los textos de Orwell, concreta y personal. Aunque, algunas veces, asomen en ella, como chispazos de época, ciertas generalizaciones discutibles o esas profecías apocalípticas a las que era propenso, que, juzgadas con la perspectiva del tiempo, resultan monumentalmente equivocadas y hasta absurdas. En contra de sus pronósticos, Gran Bretaña no tuvo que hacer primero una revolución socialista para derrotar a Hitler, y, a diferencia de lo que afirma con tanto énfasis, el capitalismo no sólo sobrevivió a la Segunda Guerra Mundial en su propio país y en el resto de Occidente, sino acabó enterrando al socialismo (tal como él lo entendía) en el mundo entero.

Pero estos desaciertos en la visión anticipatoria de la historia están contrapesados en *El león y el unicornio* con análisis y tomas de posición en los que descuella la inteligencia política y el pragmatismo. Muchos de los temas que Orwell desarrolla siguen siendo motivo de controversia en nuestros días.

Por ejemplo, su apasionada defensa de la «cultura nacional» como factor político. Orwell reprocha a los ideólogos de la izquierda haberse apartado de la realidad social por empeñarse en encajar a ésta en el esquema de la lucha de clases y las contradicciones económicas entre los distintos sectores de la producción, desdeñando la «cultura común» de cada país, esa suma de valores, costumbres, creencias, ritos, prejuicios y aficiones que conforman el «carácter nacional». Éste es un tema delicado, al que rondan la demagogia y el clisé, pero Orwell esquiva ambos peligros, desarrollándolo, si no de una manera totalmente convincente, con penetración y originalidad. Su crítica se vuelca contra los intelectuales británicos, pero alcanza a los de otras latitudes, que, como aquéllos, llevados por unas orejeras ideológicas —querer explicarlo todo por las relaciones de producción y las contradicciones de clase—, subestimaron otros factores, regionales o nacionales, hasta cegarse por completo ante la verdadera naturaleza de los problemas. Ello los llevó a una suerte de idealismo al revés, a ver problemas donde no los había, o a dar soluciones erradas a los que tenían al frente.

En Gran Bretaña, afirma Orwell, la división económica entre las clases sociales no impide que, entre éstas, haya vínculos culturales e históricos muy profundos, de donde nace ese sentimiento de unidad nacional que es el patriotismo. Lo define así: «Una devoción hacia algo que, siendo cambiante, es, sin embargo, presentido como místicamente idéntico a sí mismo». No entender la fuerza de estos vínculos, que existen en Inglaterra pese a las enormes disparidades de riqueza, poder y educación, es subestimar un factor que tiene consecuencias decisivas en la vida política y el funcionamiento social. Orwell reprocha a la *intelligentsia* socialista avergonzarse de la cultura nacional y despreciarla o negarla en nombre de un internacionalismo que, dice, la ha divorciado de las masas, y ha dado crédito a la falacia según la cual el patriotismo es un monopolio de la derecha. Para que el socialismo salga de ese gueto en que se halla encastillado y conquiste a las mayorías es preciso que la *intelligentsia* rescate para la izquierda —para la revolución— el patriotismo, en otras palabras, la reivindicación de esa herencia cultural que dará al socialismo británico rasgos propios.

Ni que decir tiene que estas ideas, tan peligrosamente vecinas a los postulados nacionalistas —a la irrealidad de la nación entendida como una esencia metafísica de la que estarían impregnados por igual todos los miembros de la colectividad—, deben enmarcarse en el contexto en el que escribía Orwell: en medio de una guerra que amenazaba con avasallar Gran Bretaña y ponerla bajo la bota nazi, y que exigía, de quienes, en grandes condiciones de inferioridad, resistían a Hitler, apelar a todos los argumentos en favor de la unidad, para reforzar el espíritu de resistencia. En circunstancias así, la potencia irracional del nacionalismo se ejerce con tal fuerza que ni siquiera las mentes más serenas son capaces de oponérsele.

Pero que esa concepción de la unidad nacional por encima de todo está bastante alejada del mundo real lo prueba el propio Orwell, en este mismo ensayo, en el que las críticas a los intelectuales de izquierda son poca cosa comparadas con la dureza, verdaderamente feroz, con que retrata a la clase dirigente británica, cortejo de «fantasmas», «cadáveres» que viven en el pasado, y que se han refugiado en la «estupidez» para no ver su ruina inevitable e inminente. Inglaterra, «el país más clasista que existe bajo el sol», según Orwell, «constituye una familia con los miembros peores en los puestos de mando». (La bellísima frase, que se empobrece en mi traducción, *England is a family with the wrong members in control,* vale para todos los países del mundo, claro está.) Removiendo a esos mediocres de los puestos indebidos que usurpan e instalando en ellos a los mejores, podrán tomarse las medidas revolucionarias que establecerán en esa familia las relaciones solidarias y dignas que ahora brillan por su ausencia. ¿Cuáles son las reformas indispensables para esa versión orwelliana del socialismo? Muchas de ellas coinciden al milímetro con las del socialismo marxista, sobre todo en lo económico. La nacionalización de las tierras, las minas, los ferrocarriles, los bancos, las principales industrias, la abolición de los colegios privados, y topes estrictos para el ingreso de modo que el más alto no exceda más de diez veces al menor. La Cámara de los Lores será abolida, pero, tal vez, la decorativa monarquía sobrevivirá.

¿Y en cuanto al imperio, la vasta colección de países y culturas sometidos a la corona británica que en esos momentos era algo más que la quinta parte del planeta? Orwell fue un antiimperialista convencido, desde sus días de policía, en una de las colonias inglesas, Birmania, y acaso los dos mejores ensayos que escribió, *A hanging* y *Shooting an elephant,* son despiadados exorcismos morales del colonialismo. Que no se hacía la menor ilusión sobre la verdadera naturaleza del sistema imperial es obvio también en este libro, en el que afirma que la democracia que disfruta el pueblo inglés se paga «con el sudor de los *coolies*». Ello no obstante, en su prefiguración de la Gran Bretaña revolucionaria no aparece la concesión automática de la independencia a la India y demás colonias, sino una alianza o asociación en la que se habrían eclipsado el vasallaje y la explotación. Conceder la libertad a las colonias sería una catástrofe, afirma, pues equivaldría a echarlas en manos de Japón, Rusia o las potencias fascistas. De otro lado, ninguna de las colonias dispone todavía de los cuadros y técnicos necesarios para «administrarse a sí misma». Sin embargo, el derecho a la independencia les sería reconocido en el instante mismo en que quisieran asumirlo. Pero, añade —y es otro de los momentáneos despegues hacia la irrealidad de este libro tan realista—, ninguna de las colonias se acogería a esta opción, teniendo a su alcance la posibilidad de formar una mancomunidad equitativa y libre con la antigua metrópoli. Curiosa subestimación del factor nacionalista, en un ensayo en el que, precisamente, Orwell sostiene con tanta convicción la influencia que tienen en el proceso histórico las particulares características de cada cultura o nación. Cuando, no muchos años después de publicado *El león y el unicornio,* las colonias inglesas tuvieron la posibilidad de cambiar de *status,* durante el proceso de descolonización que sobrevino en la posguerra, el nacionalismo prevaleció sobre todas las consideraciones pragmáticas, sin ninguna excepción, y todas eligieron la independencia.

No es ésta la única ingenuidad que se puede advertir en este ensayo, entre tantas páginas estimulantes. Hay otra, bastante más grave, a la que también la historia reciente se encargaría de rectificar. Me refiero al supuesto, para Orwell de valor axiomático, que, con buen criterio, la mayor parte de los partidos socialistas del mundo han erradicado de sus programas, según el cual la economía estatizada es más eficiente que la privada y la planificación asegura una mayor productividad que el mercado libre. Así, bastaría nacionalizar los medios de producción y ponerlos en manos del Estado para que haya una justa distribución de la riqueza y desaparezcan privilegios y desigualdades sociales.

Inútil preguntarnos si, sesenta años después, Orwell seguiría proponiendo esta receta contra la injusticia, o si el hombre honesto y pragmático que era habría enmendado esta opinión de acuerdo a las lecciones de la historia reciente. Lo cierto es que no hay manera de saber qué habría hecho, dicho, defendido u odiado Orwell en nuestros días. Lo único evidente es que, así como acertó en tantas cosas en que sus contemporáneos estuvieron errados —su combate contra todos los totalitarismos, por ejemplo—, en otras se equivocó, y ésta fue una de ellas. Hoy sabemos que la centralización de la economía suprime la libertad y multiplica cancerosamente la burocracia, y que, con ésta, resurge una clase privilegiada todavía más inepta que la que Orwell crucificó en su ensayo, e igual de ávida y aviesa en la defensa de esos privilegios, granjerías, permisos especiales, monopolios, niveles de vida, que conlleva el ejercicio del poder vertical en una sociedad donde, debido a la falta de libertad, aquél es intocable y omnímodo. El adversario implacable del totalitarismo que fue Orwell se hacía, en este campo, unas ilusiones que, en esa lucha contra la injusticia que en cada época asume características cambiantes, ya no es posible alentar. Ahora sabemos que el Estado es la representación real y concreta de un pueblo sólo como ficción jurídica, aun en las democracias, donde esa ficción está mucho menos alejada de la realidad que bajo los regímenes de fuerza. En el mundo real el Estado es patrimonio de una colectividad determinada, que, si acumula el poder desmesurado que le asegura el control de toda la economía, termina usufructuándolo en su provecho y en contra de los intereses de aquella mayoría a la que, en teoría, representa. La diferencia entre Estado y gobierno se eclipsa y quien tiene el poder *es* el Estado. Y esto trae como consecuencia peores formas de privilegio y de injusticia que las que permite una economía privada, en manos de la sociedad civil, que, si está bien regulada por un régimen legal y sometida a la vigilancia de un Estado independiente y democrático, puede ir abriendo oportunidades y disminuyendo esas diferencias sociales y económicas que Orwell, el socialista libertario, no dejó nunca de combatir.

Tres años después de este ensayo que ahora casi nadie recuerda, proseguiría su combate a través de una parábola que tendría inmensa repercusión en todo el mundo.

II. La granja de los animales

Orwell escribió *Animal Farm* entre noviembre de 1943 y febrero de 1944. Pero la idea de esta parábola política le daba vueltas desde su retorno de España, según escribió en un prólogo para la edición ucraniana de *La granja de los animales* (1947). Su propósito, explicó, era describir el «mito soviético en una historia que pudiera ser fácilmente entendida por todos y traducida sin dificultad a cualquier idioma».

Consiguió más que eso: sintetizar en una sencilla fábula cruciales problemas políticos y poner en tela de juicio las más caras utopías de la época: el igualitarismo y el colectivismo como panacea para acabar con las injusticias sociales y la explotación económica. Los años que han transcurrido desde que el libro fue escrito no le han restado actualidad. En cambio, han hecho que pierda el carácter de mera diatriba antisoviética con que fue juzgado al aparecer y adquiera un semblante menos circunstancial; el de una alegoría sobre la persistencia de la injusticia y la mentira, bajo retóricas y ropajes distintos, a lo largo de la historia.

La anécdota de la parábola es directa, clara y esquemática como la de un «cuento de hadas» (lleva esta etiqueta de subtítulo). Los animales de Manor Farm, una granja regida por un amo despótico, Mr. Jones, se rebelan contra él, lo expulsan y establecen una sociedad libre e igualitaria, según los principios de una ideología nueva: el Animalismo. Emancipados del hombre que los explotaba, los animales trabajarán ahora para la colectividad y el bien común, establecerán un mundo en el que no habrá privilegios y en el que todos compartirán fraternalmente los esfuerzos y los beneficios según sus capacidades y necesidades particulares.

La fábula sigue, de manera laxa y con variantes cronológicas, la trayectoria de la Revolución Rusa. El lector reconoce, en los líderes de la rebelión animal, a los principales protagonistas de aquélla así como sus hitos centrales: la colectivización, la guerra contra las potencias contrarrevolucionarias, los años de escasez y de hambruna, el heroísmo y los grandes sacrificios colectivos, las divisiones y disputas entre Stalin y Trotski, las purgas y el exterminio de la oposición interna, el establecimiento del poder omnímodo y el endiosamiento de Stalin. Al mismo tiempo, la resurrección de los privilegios y granjerías para la nueva clase en el poder, la deformación de la realidad por obra de la propaganda, la rectificación de la historia según las necesidades del presente, la aparición de una clase burocrática, parasitaria e improductiva, y la desaparición de toda forma de protesta, aun de toma de conciencia crítica, por obra de la intimidación, el lavado de cerebro, la corrupción o el crimen por el nuevo amo todopoderoso y su falange de pretorianos. Al final de la fábula, los animales comunes de la granja espían, asombrados y confusos, a Napoleón y los demás cerdos fraternizando con los antiguos explotadores, los hombres, dueños de las granjas vecinas, bebiendo, comiendo y brindando, reconciliados y cómplices en el designio compartido de sacar el máximo provecho y de pagar el salario más bajo a aquellos a quienes mandan. Hombres y cerdos se han vuelto indiferenciables.

A pesar de las intenciones del propio Orwell, quien se proponía con *Animal Farm,* según dijo, contribuir a «la destrucción del mito soviético», pues ello era esencial «si se quería revivir el movimiento socialista», su libro cuestiona no *una* revolución en particular sino *todas* las revoluciones, la revolución en abstracto, es decir, la solución total y definitiva del problema de la injusticia económica y social mediante la remoción violenta del poder de los explotadores por parte de la clase explotada.

Más que una parábola antitotalitaria, el libro de Orwell es una crítica de la utopía. Lo que su historia muestra es la degradación, en la práctica cotidiana, de un ideal imposible. Cuando apareció, en medio de las polémicas y actitudes inflexibles de los preludios de la guerra fría, *Animal Farm* fue entendida, sobre todo, como una acusación contra las deformaciones estalinistas del ideal igualitario y colectivista del socialismo. Pero una lectura actual, menos contingente, del libro, descubre en él que el fracaso que describe no es sólo el de una *praxis,* sino, también, el de la teoría y la moral que la inspiran. *Animal Farm* muestra, uno por uno, que los fundamentos de la teoría y la moral del «Animalismo», careta del comunismo, son irreales y enteramente falaces. Pero no por esto el libro debe ser considerado, como se ha dicho, profundamente pesimista y escéptico sobre las posibilidades del progreso humano. Esto, a mi juicio, es sacar conclusiones falsas de premisas ciertas.

En la generosa tabla de mandamientos que *La granja de los animales* entroniza, figura inicialmente, en el sitio de honor, este principio que es también una ley: «Todos los animales son iguales». Al final de la historia, descubrimos que los animales en el poder, los grandes manipuladores, han corregido este principio relativizándolo así: «Todos los animales son iguales pero algunos son más iguales que otros». Esta adulteración fraudulenta del ideal original expresa la verdadera realidad de la granja, en la que impera la desigualdad más absoluta entre los que mandan y los que obedecen. Pero, de otro lado, expresa también algo menos político y más permanente: una desigualdad que ha existido en todo momento, distinta a la meramente política, entre los animales de la granja: entre los más inteligentes y los menos inteligentes y los torpes; entre los más fuertes y los más débiles; entre los diligentes y los lerdos; entre los astutos y los ingenuos; entre los generosos y los egoístas y mezquinos.

Estas diferencias, que pueden llamarse individuales —entre un Bóxer y un Squaler, entre los cerdos y las ovejas y los perros, y entre los caballos y demás especies entre sí— no desaparecen cuando la rebelión triunfa y arroja al hombre de la granja. La igualdad que se establece, incluso en esa primera época de idealismo generalizado, es meramente ilusoria, una ambición, no un hecho real y tangible. En la práctica, aunque haya desaparecido el explotador, las diferencias individuales impiden que en la vida diaria aquel ideal igualitario se realice.

Ésa es la primera cesura grave, el pecado original de la rebelión: confundir sus deseos con la realidad. Es esto lo que desencadena el mecanismo fatídico que resucitará el sistema de explotación y de injusticia que los animales creían abolir derrotando a Mr. Jones.

En *Animal Farm* el poder jamás llegaría a ser absoluto si no fuera por esa ilusión igualitaria que es la que permite a una pequeña minoría de animales más astutos, inteligentes, ambiciosos, inescrupulosos, manipular a los demás de acuerdo a sus intereses, abusando cínicamente de su ingenuidad, simpleza e incluso bondad. Al mismo tiempo que la ilusión del igualitarismo, la ficción de Orwell muestra que la fuente del abuso no está sólo en la posesión de la riqueza sino, al mismo tiempo —y, quizá, sobre todo—, en el ejercicio del poder, de todo poder. Es otra de las moralejas del libro: el poder lo corrompe todo, incluida la revolución. Cuando la generosa y heroica rebelión de los animales triunfa y se constituye en poder —es decir, cuando la colectividad somete su dirección y gobierno a unos cuantos líderes— es cuando en verdad comienza su proceso de deterioro. Porque no son Napoleón, Squaler y Snowball quienes corrompen al poder: éste los corrompe a ellos. El poder los induce a aprovecharse de él para extenderlo y aumentarlo: es el ejercicio del poder el que va transformando visceralmente a los cerdos en los hombres en que se han metamorfoseado al final de la historia. ¿Sería un líder menos dictatorial Snowball (álter ego de Trotski en el libro) si él hubiera derrotado a Stalin/Napoleón? No hay nada que lo indique (salvo, quizás, el hecho de que, por haber estado cerca de los trotskistas españoles, Orwell tenía cierta simpatía hacia ellos en esos momentos en que eran víctimas de la persecución del estalinismo en todo el mundo y de que, como es el derrotado, no hay ocasión de ver lo que haría en el poder).

El proceso de deterioro de la rebelión de los animales es simultáneo con la concentración del poder en manos de uno de los líderes. En una primera etapa, cuando este poder está repartido, diluido, entre las fuerzas que representan Snowball y Napoleón, una especie de democracia subsiste: hay asambleas a las que todos los animales asisten y las diferencias se zanjan mediante el voto de la mayoría. Pero cuando Napoleón comienza a ganar terreno sobre su rival, advertimos que ese poder que conquista se pervierte: en vez de aprovecharlo para llevar adelante los ideales de la rebelión, lo usa para eliminar a su rival, primero, y, luego, para impedir que jamás vuelva a surgir ningún tipo de oposición y crítica a su dominio. El arma de que se vale Napoleón para lograr este objetivo es, más todavía que la represión, la manipulación de las conciencias.

Tiene para esa tarea un colaborador muy eficaz: Squaler. Es el intelectual de la granja, el razonador y el inteligente cuyas capacidades emplea el nuevo amo para producir los sofismas y los mitos que embaucarán a los simples, a los incautos, el que rectificará retroactivamente la historia para justificar las acciones del líder absoluto y mostrar su lucidez, su previsión y su coraje inmarcesibles en toda ocasión y momento, el que disfrazará las mentiras de verdades y las verdades de mentiras hasta demostrar que los conceptos de verdad y mentira carecen totalmente de sustancia objetiva, y no son más que meras retóricas reversibles que el poder utiliza en función de sus necesidades inmediatas. Si hay, en la granja rebelde, alguien profundamente abyecto, es Squaler. Porque es él quien, gracias a su inteligencia, capacidad especulativa, elocuencia y conocimientos, contribuye, más aún que el propio Napoleón, al envilecimiento del ideal revolucionario y a vaciar de sustancia a todos y cada uno de los principios que guiaron a la rebelión y a expropiar, en beneficio del tirano, los esfuerzos y sacrificios de los animales generosos y limitados como Bóxer, Benjamín y Clover, que carecen de la sutileza de espíritu, de la penetración intelectual necesaria para darse cuenta del monumental engaño de que son víctimas.

Animal Farm es, desde luego, una estremecedora parábola sobre el destino de las revoluciones, que terminan restableciendo injusticias y abusos iguales o peores que los que vienen a corregir y entronizando en los altares diocesillos aún más despóticos que los que destronaron. Pero concluir de ello que el libro propone una visión fatalista del hombre y de la historia y niega la posibilidad del progreso, que es filosóficamente derrotista y conformista, me parece una extrapolación falaz. La parábola de Orwell no muestra, a mi juicio, que no haya soluciones. Más bien, que no hay soluciones *definitivas,* sino provisionales y precarias, que, por lo mismo, deben ser defendidas, revisadas y renovadas incesantemente. No es la idea de progreso lo cuestionado. Aun en los momentos peores de escasez y abuso Bower tiene la sensación de que la rebelión ha traído, de todos modos, una esperanza a los animales que antes no tenían. Lo que es sometido a revisión es la idea de que la única forma de progreso real es el finalismo revolucionario, la solución violenta, radical y *única.* Si hay un mensaje persuasivo en *Animal Farm* no es a favor de la pasividad y el escepticismo, sino más bien en contra de las soluciones utópicas irreales y a favor de las viables, concretas y pragmáticas. Fijarse objetivos inal-

canzables es condenar de antemano al fracaso los esfuerzos de mejora social. El progreso sólo es imposible cuando
la meta está fuera de las posibilidades reales del hombre.
Por eso conviene ser menos soñadores, menos ideológicos
y más realistas a la hora de encarar los problemas sociales y tener conciencia clara de que entre todas las injusticias una de las más graves está no sólo en la explotación
económica sino en la existencia del poder: por ello debe ser
siempre controlado, debilitado, pues, si no es así, crecerá
y desviará en beneficio propio los esfuerzos de todos. *Animal Farm* es un llamado de alerta contra la ingenuidad
de creer que la única fuente de la injusticia es la explotación económica. En verdad, es múltiple y el progreso no
sería real y posible si ella no es detectada y combatida simultáneamente en todos los hilos y recovecos de la urdimbre social.

Londres, noviembre de 2000

LA ROMANA (1947)
Alberto Moravia

Ramera, filósofa y sentimental

El trabajo más agradable que he tenido fue el de ayudante de bibliotecario, en un elegante club de Lima, cuando era estudiante. Debía comparecer allí dos horas cada mañana y, en teoría, catalogar las nuevas adquisiciones. Pero en el año que trabajé en sus británicos locales el club no adquirió un solo libro, de modo que esas dos horas me las pasaba revisando sus estanterías y leyendo.

Era una biblioteca muy decorosa, o, más bien, lo había sido, pues en un momento del pasado parecía haberse esfumado el interés de los socios por la lectura; las compras de libros cesaban hacia mediados de los cuarenta o algo así. Lo más original de sus reservas era una colección de libros eróticos, abundante, variada y cosmopolita, aunque con una clara debilidad por el sesgo francés. Tenían, entre otros tesoros, la edición completa de *Les Maîtres de l'amour,* que compiló y prologó Guillaume Apollinaire, y la caudalosa autobiografía de Restif de la Bretonne, que yo estoy seguro de haber leído de principio a fin (tenía entonces la firme convicción de que, una vez empezado el libro, uno tenía la obligación de llegar hasta el final).

La literatura exclusivamente erótica suele ser aburrida, una retórica en la que las variantes posibles de la experiencia amorosa se agotan pronto y comienzan a repetirse de manera mecánica. Su sello característico es la monotonía y comunicar una impresión de irrealidad, de fantasías desconectadas de la experiencia objetiva. Incluso Sade, en quien la recreación e interpretación obsesivamente sexual de la realidad tiene algo de genial, la mayor parte del tiempo, cuente historias o filosofe, es anestésico. Ocurre que, escindido de su contexto, convertido en la única perspectiva para describir o inventar la realidad humana, el sexo se desencarna, se vuelve abstracto, una construcción intelectual en la que el lector difícilmente puede identificar su propia vivencia. Por eso, la literatura que sólo aspira a ser erótica está condenada, como el género policial o la ciencia ficción, a ser menor. No hay gran literatura erótica; o, mejor dicho, la gran literatura nunca ha sido sólo erótica, aunque dudo que haya gran literatura que, además de otras cosas, no sea también erótica.

Entre los escritores modernos pocos están tan embebidos de sexo y de erotismo (ambas cosas pueden ser la misma o pueden ser muy diferentes) como el autor de *La romana*. Releyendo esta novela, que había leído por primera vez, desafiando una prohibición familiar, cuando era un niño de pantalón corto, el subconsciente me ha devuelto en cascada el recuerdo de aquellas historias libertinas del siglo XVIII que descubrí mientras ejercía las plácidas funciones de asistente de bibliotecario del Club Nacional.

¿En qué está el parecido entre esta novela cumbre del neorrealismo italiano de la posguerra y, por ejemplo, las ficciones picarescas del caballero Andrea de Nerciat o del filósofo Diderot? No en el «erotismo», pues en *La romana*, aunque Adriana, la protagonista, hace el amor con mucha frecuencia, tanto por motivos profesionales como personales, el sexo no aparece con los ropajes prestigiosos y excitantes que el género exige, sino como un quehacer más bien deprimente, en el que se manifiesta lo peor de los hombres y las mujeres del mundo ficticio: la violencia de Sonzogno, las obsesiones edípicas de Astarita, la frigidez de corazón de Jacobo y el espíritu venal de Gisela.

La semejanza reside en la estructura, en la técnica narrativa y en las convenciones que debe aceptar el lector para leer con provecho la novela. La forma prototípica de la ficción libertina es la del testimonio autobiográfico. Como el personaje de Moravia, el o la protagonista de aquellas novelas refiere las aventuras galantes de las que fue beneficiario o víctima. Y lo hace siempre con la misma prolijidad que Adriana. Cierto que éste es, asimismo, el formato acostumbrado de la novela picaresca del Siglo de Oro —el monólogo del pícaro escribidor—, pero *La romana* es más dieciochesca que picaresca porque en ella se piensa más que se actúa. Al igual que sus dos famosas congéneres, Justine y Juliette, concebidas por el divino marqués en un torreón de la Bastilla, Adriana abunda más —se diría, goza— en la reflexión y el filosofar sobre aquello que le sucede que en el relato de aquellas ocurrencias (esto es lo que hace el pícaro). Ello imprime a la novela una lentitud que sería fatigosa si no estuviera interrumpida, de tanto en tanto, por episodios melodramáticos de intensa carga persuasiva, que hacen vibrar el relato, como la emboscada de la que es víctima Adriana en Viterbo, la delación que perpetra Jacobo o los robos que la prostituta comete, no por codicia o necesidad sino para confirmarse a sí misma su deterioro moral. Estos robos, así como el extraño placer que Adriana siente cada vez que recibe dinero por hacer el amor, dan al personaje unos ribetes más complejos y enrevesados de los que ella, según su testimonio, cree tener.

La comparación con una novela dieciochesca se impone sobre todo porque, como *La religiosa* o *Justine*, *La romana* sólo es creíble para el lector que renuncia a la ilusión realista y se adentra en sus páginas dispuesto a vivir una fantasía literaria, una ficción-ficción. La apariencia de la anécdota es realista: chirría a tinta y papel, desafina a buena literatura todo el tiempo. Ésta es la convención que el lector debe aceptar. Esta muchacha de veintiún años, pueblerina, sencilla, ignorante, ingenua, se cuenta con una solvencia de académica y sin violentar las buenas maneras gramaticales ni una sola vez; es una fina observadora de la conducta propia y ajena, capaz de hurgar hasta en los vericuetos más íntimos de la psicología de las gentes. No hay que ver en ello una contradicción que privaría a *La romana* de poder persuasivo. Hay que entenderlo como un caso de novela que, en vez de la convención «verista» del lenguaje, propone otra, la «culta», tal como lo hacían los novelistas (también ellos se creían realistas) del Siglo de las Luces. En ese mundo ficticio, que no es el nuestro, imperan otras reglas de juego y debemos aceptarlas como un elemento ficticio más de ese mundo de ficción.

A las reminiscencias dieciochescas se añade en *La romana* la conciencia social del intelectual comprometido del siglo XX. La mezcla es típica de Moravia. Hay, en él, un escritor fascinado por el sexo y sus laberintos, que pudo ser un «libertino» contemporáneo, como intentó serlo Roger Vailland, pero que nunca lo ha sido del todo. Porque aunque el sexo es la atmósfera de su mundo ficticio, siempre está tenido a raya e instrumentalizado para configurar una visión crítica y problemática de la sociedad.

La Italia que el libro finge representar es la del fascismo («era el año de la guerra de Abisinia»), un país pobre, sórdido y reprimido, de movimientos clandestinos y siniestras oficinas públicas donde, al entrar, los usuarios deben hacer el saludo imperial. La política no ocupa el centro de la acción, porque Adriana no entiende nada de política ni se interesa por ella, pero es su contexto imprescindible. Dos de los amantes de la protagonista, por lo demás, están sumergidos hasta el cuello en la actividad política: Astarita, funcionario de la seguridad del régimen, y Jacobo, militante antifascista.

Lo mejor del libro, sin embargo, no es la visión sombría y desesperanzada que traza de una época, sino la galería de seres humanos que desfilan por sus páginas. Pese a ser convencional y sin aristas, hay en la resignación de Adriana a su suerte y en su pasión por Jacobo una oscura grandeza. Fuera de ella ninguno de los personajes es digno de admiración, ni siquiera de respeto. Pero todos son interesantes y están estupendamente bien cincelados y diferenciados. La maestría de Moravia en los retratos psicológicos alcanza en esta novela, al igual que en *Agostino* y *El conformista,* su punto más alto. Dos de los personajes, sobre todo, impresionan de manera muy gráfica por su retorcimiento y violencia. Sonzogno, el asesino, en el que la necesidad de hacer daño aparece como un instinto irresistible, una especie de mandato celular, y Astarita, el más logrado del libro, ser tortuoso y débil, cerebral y apasionado, que sin duda ejerce su oficio con asepsia quirúrgica. Que ambos mueran casi al mismo tiempo, y uno por culpa del otro, es un atisbo de que, a pesar de su grisura, aquel mundo no está totalmente dominado por el mal.

Otro personaje muy bien diseñado es la madre, aunque el tipo aparezca con frecuencia en las películas y novelas del neorrealismo italiano. En ella se hace patente una convicción antirromántica. La de que la pobreza no espiritualiza ni sublima al ser humano; más bien, lo encallece y degrada. Las estrecheces y rudeza de la vida han hecho de la madre de Adriana un ser frío y amoral, tanto o aún más que Gisela. Si empuja a su hija a la prostitución no es por malvada; la experiencia le ha enseñado que todo vale a fin de conseguir aquella seguridad y comodidades que nunca tuvo. Ser mecánico, absorto en una rutina casi animal, hay algo en la manera de ser de la pobre mujer que nos enternece y nos espanta, una especie de acusación. El autor ha conseguido, en la inercia amarga y rencorosa de la madre de Adriana, un admirable símbolo de las iniquidades sociales.

Jacobo, en cambio, es más borroso y menos persuasivo. No sólo por sus inhibiciones y su desánimo vital, sino por esquemático. Hijo de burgueses, intelectual, paralizado por contradicciones que quieren reflejar las de su clase, de una debilidad que hace de él, primero, un indeciso y, luego, un traidor, su suicidio tiene demasiadas resonancias alegóricas para conmover al lector. Quien se pega el tiro, en ese hotelillo perdido, se diría, no es un ser concreto sino una abstracción ideológica.

No deja de ser sorprendente que *La romana* fuera un libro polémico y provocara tanto escándalo al aparecer. ¿Qué es lo que escandalizaba en él? Los episodios sexuales, salvo una que otra rápida excepción, son bastante anodinos, y Adriana, la narradora, aunque ejerce el meretricio, luce una moral severísima y conformista a más no poder. La única audacia del libro es la amarga amoralidad de la madre, poco menos que testigo presencial de los encuentros de su hija con sus clientes (o «amantes», como los llama Adriana en su educado lenguaje). Cuesta trabajo, en todo caso, imaginar que fuera ese detalle marginal a la historia el que atrajera todas las consideraciones que, durante algún tiempo, dieran a *La romana* la aureola de libro maldito.

Los lectores y los libros debemos de haber cambiado mucho en los últimos cuarenta años, pues esta historia que mis abuelos y mi madre me prohibieron leer, so pena de infierno, estoy seguro de que, ahora, no ruborizaría las mejillas de la señorita más virtuosa. Hay una cosa buena en ese cambio: los lectores pueden leer al fin *La romana* con objetividad, sin los prejuicios de entonces.

Londres, junio de 1988

EL REINO DE ESTE MUNDO (1949)
Alejo Carpentier

¿Lo real maravilloso o artimañas literarias?

I

Cuando Alejo Carpentier afirmó: «Yo soy incapaz de "inventar" una historia. Todo lo que escribo es "montaje" de cosas vividas, observadas, recordadas y agrupadas, luego, en un cuerpo coherente»,[*] dijo una verdad muy mentirosa. Porque, aunque es cierto que su material de trabajo para crear ficciones era la historia documental, las fuentes escritas para investigar el pasado, también lo era que, en el proceso de convertir en novela aquella materia prima, sometía ésta a una transformación tan radical que en la ficción pasaba a ser una realidad inventada de pies a cabeza, emancipada en cuerpo y alma de su modelo. Deshacer y rehacer la historia, mudada en ficción, era la manera propia de Carpentier de inventar historias.

Alcanzó, en esto, una maestría consumada, a partir de 1949, cuando apareció su primera obra maestra, *El reino de este mundo,* acaso la mejor de sus novelas y una de las más acabadas que haya producido la lengua española en este siglo. (Antes, en 1933, había publicado una novela regionalista, *¡Écue-Yamba-Ó!,* que, luego, con perfecta lucidez, desdeñó.) El punto de partida de *El reino de este mundo* fue un viaje que hizo a Haití, en 1943, acom-

---

* Jaime Labastida, «Alejo Carpentier: realidad y conocimiento estético», *Casa de las Américas,* XV, 87 (1974), 21-22.

pañando al actor Louis Jouvet, en el que visitó la Ciudadela
La Ferriere, la Ciudad del Cabo, las ruinas de Sans-Souci y
buena parte de los lugares donde ocurre la novela. Pero,
si este viaje disparó la imaginación de Carpentier sobre el
mundo de Henri Christophe y las ocurrencias que rodea-
ron las largas luchas por la independencia de Haití, los
verdaderos materiales que utilizó para escribir *El reino de
este mundo* no fueron cosas que vio y oyó, sino que leyó.
También, en este caso, como en todas sus ficciones futu-
ras, su inspiración fue libresca.

Los críticos que se han ocupado de esta novela
—Roberto González Echevarría, Richard A. Young, Nury
Raventós de Marín y otros— han subrayado que casi todos los personajes y sucesos de *El reino de este mundo* tienen una correspondencia en la realidad histórica, pero
quien ha llevado a cabo el más exhaustivo trabajo de ar-
queología de las fuentes que aprovechó Carpentier es Emma Susana Speratti-Piñero.[*] En su notable investigación,
demuestra que la novela es un «mosaico increíble» de datos
históricos, mitológicos, religiosos, etnológicos y socioló-
gicos recogidos por Carpentier en libros de viajeros, historiadores, en correspondencias, artículos especializados,
biografías y manuales de mera divulgación o populariza-
ción, refundidos y organizados en un orden compacto
para dar una versión literaria —es decir, ficticia— de las
luchas independentistas y de los primeros años de vida soberana de Haití. La erudición de que hace gala el libro de
la doctora Speratti-Piñero prueba que no hay prácticamente en la novela un solo personaje (ni siquiera Ti Noel), ni
un episodio, y aun detalle o motivo, que no tenga raíces
bibliográficas. Y, sin embargo, de esta comprobación no

---

[*] *Pasos hallados en* El reino de este mundo, México, El Colegio de México,
1981.

resultan, en modo alguno, empobrecidos la originalidad de *El reino de este mundo* ni el talento creativo de su autor. Por el contrario, la exposición de las fuentes utilizadas por el novelista cubano sirve para desvelar, de manera íntima, el procedimiento de transmutación de una realidad histórica en realidad ficticia de que Carpentier se valía para emancipar su ficción de toda dependencia de sus fuentes e imponerse al lector como un mundo original, dotado de unos rasgos y movimientos, colores, leyes, personajes, acciones y de un sistema temporal absolutamente propios e intransferibles. Pocas veces, en la crítica latinoamericana, un trabajo de paciente erudición ha sido tan fecundo para iluminar el encaminamiento mediante el cual un escritor de genio saquea el mundo real, lo desmenuza y reconstituye con la palabra y la fantasía para oponerle una imagen literaria.

Ningún lector que se enfrente a esta novela sin estar al tanto de su gestación sospecharía que todos los sorprendentes acontecimientos y los inusitados personajes que la pueblan son «históricos», ni siquiera realistas. La historia que cuenta parece mucho más cerca de lo legendario, lo mítico, lo maravilloso y lo fantástico que del mundo objetivo y la pedestre realidad. Pero esta impresión no resulta de la historia que *El reino de este mundo* cuenta, sino, exclusivamente, de la astuta y originalísima manera con que el narrador cuenta la novela. ¿Quién es este personaje inventado por el autor para referirnos la historia de Ti Noel, de Mackandal, del jamaiquino Boukman y de Henri Christophe? Ante todo, un hombre cultísimo, de vastos conocimientos y lecturas, delatadas estas últimas desde la primera línea de la narración por su estilo libresco, y, por lo mismo, desrealizador. El estilo del narrador, de palabras rebuscadas —muchas de ellas extraídas de diccionarios y vocabularios especializados—, se halla en las antípodas del estilo que finge lo espontáneo, la oralidad. Este estilo representa, más bien, la voz engolada del discurso escrito, de lo leído y premeditado, de lo corregido y repensado, de lo artificial. Pero, pese a su semblante fabricado, es de una gran precisión a la hora de designar el objeto y describirlo, y de un extraordinario poder de síntesis: describe a pinceladas rápidas, sin insistir ni repetir. Su característica mayor, además de la exactitud —nunca vacila ni yerra a la hora de adjetivar—, es la sensorialidad lujosa, la manera como se las arregla para que la historia parezca entrarle al lector por todos los sentidos: la vista, el oído, el olfato, el sabor, el tacto. Un estilo en el que, curiosamente, lo amanerado no está reñido con la vida del cuerpo, donde el adorno realza lo vital.

Este estilo, que, a diferencia de otros, los de las novelas «realistas», no niega lo que es —pura literatura—, es el instrumento de que se vale, sobre todo, el narrador para dotar al mundo ficticio de uno de sus rasgos prototípicos, el que más lo aleja de la realidad real y lo vuelve realidad inventada: el tiempo. Toda ficción tiene un tiempo, creado para ella y por ella, y que sólo existe allí. El tiempo de *El reino de este mundo* es, gracias al estilo, lentísimo, de cámara lenta, tanto que el lector tiene a menudo la sensación de que el tiempo se ha detenido o ha sido abolido, como ocurre en los grandes frescos, en las imágenes inmóviles de las pinturas. Y esta sensación se debe a que cada capítulo tiene un tiempo propio —una sucesión o acumulación de ocurrencias—, pero, entre capítulo y capítulo, no hay flujo cronológico, una continuidad anecdótica que dé la impresión de un transcurrir. La historia de la novela no avanza como el tiempo «real», que fluye a la manera de un río, sin detenerse nunca. Más bien, salta de un período a otro —de un cuadro a otro—, como si aquéllos no estuvieran enlazados en una secuencia, sino yuxtapuestos, conservando cada uno su autonomía temporal. Por eso, leyendo esta novela el lector tiene la sensación de estar recorriendo una galería de grandes murales dispuestos en fila, pero desconectados cronológicamente.

Aunque, saliendo de la ficción, y cotejándola con los hechos históricos que le sirven de materia prima, podemos decir que *El reino de este mundo* cubre un período de unos ochenta años —de 1751 a 1830 más o menos—, pues ése es el tiempo que media entre la conspiración del manco Mackandal y el establecimiento del gobierno republicano y la imposición del trabajo agrícola obligatorio, lo cierto es que, ciñéndonos a los datos contenidos en la novela, esta averiguación es imposible. Para crear ese tiempo propio, distinto, el narrador ha borrado las pistas, eliminando todas las fechas —no hay una sola en el libro— y limitándose a vagas referencias temporales («Sobre todo esto habían transcurrido veinticinco años», «... esto duraba ya desde hacía más de doce años...»), de modo que, por ejemplo, es imposible establecer la edad de los personajes, incluida la del que sirve de hilo conductor de la historia, Ti Noel, de quien sólo llegamos a averiguar con certeza que muere muy anciano.

La cualidad plástica del estilo hace que el lector sienta que, en cada capítulo, no pasan, sino *hay* muchas cosas. Y cada capítulo consta siempre de uno o dos cráteres, hechos centrales, llamativos, de gran concentración de vivencias, en torno a los cuales parece girar todo lo demás. Separados por intervalos a veces muy largos, los capítulos de la novela arman un desfile de períodos temporales estáticos que se complementan, pero no integran en un transcurrir parejo y sistemático. Ese tiempo es, como el narrador, una completa ilusión: una invención.

II. La perspectiva mítica: los mundos del narrador

No menos original que la invención de un sistema temporal ficticio, es la creación del espacio en *El reino de este mundo,* un espacio que, aunque modelado a partir de un territorio y una historia reales, se va transformando en algo esencialmente distinto —real maravilloso lo llama Carpentier, en su prólogo de 1949 a la novela, pero se podría llamar tal vez, de manera menos surrealista, legendario o mítico—, gracias a los habilísimos movimientos de un narrador que la señora Speratti-Piñero ha precisado con exactitud: «Reducción, ampliación, desmembramiento, redistribución, combinación, contradicción, cambio de intención y de tono» de los materiales recogidos en las fuentes librescas.

El narrador se vale de las mayúsculas para impregnar de solemnidad y nimbar de un aura religiosa ciertos hechos, seres o creencias, que, realzados de esta manera sobre los otros, van erigiendo una dimensión espiritual o mágica en la realidad ficticia: los Grandes Pactos, el Falso Enemigo, Aguasú, Señor del mar, las Oraciones del Gran Juez, de San Jorge y la San Trastorno, las Muletas de Legba, el Señor de los Caminos, la Batería de las Princesas Reales, la Puerta Única, y, por supuesto, los Loas del vodú —Loco, Petro, Ogún Ferraille, Brise-Pimba, Caplao-Pimba, Marinette Bois-Cheche y otros—, son más que nombres propios que ameriten aquella distinción ortográfica. Como no están definidos ni explicados, mencionados desde la perspectiva de quienes ya saben quiénes son y creen en ellos (por un sinuoso narrador que para nombrarlos se coloca cerquísima de aquellos creyentes), para el lector son figuras llamativas, espectáculos que, de tanto en tanto, colorean fugazmente la realidad ficticia, agrietándola y revelando en ella un trasfondo fantasmagórico, de dioses, diosecillos y seres malignos, y conjuros y otras fuerzas espirituales cuyo benéfico o maléfico poder opera desde la sombra en los hechos históricos y las peripecias individuales. Esas estratégicas mayúsculas van sembrando la realidad ficticia de misterio, revelando que ella está hecha, también, de un nivel sagrado al que sólo se accede a través de la fe y las prácticas mágicas.

La astucia del narrador hace que este nivel esté constantemente asomando en su relato, pero, siempre, desde la perspectiva de los personajes cuya credibilidad, ingenuidad o miedos y esperanzas sostienen en pie aquella dimensión mágico-religiosa, con la que el narrador —en eso consiste su astucia— jamás se compromete pues nunca le da su propio aval.

Además de las mayúsculas, otros tres procedimientos contribuyen a mitificar la realidad ficticia, a desrealizarla y darle consistencia esencialmente literaria. El primero consiste en reorganizar el orden de las cosas de este mundo en forma de desfiles o colectividades compactas que se despliegan ante el lector como una cinta animada, lo que introduce, de tanto en tanto, en este mundo de tiempo lentísimo y casi suspendido, súbitas agitaciones, bruscos reordenamientos que agrupan en una secuencia narrativa a objetos y seres (de este u otro mundo) y acciones en unidades gregarias, atraídas y emparentadas por una recóndita sanguinidad: «La mano traía alpistes sin nombre, alcaparras de azufre, ajíes minúsculos; bejucos que tejían redes entre las piedras; matas solitarias de hojas velludas, que sudaban en la noche; sensitivas que se doblaban al mero sonido de la voz humana...».[*] No se tra-

* Alejo Carpentier, *El reino de este mundo*, estudio preliminar por Florinda Friedmann de Goldberg, Barcelona, Edhasa, 1992, p. 68. Todas las citas son de esta edición.

ta de meras enumeraciones; estas cascadas o aluviones de objetos delatan un parentesco secreto entre cosas que la simple visión objetiva no detecta, que sólo se hace visible gracias a la iniciativa de un personaje dotado de poderes especiales (en este caso Mackandal), de una percepción capaz de traspasar lo ordinario y detectar lo extraordinario (el orden secreto del mundo). A veces, como en la noche en que estallan las trompas del caracol, no es un ser humano, sino un sonido, una música, la que de pronto llama e integra en una unidad a una vasta, dispersa y hasta entonces desconocida familia: «Era como si todas las porcelanas de la costa, todos los lambíes indios, todos los abrojines que servían para sujetar las puertas, todos los caracoles que yacían solitarios y petrificados, en el tope de los Moles, se hubieran puesto a cantar en coro». La cantidad y variedad de estas enumeraciones (he registrado una veintena, y sospecho que hay más) van manifestando, en el curso del relato, algo más profundo que un adorno retórico: una predisposición congénita de la realidad ficticia a organizarse de manera serial, por conjuntos o asambleas de objetos que, desbordando sus confines, se acercan y afilian obedeciendo a íntimos mandatos. Este orden soterrado de la realidad no es objetivo y por lo mismo verificable; su arbitrariedad sólo se explica —y justifica— en función de una perspectiva subjetiva (mágico-religiosa).

III. Las cosas animadas

El segundo procedimiento consiste en dotar a lo inanimado de animación, vivificar lo material insuflándole un alma, un espíritu, y mostrando las cosas de manera que parezcan dueñas de iniciativa, de libre albedrío. Dicho así, da la impresión de que el narrador, empleando este recurso, abandonara el nivel de realidad objetivo y saltara a lo fantástico, a un mundo maravilloso, de total subjetividad, irreconocible a través de la experiencia racional del lector. No es así. El territorio en el que transcurre esta originalísima novela no es el fantástico, sino el mítico o legendario, que está como a caballo entre la realidad histórica y la fantástica —entre lo objetivo y lo subjetivo—, y cuya ambigua sustancia se nutre por igual de lo vivido y lo fantaseado o soñado. Para efectuar esta transformación del objeto —su humanización, diríamos— el narrador hace gala de esa formidable capacidad de tránsito de que dispone, y se coloca, utilizando a veces el estilo indirecto libre y a veces no, en la perspectiva (que conviene no confundir con el punto de vista) de uno o varios personajes, de grandes colectividades a veces, para quienes aquella animación recóndita de la materia es artículo de fe. De este modo, sin identificarse con el punto de vista de estos personajes, conservando una mínima —a veces infinitesimal— distancia de ellos, el narrador se las arregla para impregnar subjetivamente de milagro y maravilla una realidad histórica, sin, empero, convertirla en fantástica, manteniéndola levemente sujeta a la vida objetiva, una vida objetiva en la que, sin embargo, las leyendas y los mitos coexisten con, y, a menudo, devoran, la experiencia histórica.

Los críticos llaman metonimia a este procedimiento y lo definen como una figura retórica que consiste en confundir el efecto con la causa, o fingir tal cosa mediante la omisión de ésta y la exclusiva exposición de aquél. Yo prefiero llamar a este método de narrar una variante del dato escondido, la adopción de una elipsis, que, al eliminar una parte importante de la información, produce una subversión o trastorno esencial en lo narrado. «La ciudad es buena. En la ciudad una rama ganchuda encuentra siempre cosas que meter en un saco que se lleva al hombro.» La mano de Ti Noel que sujeta y pone en movimiento a la «rama ganchuda» ha sido abolida, de modo que ésta, automáticamente, se apropia de aquellas propiedades que permiten a la mano (a Ti Noel) convertir la rama en instrumento. La omisión transforma a este ser pasivo en activo, lo anima e independiza, lo torna sujeto actuante. Sin embargo, aunque esto ocurra en el curso de estas frases, debido a ese movimiento de ocultación —a ese pase de prestidigitación del narrador—, el contexto recuerda, allá, en la periferia del episodio, que, en verdad, hay alguien, invisible, el omitido Ti Noel, que es quien en verdad vuelve activa y ejecutora a la «rama ganchuda».

Casi en cada capítulo del libro vemos asomar este procedimiento que va perfilando una característica sui géneris, inmensamente atractiva por su singularidad y sus efectos inesperados, a la realidad ficticia: la de un mundo panteísta en el que no hay fronteras esenciales entre lo animado y lo inanimado, porque todo lo que existe tiene una vida propia: un espíritu. «Los techos estiraban el alero, las esquinas adelantaban el filo y la humedad no dibujaba sino oídos en las paredes.» No es raro, por eso, que en un mundo de este cariz los cañones de la Ciudadela tengan nombres propios —Escipión, Aníbal, Amílcar— y que algo tan impalpable como las «noticias» corran y se muevan como si tuvieran patas: «Pronto las noticias bajaron por los respiraderos, túneles y corredores, a las cámaras y dependencias».

Uno de los episodios más deslumbrantes de la novela —uno de sus cráteres—, el V, «De Profundis», está enteramente narrado según este procedimiento: la animación de lo inerte mediante datos escondidos. Me refiero a la rebelión del manco Mackandal, quien trata de eliminar a los blancos de la colonia mediante el veneno. Éste adquiere independencia —«El veneno se arrastraba por la Llanura del Norte...»— y aparece como un personaje movedizo y siniestro, velocísimo y plural, que contamina de muerte y podredumbre los establos, las cocinas, las farmacias, las panaderías y hasta el aire que respiran los dueños y hacendados de la colonia. La extraordinaria eficacia de la prosa, que parece, en su cuidadosa elección de las palabras, transpirar la ponzoña y el miedo que ella propaga en la comarca, consigue un efecto de suceso sobrenatural, de plaga demoníaca. Pero, no lo es, se trata de un «efecto», de una consecuencia psicológica de los doctos alardes narrativos del narrador, quien, al abolir a Mackandal, el manipulador y distribuidor de venenos, ha conseguido una admirable muda en la realidad ficticia: volver legendario, mítico, casi sobrenatural, un hecho muy concreto y circunscrito de la historia haitiana.

El tercer procedimiento, complementario y a menudo utilizado al mismo tiempo que el anterior, pero mucho más difícil y sutil que éste, consiste, de parte del narrador, en narrar tan cerca de una subjetividad que lo que ésta registra o cree registrar pasa por ser la realidad. El narrador de *El reino de este mundo* está siempre moviéndose entre distintos planos o niveles de realidad; el más arriesgado y radical de sus desplazamientos es éste, que lo lleva casi —pero sin nunca franquear esta frontera— a saltar a lo fantástico. Para ello, se sitúa para narrar en la perspectiva de un personaje crédulo —creyente, alucinado o supersticioso— y narra desde allí escenas o hechos que de este modo alcanzan una suerte de fantasmagoría, hechizo o encantamiento. Sin embargo, el diestro narrador se las arregla para conservar siempre su autonomía —un punto de vista propio, diferenciado del del personaje cuya perspectiva ha adoptado para narrar—, de modo que la historia ficticia se mantenga dentro de una vero-similitud racional y objetiva; es decir, para nunca mudar a lo puramente fantástico.

Un buen ejemplo de este procedimiento aparece en otra de las más llamativas escenas finales de la novela, en Roma, cuando Solimán reconoce en una estatua (la Venus de Canova) el cuerpo de su antigua ama, Paulina Bonaparte. Ésta es la culminación de una aventura semiprodigiosa. El masajista acaba de recorrer las galerías del Palacio Borghese en las que «un mundo de estatuas» le ha parecido animarse, moverse, hacerle señas. Luego, cuando empieza a repetir sobre la estatua los antiguos ritos, tiene la certeza de que está masajeando el cadáver de Paulina, y esta idea lo pone fuera de juicio. Nada de ello, en verdad, ha ocurrido. Pero el lector tiene la sensación del hecho maravilloso, de la muda milagrosa, porque, para narrar el episodio, el narrador se ha acercado tanto al espíritu embrujado de Solimán que ha llegado casi a vivir el episodio desde la erizada crispación anímica del exiliado.

Otro de los cráteres de la novela es la transformación final de Mackandal —un hombre al que los esclavos creen dotado de poderes licántropos, es decir, capaz de mudarse en animal— el día de su ejecución. Colocándose en la perspectiva de ese pueblo de seguidores de Mackandal reunidos en torno al patíbulo, y convencidos de que el hechicero manco escaparía a la muerte, el narrador inicia el desplazamiento hacia aquella subjetividad colectiva: «¿Qué sabían los blancos de cosas de negros? En sus ciclos de metamorfosis, Mackandal se había adentrado muchas veces en el mundo arcano de los insectos, desquitándose de la falta de un brazo humano con la posesión de varias patas, de cuatro élitros o de largas antenas. Había sido mosca, ciempiés, falena, comején, tarántula, vaquita de San Antón y hasta cocuyo de grandes luces verdes». Sin comprometerse él mismo, cediendo toda la responsabilidad de aquella creencia en las aptitudes licantrópicas del manco a aquellos desde cuya perspectiva narra, el narrador ha preparado el clima para el milagro, el hecho sobrenatural: «Sus ataduras cayeron, y el cuerpo del negro espigó en el aire, volando por sobre las cabezas...». Sin embargo, luego de este clímax, el narrador abandona aquella perspectiva mítica, y regresa a un nivel histórico, de realidad objetiva, para narrar «que muy pocos vieron que Mackandal, agarrado por diez soldados, era metido de cabeza en el fuego...». Las mudas del narrador entre estos distintos niveles de realidad son inapresables en el curso de la lectura, por la delicadeza y velocidad con que están hechas, y por la unidad que el estilo impone a todo el episodio, distrayendo al lector de las mudas y alteraciones que experimenta.

El narrador emplea muchas veces estos cambios de nivel de realidad para imprimir una atmósfera de hechizo, encantamiento o milagro a lo narrado, pero, en cada caso, como en la ejecución de Mackandal, se da maña para mantener aunque sea con la punta de un pie el contacto con esa realidad histórica, a la que transforma, sí, en leyenda y mito, pero nunca en pura fantasía. Por ejemplo, en los años finales de Ti Noel, quien, en su senectud, nos dice, se vuelve ave, garañón, avispa, hormiga, ganso. ¿Se vuelve de veras todas estas cosas? Es ya un hombre muy anciano que vive de historias y recuerdos en un mundo más imaginario que real. El narrador narra aquellas metamorfosis desde muy cerca, poco menos que confundido con esa mente centenaria y en proceso de disolución, de modo que así quede abierta la posibilidad de que aquellas transformaciones que expresan las creencias del vodú sean sólo eso, creencias, ilusiones, como los milagros con que suelen etiquetar a menudo los creyentes los hechos insólitos o que parecen romper la normalidad.

En el prólogo que escribió para esta novela, Carpentier enarboló la bandera de lo «real maravilloso» como un rasgo objetivo de la realidad americana, y se burló de los surrealistas europeos, para los que, aseguró, lo «maravilloso» «nunca fue sino una artimaña literaria». La teoría es bonita, pero falsa, como demuestra su maravillosa novela, donde el mundo tan seductor, mágico, o mítico, o maravilloso, resulta no de una descripción objetiva de la historia haitiana, sino de la consumada sabiduría de las artimañas literarias que el novelista cubano empleaba a la hora de escribir novelas.

Washington D.C., noviembre de 1999

EL VIEJO Y EL MAR (1952)
Ernest Hemingway

La redención por el coraje

La historia de *El viejo y el mar* (1952) parece muy sencilla: un anciano pescador, que ha estado ochenta y cuatro días sin pescar, captura, luego de una titánica lucha de dos días y medio, un gigantesco pez, al que ata a su pequeño bote, sólo para perderlo al día siguiente, en otro combate no menos heroico, en las mandíbulas de los voraces tiburones del Caribe. Ésta es una situación clásica en las ficciones de Hemingway: la aventura de un hombre que se enfrenta, en combate sin cuartel, a un implacable adversario, liza gracias a la cual, sea derrotado o victorioso, alcanza una más alta valencia de orgullo y dignidad, un mayor coeficiente humano. Pero en ninguna de sus novelas o cuentos anteriores este tema recurrente de su obra se materializó con la perfección que alcanzó en este relato, escrito en Cuba en 1951, en un estilo diáfano, con una estructura impecable y tanta riqueza de alusiones y significados como la de sus mejores novelas de aliento. Por él obtuvo el Premio Pulitzer, en 1953, y, acaso, el Premio Nobel en 1954.

La claridad y limpieza de *El viejo y el mar* son engañosas, como las de ciertas parábolas bíblicas o leyendas artúricas, que, debajo de su sencillez, esconden complejas alegorías religiosas y éticas, interpretaciones históricas, sutilezas psicológicas o postulados trascendentes. Sin dejar de ser una hermosa y conmovedora ficción, este relato es también una representación de la condición humana, según la visión que de ella postulaba Hemingway. Y, en algún modo, constituyó para su autor una resurrección. Fue escrito después de uno de los peores fracasos de su carrera literaria, *Más allá del río y entre los árboles* (1950), una novela llena de estereotipos y gesticulaciones retóricas, que parece elaborada por un mediocre imitador del autor de *The Sun Also Rises,* y que la crítica, sobre todo en Estados Unidos, reseñó con ferocidad, viendo en ella algunos críticos tan respetables como Edmond Wilson los síntomas de una irremediable decadencia. Esta premonición, aunque cruel, mordía carne, pues la verdad es que Hemingway había entrado en un período de escasa creatividad y poco rendimiento, cada vez más doblegado por el alcohol y las enfermedades, y una merma del ímpetu vital. *El viejo y el mar* fue el canto del cisne de un gran escritor que declinaba, y que, gracias a esta soberbia historia, volvió a serlo, al escribir el que, con el paso del tiempo, se va delineando —lo anticipó Faulkner en 1952—, pese a su brevedad, como el más imperecedero de sus libros. Muchos de los que escribió, y que en su momento parecieron perdurables, como *Por quién doblan las campanas,* e, incluso, el brillante *Fiesta* han perdido frescura y vigor, resultan hoy fechados, difíciles de adaptarse a la sensibilidad y la mitología contemporáneas, que rechazan la elemental filosofía machista que los impregna, y su pintoresquismo a menudo superficial. Pero, al igual que buen número de sus cuentos, *El viejo y el mar* ha franqueado sin una arruga el escollo del tiempo y conserva intacta su seducción artística y su poderoso simbolismo de mito moderno.

Es imposible no imaginar en la odisea del solitario Santiago contra la gigantesca aguja y los despiadados tiburones, a lo largo del Gulf Stream, en el litoral de Cuba, una proyección de la lucha que había empezado a librar el propio Hemingway en aquellos años contra enemigos ya instalados en su ser, que, socavando primero su lucidez intelectual, y luego su organismo, lo llevarían, en 1961, ya impotente, sin memoria y sin ánimo, a volarse la cabeza con una de esas armas que tanto amaba y con la que había quitado la vida a tantos animales.

Pero lo que da su extraordinario horizonte a la aventura del pescador cubano en aquellas aguas tropicales es que, a manera de ósmosis, el lector percibe en el enfrentamiento del viejo Santiago contra los silentes enemigos que terminarán por derrotarlo una descripción de algo más constante y universal, el desafío permanente que es la vida para los seres humanos, y esta enseñanza espartana: que, enfrentándose a estas pruebas con la valentía y la dignidad del pescador del cuento, el hombre puede alcanzar una grandeza moral, una justificación para su existencia, aunque termine derrotado. Ésa es la razón por la que Santiago, al regresar al pueblito de pescadores donde vive (Cojímar, aunque el nombre no figure en el texto) con el esqueleto inservible de la aguja devorada por los tiburones, exhausto y con sus manos ensangrentadas, nos parece alguien que, en la experiencia que acaba de protagonizar, se agigantó moralmente y se superó a sí mismo, trascendiendo las limitaciones físicas y psíquicas del común de los mortales. Su historia es triste pero no pesimista; por el contrario, muestra que siempre hay esperanza, que, aun en las peores tribulaciones y reveses, la conducta de un hombre puede mudar la derrota en victoria y dar sentido a su vida. Santiago, al día siguiente de su retorno, es más respetable y digno de lo que era antes de zarpar, y eso es lo que hace llorar al niño Manolín, la admiración por el anciano inquebrantable, más todavía que el cariño y la piedad que siente por el hombre que le enseñó a pescar. Éste es el sentido de la famosa frase que Santiago se dice a sí mismo en medio del océano y que ha pasado a ser la divisa antropológica de Hemingway: «Un hombre puede ser destruido, pero no derrotado». No todos los hombres, se entiende: sólo aquellos —los héroes de sus ficciones: guerreros, cazadores, toreros, contrabandistas, aventureros de toda suerte y condición— que, como el pescador, están dotados de la virtud emblemática del héroe hemingwayano: el coraje.

Ahora bien, el coraje no es un atributo siempre admirable, puede también ser resultado de la inconsciencia o la estupidez, encarnado en pistoleros y matones, o en energúmenos a los que ejercitar la violencia y exponerse a ella hace sentirse *hombres,* es decir, seres superiores a sus víctimas, a las que pueden derribar a puñetazos o aniquilar a tiros. Esta despreciable versión del coraje, producto de la más rancia tradición machista, no fue ajena a Hemingway y aparece, a veces, encarnada en sus historias, sobre todo en sus crónicas de cacerías por el África y en su particular concepción de la tauromaquia. Pero, en su otra vertiente, el coraje no está hecho de exhibicionismo ni alarde físico, es una discreta, estoica manera de enfrentar la adversidad, sin rendirse ni ceder a la autocompasión, como lo hace el Jake Barnes de *Fiesta,* que sobrelleva con sobria elegancia la tragedia física que lo priva del amor y del sexo, o el Robert Jordan de *Por quién doblan las campanas* ante la inminencia de la muerte. A esta noble estirpe de valientes pertenece el Santiago de *El viejo y el mar.* Es un hombre muy humilde, muy pobre —vive en una choza misérrima y se abriga en la cama con periódicos—, y muy anciano, del que se burlan en la aldea. Y, además, un solitario, pues perdió a su mujer hace muchos años, y su única compañía, desde entonces, son sus recuerdos de aquellos leones que vio pasearse en las noches por las playas africanas desde el barco tortuguero

en el que trabajaba, de ciertas estrellas del béisbol norteamericano como Joe DiMaggio, y Manolín, el niño que
lo acompañaba a pescar y que, ahora, por imposición de
sus padres, ayuda a otro pescador. Pescar no es en él, como lo era para Hemingway y muchos de sus personajes,
un deporte, una diversión, una manera de ganar premios
o poner a prueba su destreza o su fuerza enfrentándose a
los habitantes del mar, sino una necesidad vital, un oficio
que —a duras penas y a costa de grandes esfuerzos— lo
salva de morirse de hambre. Este contexto humaniza extraordinariamente el combate de Santiago con el gigantesco *merlin* y, también, la modestia y naturalidad con que
el viejo pescador consuma su hazaña: sin la menor jac-
tancia, sin sentirse un héroe, como un hombre que simplemente cumple con su deber.

Hay muchas versiones sobre las fuentes de esta
historia. Según Norberto Fuentes, que ha documentado
con prolijidad todos los años que Hemingway pasó en
Cuba,[*] Gregorio Fuentes, que fue por muchos años el patrón del barco de Hemingway, *El Pilar,* se jactaba de ha-
berle proporcionado el material para el relato. Ambos
habrían presenciado una lucha así, a fines de los años cuarenta, a la altura del puerto de Cabañas, entre un gran pez
y un viejo pescador mallorquín. Sin embargo, Fuentes
señala también que, según algunos pescadores de Cojímar, aquella historia le ocurrió a Carlos Gutiérrez, el primer patrón de lancha de Hemingway, en tanto que otros
la atribuyen a un tal Anselmo Hernández, vecino del lugar a quien aquél conoció. Pero Carlos Baker, en su biografía de Hemingway, precisa que la anécdota central de
la historia —la lucha del viejo pescador con un gran pez—

* Norberto Fuentes, *Hemingway en Cuba,* prólogo de Gabriel García Márquez, La Habana, Editorial Letras Cubanas, 1984.

ya aparece esbozada, en abril de 1936, en una crónica publicada por Hemingway en la revista *Esquire*. Sea cual fuere el verdadero origen de la historia, lo cierto es que, inventado de pies a cabeza o recreado a partir de algún testimonio vivido, el tema del relato buscaba a su autor desde que éste escribió sus primeros cuentos, pues resume, como una esencia depurada de toda contaminación inútil, la visión del mundo que había venido forjando a lo largo de toda su obra. Y, sin duda por ello, pudo, al escribirlo, aprovechar al máximo, en todo su esplendor, la sabiduría estilística y el dominio técnico de que estaba dotado. En la ambientación de la historia, Hemingway se sirvió de su experiencia: su pasión por la pesca y su larga familiaridad con el pueblo y los pescadores de Cojímar: la fábrica, la bodega de Perico, La Terraza donde los vecinos beben y charlan. El texto transpira el cariño y la identificación de Hemingway con el paisaje marino y las gentes de la mar de la isla de Cuba, a los que *El viejo y el mar* rinde soberbio homenaje.

El cráter de la historia es una muda, un verdadero salto cualitativo, que convierte la peripecia del viejo Santiago al enfrentarse, primero al pez, y luego a los tiburones, en un símbolo de la darwiniana lucha por la supervivencia, de la condición humana avocada a matar para vivir, y de las inesperadas reservas de gallardía y resistencia que alberga el ser humano y de las que puede hacer gala cuando empeña en ello su voluntad y está en juego su *honor*. Este concepto caballeresco de la honra —el respeto a sí mismo, la ciega observancia de un código moral autoimpuesto— es el que, al final, lleva al pescador Santiago a exigirse como lo hace en su lucha contra el pez, una lucha que, en un imprecisable momento, deja de ser un episodio más de su trabajo cotidiano por el sustento, y se torna un examen, una prueba en la que se mide la dignidad y el orgullo del anciano. Y él es muy consciente de esa dimensión ética y metafísica del combate, pues, en su largo soliloquio, lo proclama: *«But I will show him what a man can do and what a man endures»* («Pero le demostraré lo que puede hacer un hombre y lo que es capaz de aguantar»). A estas alturas del relato, la historia ya no cuenta sólo la aventura del pescador de nombre bíblico; cuenta toda la aventura humana, sintetizada en aquella odisea sin testigos ni trofeos, en la que asoman, confundidas, la crueldad y la valentía, la necesidad y la injusticia, la fuerza y el ingenio, y el misterioso designio que traza la historia de cada individuo.

Para que esta notable transformación de la historia ocurra —su mudanza de anécdota particular en arquetipo universal— ha sido precisa una gradual acumulación de emociones y sensaciones, de alusiones y sobrentendidos, que poco a poco van extendiendo el horizonte de la anécdota hasta abarcar un plano de absoluta universalidad. El relato lo consigue gracias a la maestría con que está escrito y construido. El narrador omnisciente narra desde muy cerca del protagonista, pero, a menudo, cediéndole la voz, desapareciendo detrás de los pensamientos, exclamaciones o monólogos con que Santiago se distrae de la monotonía o la angustia mientras espera que el invisible pez que arrastra su barca se fatigue, salga a la superficie y le permita rematarlo. El poder de persuasión del narrador es absoluto, cuando toma distancia para describir objetivamente lo que ocurre o cuando hace que el propio Santiago lo releve en esta tarea, por la coherencia y la sencillez de su lenguaje, que, en efecto, parece —sólo parece, claro está— el de un hombre tan simple y limitado intelectualmente como el viejo pescador, y por el prodigioso conocimiento de que hace gala de todos los secretos de la navegación y de la pesca en las aguas del

Golfo, algo que encaja como un guante en la personalidad de Santiago. Este conocimiento explica los prodigios de destreza de que es capaz en su lucha con el pez, quien en esta historia representa la fuerza, derrotada por el ingenio y el arte marineros del anciano.

Las precisiones técnicas contribuyen a reforzar el semblante realista de una historia, que, en el fondo, no lo es —sino más bien simbólica o mítica—, y, también, los pocos pero eficaces motivos que van esbozando la personalidad de Santiago y su escueta biografía: aquellos leones en la playa africana, aquellos partidos de béisbol que le alegran la vida, y la descollante leyenda del bateador DiMaggio (quien, como él, fue hijo de un pescador). Además de creíble, todo aquello muestra la estrechez y primitivismo de la vida del pescador, lo que hace todavía más grande y meritoria su hazaña: quien, en *El viejo y el mar,* representa al hombre en su mejor papel, en una de esas excepcionales circunstancias en que gracias a su voluntad y a su conciencia moral consigue elevarse sobre su condición y codearse con los héroes y los dioses mitológicos, es un viejecito miserable y apenas alfabeto, al que, por su edad y su insolvencia, sus vecinos del pueblo han convertido en objeto de irrisión. En el elogioso comentario que le dedicó, al leer el libro recién publicado, Faulkner dijo que, en este relato, Hemingway había «descubierto a Dios».[*] Eso es posible, aunque indemostrable, desde luego. Pero dijo también que el tema profundo del relato era «la piedad» y ahí, sin duda, dio en el blanco. En esta conmovedora historia el sentimentalismo brilla por su ausencia, todo ocurre con una espartana sobriedad en la pequeña barca de Santiago y en las profundidades por las

---

[*] En *Hemingway The Critical Heritage,* editado por Jeffrey Meyers, Boston, Routledge & Kegan Paul Ltd, 1982.

que se desplaza el pez. Y, sin embargo, desde la primera hasta la última línea del relato, una subterránea calidez y delicadeza va impregnando todo lo que ocurre y aparece en él, hasta alcanzar su clímax en los momentos finales, cuando, a punto de desplomarse de fatiga y dolor, el viejo Santiago arrastra el mástil de su barca hacia su cabaña, tropezando y cayendo, por la aldea dormida. Lo que el lector siente en ese momento es difícil de describir, como ocurre siempre con los misteriosos mensajes que se desprenden de las obras maestras. Acaso «piedad», «compasión», «humanidad», sean las palabras que más se le acerquen.

París, febrero de 2000

PARÍS ERA UNA FIESTA (1964)
Ernest Hemingway

La fiesta compartida

Leí *París era una fiesta* por primera vez a mediados de 1964, en la versión inglesa, que había aparecido hacía poco. Me identifiqué al instante con el protagonista de esta tierna evocación; yo era entonces, también, como el Hemingway del libro, un joven que hacía su vela de armas literarias en París. Escribí entonces esta reseña del libro:

I

Los diarios nos habían acostumbrado a confundirlo con uno de sus personajes, a ver en él lo contrario de un intelectual. ¿Su biografía? La de un hombre de acción: viajes, violencias, aventuras, y, a ratos, entre una borrachera y un safari, la literatura. Habría practicado ésta como el boxeo o la caza, brillante, esporádicamente: para él lo primero era vivir. Emanaciones casi involuntarias de esa vida azarosa, sus cuentos y novelas deberían a ello su realismo, su autenticidad. Nada de eso era cierto o, más bien, todo ocurría al revés, y el propio Hemingway disipa la confusión y pone las cosas en orden en el último libro que escribió: *A Moveable Feast.*

¿Quién lo hubiera creído? Este trotamundos simpático, bonachón, se inclina al final de su vida sobre su pasado y, entre las mil peripecias —guerras, dramas, hazañas— que vivió, elige, con cierta nostálgica melancolía, la imagen de un joven abrasado por una pasión interior: escribir. Todo lo demás, deportes, placeres, aun las menudas alegrías y decepciones diarias y, por supuesto, el amor y la amistad, giran en torno a este fuego secreto, lo alimentan y encuentran en él su condena o su justificación. Se trata de un hermoso libro en el que se muestra sencilla y casualmente lo que tiene de privilegiado y de esclavo una vocación.

La pasión de escribir es indispensable, pero sólo un punto de partida. No sirve de nada sin esa *good and severe discipline* que Hemingway conquistó en su juventud, en París, entre 1921 y 1926, esos años en que «era muy pobre y muy feliz» evocados en su libro. Aparentemente, eran años de bohemia: pasaba el día en los cafés, iba a las carreras de caballos, bebía. En realidad, un orden secreto regía esa «fiesta movible» y el desorden significaba sólo disponibilidad, libertad. Todos sus actos convergían en un fin: su trabajo. La bohemia, en efecto, puede ser una experiencia útil (pero no más ni menos que cualquier otra) a condición de ser un jinete avezado que no deja que se desboque su potro. A través de anécdotas, encuentros, diálogos, Hemingway revela las leyes rígidas que se había impuesto para evitar el naufragio en las aguas turbias que navegaba: «Mi sistema consistía en no beber jamás después de comer, ni antes de escribir, ni mientras estaba escribiendo». En cambio, al final de una jornada fecunda, se premia con un trago de kirsch. No siempre puede trabajar con el mismo entusiasmo; a veces, es el vacío frente a la página en blanco, el desaliento. Entonces, se recita en voz baja: «No te preocupes. Hasta ahora siempre has escrito y ahora escribirás. Todo lo que tienes que hacer es escribir una buena frase. Escribe la mejor frase que puedas». Para estimularse, se fija objetivos fabulosos: «Escribiré un cuento sobre cada una de las cosas que sé». Y cuando termina un relato «se siente siempre vacío, a la vez triste y feliz, como si acabara de hacer el amor».

Iba a los cafés, es cierto, pero ocurre que ellos eran su escritorio. En esas mesas de falso mármol, en las terrazas que miran al Luxemburgo, no soñaba con las musarañas ni hacía frases como los bohemios sudamericanos de la Rue Cujas: escribía sus primeros libros de cuentos, corregía los capítulos de *The Sun Also Rises*. Y si alguien lo interrumpía, lo echaba con una lluvia de insultos: las páginas donde narra cómo recibe a un intruso, en La Closerie des Lilas, son una antología de la imprecación. (Años más tarde, Lisandro Otero divisó una noche a Hemingway en un bar de La Habana Vieja. Tímido, respetuoso, se acercó a saludar al autor que admiraba y éste, que escribía de pie, en el mostrador, lo ahuyentó de un puñetazo.) Después de escribir, dice, tiene necesidad de leer, para no seguir obsesionado por lo que está relatando. Son épocas duras, no hay dinero para comprar libros, pero se los proporciona Sylvia Beach, la directora de Shakespeare and Company. O amigos como Gertrude Stein, en cuya casa, además, hay bellos cuadros, una atmósfera cordial, ricos pasteles.

Su voluntad de «aprender» para escribir está detrás de todos sus movimientos: determina sus gustos, sus relaciones. Y aquello que puede constituir un obstáculo es, como aquel intruso, rechazado sin contemplaciones. Su vocación es un huracán. Por ejemplo: las carreras. Se ha hecho amigo de jockeys y de entrenadores que le filtran datos para las apuestas; un día de suerte los caballos le permiten ir a cenar a Chez Michaux donde divisa a Joyce que charla en italiano con su mujer y sus hijos. El mundo de las carreras, por otra parte (él lo presenta como razón principal), le suministra materiales de trabajo. Pero una tarde descubre que esa afición le quita tiempo, se ha convertido casi en un fin. Inmediatamente la suprime. Lo mismo sucede con el periodismo, que es su medio de vida; renuncia a él pese a que las revistas norteamericanas rechazan todavía sus cuentos. Preocupación constante, esencial, del joven Hemingway, la literatura, sin embargo, es apenas mencionada en *A Moveable Feast*. Pero ella está ahí, todo el tiempo, disimulada en mil formas, y el lector la siente, invisible, insomne, voraz. Cuando Hemingway sale a recorrer los muelles e investiga como un entomólogo las costumbres y el arte de los pescadores del Sena, durante sus charlas con Ford Madox Ford, mientras enseña a boxear a Ezra Pound, cuando viaja, habla, come y hasta duerme, emboscado en él hay un espía. Lo observa todo con ojos fríos y prácticos, selecciona y desecha experiencias, almacena. «¿Aprendiste algo hoy, Tatie?», le pregunta a Hemingway, cada noche, su mujer, cuando él regresa al departamento de la Rue de Cardinal Lemoine.

En los capítulos finales de *A Moveable Feast,* Hemingway recuerda a un compañero de generación: Scott Fitzgerald. Célebre y millonario gracias a su primer libro, cuando era un adolescente, Fitzgerald, en París, es el jinete que no sabe sujetar las riendas. El potro de la bohemia los arrastra a él y a Zelda a los abismos: el alcohol, el masoquismo, la neurosis. Son páginas semejantes a las del último episodio de *Adiós a las armas,* en las que bajo la limpia superficie de la prosa, discurre un río de hiel. Hemingway parece responsabilizar a Zelda de la decadencia precoz de Fitzgerald; celosa de la literatura, ella lo habría empujado a los excesos y a la vida frenética. Pero otros acusan al propio Fitzgerald de la locura que llevó a Zelda al manicomio y a la muerte. En todo caso, hay algo evidente: la bohemia puede servir a la literatura sólo cuando es un pretexto para escribir; si ocurre a la inversa (es lo frecuente), la bohemia mata al escritor.

Porque la literatura es una pasión y la pasión es excluyente. No se comparte, exige todos los sacrificios y no consiente ninguno. Hemingway está en un café y, a su lado, hay una muchacha. Él piensa: «Me perteneces, y también me pertenece París, pero yo pertenezco a este cuaderno y a este lápiz». En eso, exactamente, consiste la esclavitud. Extraña, paradójica condición la del escritor. Su privilegio es la libertad, el derecho a verlo, oírlo, averiguarlo todo. Está autorizado a bucear en las profundidades, a trepar a las cumbres: la vasta realidad es suya. ¿Para qué sirve este privilegio? Para alimentar a la bestia interior que lo avasalla, que se nutre de todos sus actos, lo tortura sin tregua y sólo se aplaca, momentáneamente, en el acto de la creación, cuando brotan las palabras. Si la ha elegido y la lleva en las entrañas, no hay más remedio, tiene que entregarle todo. Cuando Hemingway iba a los toros, recorría las trincheras republicanas de España, mataba elefantes o caía ebrio, no era alguien entregado a la aventura o al placer, sino un hombre que satisfacía los caprichos de una insaciable solitaria. Porque para él, como para cualquier otro escritor, lo primero no era vivir, sino escribir.

II

Releído ahora, con todo lo que sabemos sobre el Hemingway que lo escribió y sobre sus relaciones con las figuras evocadas en sus páginas, *A Moveable Feast* adquiere una significación algo distinta. En verdad, la salud y el optimismo que rebosa son una elaboración literaria que no coincidía con la realidad dramática, de decadencia física e intelectual, que padecía su autor. Éste se halla en la recta final de su trayectoria literaria y lo sospecha; sabe también que no se recobrará ya de la rápida disminución de sus facultades físicas que experimentó en aquel período. Nada de ello es mencionado en el libro; pero al lector de hoy día, aleccionado por las biografías de Hemingway aparecidas en los últimos años, ese conocimiento le proporciona unas claves para, leyendo entre líneas este testimonio a primera vista tan diáfano y directo sobre los comienzos literarios de un gran escritor, descubrir el lastimoso trauma a que debió su ser.

Más que una evocación nostálgica de la juventud, el libro es una invocación mágica, un esfuerzo inconsciente para, retornando mediante la memoria y la palabra al apogeo de su vida, el momento de mayor empuje y fuerza creativa, recuperar aquella energía y lucidez que ahora lo están abandonando deprisa. Y el libro es también un desquite póstumo, un arreglo de cuentas con viejos compañeros de vocación y de bohemia. Libro patético, canto del cisne —pues fue el último libro que escribió—, esconde, bajo la engañosa pátina de los recuerdos de su juventud, la confesión de una derrota. Aquel que comenzó así, en el París de los locos años veinte, tan talentoso y tan feliz, tan creador y tan vital, aquel que en pocos meses fue capaz de escribir una obra maestra —*The Sun Also Rises*— al mismo tiempo que exprimía todos los jugos suculentos de la vida —pescando truchas y viendo toros en España, esquiando en Austria, apostando a los caballos en Saint Cloud, bebiendo los vinos y licores de La Closerie— está ya muerto, es un fantasma que trata de aferrarse a la vida mediante aquella prestidigitación antiquísima inventada por los hombres para, ilusoriamente, prevalecer contra la muerte: la literatura.

Ahora sabemos que el libro está lleno de pequeñas mezquindades y malevolencias contra viejos amigos y ex amigos y que, por ejemplo, algunos de sus retratos, tal vez los más logrados —los de Gertrude Stein y de Scott Fitzgerald—, son falaces. Pero estas pequeñeces no empobrecen lo admirable del texto: haber conseguido con él, Hemingway, convertir el defecto en virtud, escribiendo una hermosa pieza literaria a partir de aquellas mermas y limitaciones que, precisamente desde aquellos años, le impidieron concebir algún cuento o novela dignos de memoria.

Según Mary, su viuda, Hemingway compuso *A Moveable Feast* entre el otoño de 1957 y el de 1960, con largas interrupciones intermedias. Ésa fue una etapa para él de continuas crisis, de depresión nerviosa, de una amargura profunda que rara vez se traslucía en sus apariciones públicas, en las que seguía dando la impresión de ser el gigante alegre y aventurero de siempre, lleno de apetitos y de luces. (Así me lo pareció a mí, en el verano de 1959, en la plaza de toros de Madrid, la única vez que lo vi, a lo lejos, del brazo de otro mito viviente de la época: Ava Gardner.)

En realidad, era un coloso malherido, semiimpotente, incapaz de concentrarse intelectualmente para emprender una obra de aliento, al que angustiaba la pérdida de la memoria, deficiencia que para aquel que juega al deicida —el novelista reinventor de la realidad— es sencillamente mortal. En efecto, ¿cómo erigir un mundo ficticio, coherente, en el que el todo y las partes estén rigurosamente trabados hasta fingir el mundo real, la vida entera, si la memoria del creador falla y el hechizo de la ficción se rompe a cada instante por las incongruencias y los despistes del relato? La respuesta de Hemingway fue este libro: escribiendo una ficción encubierta bajo el semblante del recuerdo y cuyas desconexiones y fragmentación se disimulan tras la unidad que les confiere el narrador que recuerda y escribe.

La memoria en *París era una fiesta* es una coartada literaria para justificar lo vagaroso de una mente que no puede ya fijarse en lo concreto, intentar el edificio riguroso de una ficción, y mariposea, desordenada y suelta, entre imágenes sin correspondencia ni continuidad. En una novela, esta atomización hubiera sido caos; en un libro de memorias es, en cambio, un vagabundeo impresionista por ciertos rostros y lugares que sobrenadan en el río del tiempo, a diferencia de aquellos otros, innumerables, tragados por el olvido. Cada capítulo es un cuento disfrazado, una estampa en cuyo diseño el novelista ha vertido las virtudes de sus mejores ficciones: la prosa tersa, los diálogos tirantes que sugieren siempre más (y a veces lo contrario) de aquello que dicen y las descripciones cuya empecinada objetividad parece querer hacerse perdonar su perfección.

Cotejadas con la historia verídica, en cada una de estas hermosas estampas hay más tergiversaciones que testimonios fidedignos, pero ¿qué importa? Ello no las hace menos persuasivas ni emocionantes para un gustador de literatura, es decir, alguien que espera de un novelista que en sus libros sea capaz de decirle no necesariamente la verdad con mayúsculas, sino su verdad particular, pero de manera tan convincente y tan astuta que no tenga más remedio que creérsela. Y en esta última ficción autobiográfica Hemingway lo consiguió con creces.

Por lo demás, aunque él no fuera idéntico a como se esboza en este retrato de su juventud, algunos rasgos esenciales de su personalidad aparecen en su libro. Su antiintelectualismo, por ejemplo. Es una pose que cultivó siempre y que, sobre todo en los últimos años, llevó a veces a extremos ridículos. También en este libro la literatura auténtica —no la «libresca»— se presenta poco menos que como una destreza física, algo que ese deportista consumado, el escritor, perfecciona y domina mediante la disciplina y la constancia, la vida sana, el cultivo del cuerpo. Y la sola idea de que el arte o la literatura puedan de algún modo significar un exilio en lo puramente mental, un retiro de la vida corriente, un buceo en las fuentes de lo desconocido o un desafío al orden racional de la existencia, es rechazada con energía y objeto de caricaturas. Por eso, la semblanza que traza el libro de Ezra Pound, aunque animada y generosa, ni siquiera roza la contradictoria complejidad del personaje. Y, sin embargo, es evidente que Hemingway no era totalmente incapaz de percibir, bajo o entre los intersticios de esos rituales lícitos de la vida que a él le bastaba, esa otra vida, la de los abismos, la de la prohibición y el extravío. Era un mundo que él temía y que se negó siempre a explorar, salvo en sus manifestaciones más epidérmicas (como la ceremonia cruel y fascinante del toreo). Pero sabía que existía y podía identificar a los réprobos que lo habitaban, como el maltratado Wyndham Lewis de sus páginas. Éste le inspira, por lo demás, la mejor y la más inquietante frase del libro: «Ciertas personas traslucen el mal, como un gran caballo de carreras trasluce su nobleza de sangre. Tienen la dignidad de un chancro canceroso».

Otro prejuicio suyo se transparenta también profusamente: ese machismo que, con su pasión por matar animales y el hechizo que ejercían sobre él las prácticas violentas, ha distanciado tanto su moral y sus códigos vitales de los de nuestra época, la del feminismo y los verdes, la conservación de la Naturaleza y la lucha por la emancipación de las minorías sexuales. El diálogo con Gertrude Stein, en el que ésta trata de ganar la benevolencia de Hemingway para el lesbianismo, con argumentos que hoy harían sonreír a una niña de colegio, y las reticencias y réplicas de él, son instructivas. Muestran cuánto han evolucionado las costumbres y lo oxidados que están muchos valores que Hemingway exaltó en sus novelas.

Pero, pese a los anacronismos, este breve libro se lee con inmenso placer. La magia de su estilo, la insidiosa sencillez y precisión flaubertianas, su pasión por la intemperie y las proezas del cuerpo, la vívida recreación del París de los americanos expatriados en el período entre las dos guerras mundiales y el renuevo de los votos de escritor que simboliza —afirmación resuelta de una vocación cuando ya casi no puede ejercerla— se unen para dar al que sería su testamento literario un perfil único. Aunque haya en él tantos añadidos y rectificaciones a la realidad como en una novela, no deja de ser un valioso documento autobiográfico; y, con todas las libertades que se toma con los hechos objetivos, es una incomparable pintura de los tiempos y de la alegre inconsciencia con que Francia estimulaba el arte y el exceso mientras, adentro y afuera de sus fronteras, se labraba su ruina. Pero, sobre todo, sus páginas, limpias y sonoras como un arroyo de la sierra, nos acercan con la inmediatez de una ficción lograda a los secretos del arte que sirvió a Hemingway para transmutar la vida que vivió y la que sólo soñó en esa fiesta compartida que es la literatura.

Londres, 23 de junio de 1987

AL ESTE DEL EDÉN (1952)
John Steinbeck

Elogio de la mala novela

Rasgo curioso de la literatura contemporánea es que, en nuestros días, las malas novelas suelen ser más entretenidas que las buenas. En el siglo pasado —el siglo de la novela, precisamente— no ocurría así. Leer a Tolstoi, a Melville, a Stendhal, a Flaubert, significaba enfrentarse simultáneamente a apasionantes aventuras históricas, sentimentales, psicológicas y a audaces experimentos literarios, a novelas que eran capaces de congeniar la vieja vocación del género narrativo —hechizar la atención del lector hasta hacerle «vivir» la historia— con atrevidas innovaciones en el uso del lenguaje y en la manera de contar.

A partir de autores como Joseph Conrad y, sobre todo, Henry James y Proust, una sutil escisión comienza a darse en el arte narrativo. El genio literario, consciente de que la novela es forma —palabra y orden— antes que anécdota, se va progresivamente concentrando en aquélla en desmedro de ésta, hasta llegarse al extraordinario extremo de autores en los que el cómo contar ha vuelto poco menos que superfluo y casi abolido el qué contar. *Finnegans Wake* es, claro está, el monarca de esa rancia estirpe. Así, por ejemplo, leer al italiano Gadda, a los austriacos Broch y Musil y al cubano Lezama Lima —para citar sólo cuatro ejemplos de excelentes escritores escogidos con toda malevolencia por estar en el límite mismo entre lo legible y lo ilegible— es una fascinante operación intelectual, pero de naturaleza cualitativamente distinta a la

de los lectores tradicionales —o, si se prefiere, convencionales— de obras de ficción. Éstos leían para desaparecer en lo leído, para perder su conciencia individual y adquirir la de los héroes cuyas fechorías, peligros y pasiones
compartían desde adentro gracias a la diestra manipulación de sus sentimientos y su inteligencia por parte del
narrador. El lector de *La muerte de Virgilio, El zafarran-
cho aquel de Vía Merulana, El hombre sin atributos* y *Paradiso* jamás se disuelve en el mundo imaginario de estas
novelas, como le sucede al que lee *Los miserables* o *La Re-
genta*. Por el contrario, su conciencia debe mantenerse
alerta, aguzada en extremo, y toda su inteligencia y cultura deben comparecer en la lectura para apreciar debidamente la refinada y compleja construcción que tiene
delante, las sutiles y múltiples reverberaciones literarias,
filosóficas, lingüísticas e históricas que ella suscita y para
no extraviarse en las laberínticas trayectorias de la narración. Si arriba al fin, no hay duda: ha aprendido algo, enriquecido su intelecto, educado su sensibilidad literaria.
Pero difícilmente se puede decir que se haya divertido como se divierte el simple mortal que ensarta adversarios
con D'Artagnan, hace el amor y la guerra con Julian So-
rel o bebe el arsénico con los labios trémulos de Emma
Bovary. En la esquizofrenia novelística de nuestro tiempo, se diría que los novelistas se han repartido el trabajo:
a los mejores les toca la tarea de crear, renovar, explorar
y, a menudo, aburrir; y a los otros —los peores—, mantener vivo el viejo designio del género: hechizar, encantar,
entretener. Se cuentan con los dedos de una mano los
novelistas de nuestro tiempo que han sido capaces, como
Faulkner o García Márquez, de reconstruir la unidad de
la ficción en obras que sean a la vez grandes creaciones
estilísticas y mundos hirvientes de vida y aventura, de pensamiento y de pasión.

Al este del Edén es una novela pésimamente construida que, sin embargo, se lee con la avidez y los sobresaltos de las buenas historias. Steinbeck parece haberla empezado como una memoria familiar, un libro que contaría la llegada a Salinas Valley de su familia materna y, a través de las peripecias de ésta, la instalación de los inmigrantes y el desarrollo de ese rincón de California. La madre y los abuelos del autor son personajes de la novela y en los primeros capítulos la narración está hecha en primera persona y se dice muy claramente que quien refiere la historia es el propio John Steinbeck. Pero, de pronto, éste desaparece y lo reemplaza un narrador omnisciente, del mismo modo que los personajes ficticios van difuminando a los recordados. Lo que iba a ser un testimonio, un documental familiar y social, se muda en una fantasía melodramática con dosis abundantes de los indispensables ingredientes del género: color local, truculencias, heroísmos y crueldades extremas, sexo, sangre, dinero y amor.

El lector se divierte a rabiar. ¿Qué escritor prestigioso —y Steinbeck lo era en grado sumo en 1952, cuando se publicó *Al este del Edén*— se hubiera atrevido a contar, en serio, una historia como la de la malvada absoluta, Cathy Adams, personaje que parece escapado directamente de la *Historia universal de la infamia,* de Borges? Aunque es evidente que no figuró entre los designios del autor, Cathy anula a todos los otros personajes de la novela —los recordados y los fantaseados— e incendia con una luz luciferina los capítulos en los que aparece, bella, frígida, cruel, como una reminiscencia de los tiempos románticos, cuando no se escribían novelas para «pintar la vida» sino para exagerarla y conmocionarla con los excesos del deseo y la imaginación.

Cathy Adams —o Cathy Track, como se llama luego de casarse con Adam— es la negación viviente de la sana moral y el racionalismo pragmático de que está impregnado el libro, filosofía que el autor personifica y pone en boca de los dos héroes «positivos» de la novela: el inventor y rabdomante Samuel Hamilton, y Lee, el cocinero y mucamo chino de Adam y que es, asimismo, moralista, intelectual, una especie de místico salvaje. Ambos nos enternecen con su bondad recalcitrante, su limpia conducta, su espíritu solidario, y a menudo nos impacientan con sus sermones. Pero, por fortuna, ahí está la perversa Cathy para recordarnos que la vida no está hecha sólo de virtud, razón y buenos sentimientos, sino también de oscuros impulsos, de violencia y maldad. Cada vez que asoma su pálida faz y su mirada fija por el libro, el lector se estremece: ¿qué horror perpetrará esta vez? Nunca es defraudado. Porque la vida de Cathy, desde que quema vivos a sus padres y empuja al suicidio a su profesor, hasta que se suicida (delatando a la policía en *extremo mortis* a Joe, el rufián que la ayuda a regentar el burdel de Salinas), es una sucesión de espantos. Acaso lo más insólito en ella no sea el prontuario de traiciones y crímenes; más bien, la aparente gratuidad con que ejerce el mal. No por interés material ni por aberración psicológica, pues se trata de un ser convencional y rutinario en sus apetitos y maneras, sino, se diría, por una necesidad física, por predisposición ontológica. Para encontrarle un equivalente literario hay que remontarse a los grandes novelones románticos del XIX o, incluso, hasta las fechorías medievales de Roberto el Diablo (antes de su conversión).

La referencia satánica no está del todo fuera de lugar, pues circunda a *Al este del Edén* un aura de religiosidad. Varios personajes son de estirpe bíblica, y es obvia la intención del autor en muchos momentos de la novela de parafrasear episodios y apólogos del Antiguo Testamento. El sentido exacto de este rasgo simbólico del libro no queda muy claro —qué es lo que quiere demostrar respecto a la vida y a los hombres— pero no hay duda de que este ingrediente colorea la historia con un tinte especial y que a él se debe la simpática idiosincrasia de algunos de sus personajes. Si Cathy es el demonio, y sus hijos, los mellizos Cal y Arón, una versión modernizada de Caín y Abel, las dos figuras masculinas de más relieve, Samuel Hamilton y el chino californiano Lee, tienen la rara mezcla de primitivismo y sabiduría, de vigor popular y suficiencia ética, de los profetas bíblicos.

Samuel, el inmigrante irlandés que llega al valle Salinas con los pioneros y se pasa la vida rastreando venas de agua escondidas en las entrañas de la tierra y dispensando bondades y consejos, tiene la personalidad rectilínea y estereotipada de los héroes de las parábolas y de los «exiemplos» medievales, pero, aun así, es vigoroso y persuasivo. Más sutil que él, y también menos posible, es el encantador sirviente Lee, hijo del estupro —su madre, que trabajaba disfrazada de hombre en un campamento, lo engendró luego de ser violada colectivamente por sus compañeros—, fino conocedor de la ciencia, la literatura, el alma humana y por lo menos dos tradiciones culturales, la occidental y la oriental. Tanto conocimiento y finura de espíritu en un simple sirviente resultan excesivos aun en una novela no estorbada —como los melodramas que se respetan— por el prurito de la verosimilitud. Hecha esta salvedad, no hay duda, la presencia siempre mesurada y generosa de Lee, y su infalible sentido de lo justo y lo bueno, son un bálsamo eficaz para las grandes ignominias y las pequeñeces humanas que lo rodean. En uno de los episodios más extraordinarios de la historia, Samuel Hamilton, Adam Track y Lee se enfrascan en una larga discusión teológica sobre Caín y Abel. Allí se descubre que Lee ha aprendido hebreo para poder desentrañar el sentido exacto de la palabra *Timshel,* asociada al fratricidio bíblico. Como si esto no fuera de por sí bastante exótico, en el curso de la discusión averiguamos que un grupo de eruditos chinos de San Francisco, azuzados por Lee, llevan ya varios años enredados en estudios de hebreo para resolver el semántico enigma.

Para divertirse con una historia no es imprescindible creerla. Basta dejarse arrastrar por ella, someterse de buena gana a sus estratagemas y trampas, y, renunciando a la conciencia crítica, al pudor intelectual, al hielo abstracto de la inteligencia, abrir la puerta a las reservas de sensiblería, impudicia, exceso, truculencia y hasta vulgaridad de que todo ser humano también consta. Inicialmente, la ficción fue creada para alimentar esos apetitos elementales y crudos del ser común, no los refinados del ciudadano culto (ésa era la función de la poesía y la del teatro). Más tarde, con la ascensión del género a la cultura oficial, su forma se fue puliendo, complicando, y sus anécdotas enrevesando y sutilizando para expresar de manera más completa la realidad humana, esa infinita complejidad. Pero la naturaleza plebeya, llena de impurezas, del género narrativo ha sobrevivido a todos los intentos de desbastarlo y vestirlo con los atuendos más elegantes de la lengua y la cultura. A diferencia de lo que ocurre con la poesía, donde es indispensable la perfección, en la novela la absoluta excelencia es imposible. O, en todo caso, inconveniente. Porque desde que ella nació como invención humana sus lectores han buscado en sus páginas la satisfacción de ciertos apetitos y carencias que son la definición misma de la imperfección humana, de todo aquello que subyuga, limita y arruina a la especie y le impide alcanzar ese patrón ideal, esa meta, que le fijan inútilmente las religiones, los códigos éticos, las filosofías. Por eso, a diferencia de lo que ocurre con un mal poema, que siempre nos aburre y disgusta, una «mala novela», a condición de que respete ciertas reglas básicas del género, puede seducirnos y llevarnos de la nariz a donde se propuso. Es decir, a la risa, a la ternura, al odio, a la simpatía, al deseo y a la compasión.

Al este del Edén no es comparable con ninguna de las grandes novelas norteamericanas de su tiempo y ni siquiera tiene los atributos de otras novelas del propio Steinbeck, como el vigor de *Las uvas de la ira* o la delicadeza de *La perla*. Adolece de algunos defectos de construcción —la falta de coherencia en el punto de vista, por ejemplo— sorprendentes en un escritor tan experimentado y diverso, y no sería difícil trazar un largo catálogo de sus limitaciones en lo relativo a su arquitectura, a su estilo, al trazado de sus caracteres, a la superficialidad de sus ideas y a la visión ingenua, maniquea, de la vida social que ofrece. Y, sin embargo, pese a todo ello, es una historia que se lee con apasionamiento, saltando las páginas, con el ánimo anhelante por saber qué va a pasar. Quien la escribió era alguien que sabía qué contar, aunque no hubiera alcanzado la pericia sobre el cómo contar de sus contemporáneos Hemingway, Faulkner o Fitzgerald. No era un gran creador de palabras ni de órdenes narrativos, pero sí un consumado relator, con un instinto certero de lo que se debe decir y lo que se debe ocultar para excitar la atención y prolongarla, y de qué medio valerse para, esquivando la inteligencia del lector, fraguar personajes, situaciones, acciones que golpearan directamente su corazón y sus instintos. Ese talento primitivo de narrador congenia bien con el mundo primitivo que es el de la mayoría de sus historias y en especial con el de *Al este del Edén*.

Un mundo a medio hacer, haciéndose, donde los hombres aún luchan por domesticar la Naturaleza y lo hacen con sus propias manos encallecidas. Un mundo simple y frugal, organizado por creencias tan rudas y sencillas como sus habitantes, en el que las grandes hazañas físicas y la forma directa, campechana, de la existencia deja entrever, sin embargo, de cuando en cuando, todo un infierno secreto de represiones, frustraciones y violencias íntimas. Guardando todas las distancias, las primeras novelas debieron escribirse en sociedades así, en mundos en parecido estado de formación, para dar solaz, esparcimiento y premio a esos espíritus fatigados en la dura lucha por la existencia. Las fantasías novelescas no tenían por objeto entonces reproducir lo que esos hombres y mujeres ya conocían de la vida. Más bien, completar su existencia con aquello que les faltaba, con los fantasmas que sus deseos fraguaban para enriquecer la realidad. Esas historias eran apasionantes e irreales, tiernas, terribles, extravagantes y amenas, como lo es la de *Al este del Edén*. Leyéndola, el entretenido lector siente que, con todos sus defectos, esta historia está amasada con el barro magnífico de las más antiguas, de las indestructibles historias.

Londres, 26 de setiembre de 1989

¿Es posible ser suizo?

¿Es tan terrible ser suizo? Leyendo a algunos autores contemporáneos de ese país se diría que no hay pesadilla más siniestra que la civilización. Ser prósperos, bien educados y libres resulta, por lo visto, de un aburrimiento mortal. El precio que se paga por gozar de semejantes privilegios es la monotonía de la existencia, un conformismo endémico, la merma de la fantasía, la extinción de la aventura y una formalización de las emociones y los sentimientos que reduce las relaciones entre los seres humanos a gestos y palabras rituales carentes de sustancia.

Tal vez sea así. Tal vez el progreso material y el desarrollo político que tantos pueblos pobres y reprimidos miran como paradigma tenga un aspecto deprimente. Ello sólo prueba, claro está, algo que podíamos saber echando una ojeada a la historia que ha corrido: todo estadio del progreso humano trae consigo nuevas formas de frustración e infelicidad para la especie, distintas de aquellas que ha dejado atrás, y, por lo tanto, nuevas razones para la inconformidad y el deseo de una vida distinta y mejor. Eso no significa que no exista algo llamado progreso, que la civilización sea un fraude, sino que estas nociones nunca se traducen en formas acabadas y perfectas de existencia. Ambas son provisionales y relativas y valen sobre todo como términos de comparación. Por avanzada y admirable que sea una sociedad, el descontento habitará en ella, y, si no fuera así, convendría provocarlo aunque sea artificialmente, para la salud futura de aquel pueblo. Pero el progreso existe: es preferible morirse de aburrimiento siendo suizo que perecer de hambre en Etiopía o por obra de las torturas en cualquier satrapía tercermundista.

Pero es importante, sobre todo, que los hombres que luchan para que algún día sus países alcancen los niveles de desarrollo de una Suiza conozcan las máculas que pueden afear un logro así, a ver si de esta manera las evitan o por lo menos atenúan. Y para conocer aquel peligro nada mejor que la literatura, actividad que atestigua mejor que ninguna otra sobre el espíritu de contradicción del ser humano, su resistencia a conformarse con aquello —no importa cuán digno y elevado sea— que ha conseguido. A esa insatisfacción que acompaña como una sombra al hombre de Occidente desde los albores griegos debe esta cultura haber llegado tan lejos; pero, también, el haber sido incapaz de hacer más felices a esos ciudadanos que, tropezones aparte, iba haciendo cada día menos pobres, más cultos y más libres.

Ésta es la problemática que anida en el corazón de *No soy Stiller,* y no es extraño que el libro tuviera tanto éxito en Europa y en Estados Unidos cuando apareció, en 1954. La novela de Max Frisch, aunque situada en Suiza, aludía a un asunto que concierne íntimamente a todas las sociedades liberales desarrolladas. Se puede formular de manera muy simple: ¿quién es culpable, en países así, de que la felicidad sea imposible: los individuos particulares o la sociedad en general? La pregunta no es académica. Averiguar si el desarrollo material y político que ha alcanzado el Occidente es incompatible con vidas individuales intensas y ricas, capaces de colmar las inquietudes más íntimas y el deseo de plenitud y originalidad que alienta en los seres humanos (en muchos de ellos, por lo menos), es saber si la civilización democrática no conduce también a la uniformización y a la destrucción del individuo, ni más ni menos que aquellas sociedades cerradas y organizadas bajo el rígido patrón de un ideal colectivista.

Anatol Stiller, escultor de Zúrich que peleó con las brigadas internacionales en la guerra de España (donde protagonizó un humillante episodio por no atreverse a disparar cuando debía), un buen día, siguiendo un impulso difuso, huye de su mujer, de su vocación, de su país y de su nombre. Vagabundea por Estados Unidos y por México y casi siete años más tarde reaparece en Suiza, con un pasaporte norteamericano, bajo el nombre de Sam White. Allí es detenido por la policía, que sospecha su verdadera identidad y quiere establecer si tuvo participación en un hecho criminal, el «asunto Smyrnov».

La novela son los cuadernos que escribe Stiller en la cárcel, mientras se investiga su caso, y un epílogo redactado por el fiscal Rolf, cuya mujer, Sibylle, fue amante de Stiller poco antes de la misteriosa desaparición del escultor.

Durante buena parte de la historia, una incógnita impregna de tensión al relato: ¿es Stiller el señor White, como pretende la policía, o se trata de un absurdo malentendido, según afirma el arrestado? La duda está alimentada por contradicciones objetivas y, sobre todo, por la categórica convicción con la que el autor de los cuadernos niega ser Stiller. Pero luego, cuando, a través de su propio testimonio, va transpareciendo la verdad y resulta evidente que Stiller y White son la misma persona, otra incógnita toma el relevo de la primera, para mantener alerta el interés del lector. ¿Qué ocurre con el escultor? ¿Por qué huye de sí mismo y rechaza su pasado y su nombre con esa obcecada desesperación? ¿Es ésta una fuga dictada por el remordimiento, una inconsciente manera de rehuir la responsabilidad que le incumbe en el fracaso de su relación sentimental con Julika? ¿O se trata de algo más abstracto y complejo, del rechazo de una cultura, de unas maneras de ser y de vivir que fueron siempre para Stiller incompatibles con una realización plena de la existencia?

A diferencia de la primera, esta segunda incógnita no la resuelve la novela: la tarea concierne al lector. El libro se limita a suministrarle un abundante y heterogéneo material de episodios y situaciones de la vida de Stiller a fin de que, expurgándolos y cotejándolos, cada cual saque sus conclusiones. Y la densidad y sutileza de esta documentación existencial son tales que, en verdad, las conclusiones que se pueden sacar sobre Stiller son muy diversas. Desde la patológica, un simple caso de esquizofrenia, hasta la metafísica cultural, una recusación alegórica del «ser suizo», o, mejor dicho, de la imposibilidad, siéndolo, de asumir la condición humana en todas sus ricas y múltiples posibilidades.

¿Qué es lo que Stiller detesta de su mundo zuriqués? Que todo esté tan limpio y ordenado y que la vida sea para sus compatriotas una rutina previsible de la que han sido excluidos los excesos y la grandeza. A la mediocridad, piensa, sus compatriotas la han disfrazado con el virtuoso nombre de «templanza», y, como han renunciado a la «audacia», han ido perdiendo espiritualidad y muriéndose, vaciándose de fuerza vital: «La atmósfera suiza está necesitada de vida, necesitada de espíritu en el sentido de que el hombre pierde espiritualidad al no aspirar a la perfección». Ni siquiera la libertad de que se jactan los suizos le parece real, pues el conformismo ha erradicado de sus vidas «el peligro de la duda» y esa actitud es para el escultor prototípica de la falta de libertad.

En esta atmósfera de «suficiencia opresiva», todo lo que implica un riesgo o una ruptura con las formas establecidas de existencia tiende a ser reprimido y evitado, y por ello esa mediocridad disimulada bajo la bonanza material se infiltra también en las relaciones humanas, empobreciéndolas y frustrándolas, como muestran las dos historias de amor —si se las puede llamar así— que figuran en la novela: la de Julika y Stiller y la de Rolf y Sibylle.

Pese a los desplantes y arrebatos anticonformistas del escultor, sus conflictos conyugales con Julika, la bella bailarina de ballet víctima de la tuberculosis, a quien hace sufrir y maltrata antes de abandonar —para luego recuperar a medias a su retorno a Suiza—, son típicamente burgueses (y un tanto tediosos). Nunca queda muy claro qué reprocha Stiller a la delicada y paciente Julika. ¿Su delicadeza y paciencia, tal vez? ¿Su resignación a lo que es y a lo que tiene? ¿No «amar lo imposible», según la fórmula de Goethe que él quisiera convertir en norma de conducta? O tal vez sea el temor de verse arrastrado por ella a la vida convencional, a la *aurea mediocritas* de sus conciudadanos, lo que repele a Stiller en esa mujer a la que, por otra parte, no hay duda de que ama. Cuando, a su regreso a su país y a su identidad, Stiller trata de reconstituir aquel amor frustrado es ya tarde y una muerte vulgar —de folletín— pone fin al intento.

La historia sentimental del fiscal Rolf y su mujer Sibylle, contada al sesgo de la aventura de Stiller, es acaso lo más logrado del libro y la que mejor ilustra aquella enajenación del amor por obra de la civilización moderna que es la gran acusación de *No soy Stiller*.

Jóvenes, cultos, desprejuiciados, los esposos han decidido que su matrimonio será una relación abierta y sin servidumbres, en la que ambos conservarán su independencia y libertad. La bella teoría —como suele ocurrir— no llega a funcionar en la práctica. Cuando Sibylle tiene un amante (Stiller), Rolf sufre una profunda impresión. Tal vez descubre entonces, por primera vez, que ama y necesita a su mujer. Y la aventura de ésta con el escultor da la impresión de una instintiva estrategia de Sibylle para provocar el amor de Rolf, o, en otras palabras, para animarlo, encenderlo, cargarlo de sustancia y salvarlo de la rutina. Las condiciones están dadas para que esta pareja, que en el fondo se ama, se ame también en las formas y resulte de ello una relación intensa y recíprocamente enriquecedora. Pero ello es imposible, porque ninguno es capaz de apartarse de las buenas maneras, contenidas y frías, que constituyen en ambos algo así como una segunda naturaleza. Formales hasta en la informalidad que han querido introducir en su matrimonio, Rolf y Sibylle acaban separándose. Más tarde se reconcilian y, en cierto modo, llegan a ser felices, pero de esa manera pasiva y resignada —formal— que a Stiller causa espanto.

Ocurre que en el escultor hay un sustrato romántico —amar lo imposible— que lo condena a la desdicha. Lamartine, comentando *Los miserables* de Victor Hugo, escribió que lo peor que le podía ocurrir a un pueblo era contraer la «pasión de lo imposible». También para los individuos es ésta una enfermedad muy arriesgada. Pero de ella, agreguemos, no sólo han resultado muchos sufrimientos para los hombres; también, las más extraordinarias hazañas del espíritu humano, las obras maestras del arte y el pensamiento, los grandes descubrimientos científicos y —lo más importante— la noción y la práctica de la libertad. «Amar lo imposible» forma parte de la naturaleza del hombre, ser trágico a quien han sido dados el deseo y la imaginación, que lo inducirán siempre a querer romper los límites y alcanzar aquello que no es y que no tiene.

Es esto, probablemente, más que las imperfecciones de su país, lo que lleva a Anatol Stiller a huir en busca de aquello que intuye como una garantía de plenitud: la aventura y el exotismo. En sus años de exilio voluntario parece haber llevado una existencia errante y primordial, en Estados Unidos y en México, de la que sus diarios nos dejan entrever algunas briznas. Son evocaciones impregnadas de cierta melancolía y que, a menudo, alcanzan un alto nivel artístico, como la hermosa descripción de los jardines de Xochimilco, o la del mercado de Amecameca y la del día de los muertos en Janitzio, y una amenidad muy pintoresca, como el relato de la súbita aparición de un volcán en la hacienda tabacalera de Paricutín donde Stiller —su fantasma, más bien— trabajaba como bracero.

¿Encontró el escultor prófugo de la castradora civilización urbana occidental la intensidad de vida que buscaba viviendo de manera primitiva en los bosques de Oregón o compartiendo la miseria y la explotación de los campesinos mexicanos? Su testimonio es vago, pero la ironía y el sarcasmo que a veces brotan en esos recuerdos parecerían indicar que la respuesta es negativa. Aunque no lo diga, se tiene la impresión de que, al retorno de su peregrinaje, Stiller ha comprendido esta dura verdad: que la vida real no estará nunca a la altura de los sueños de los individuos, y que, por lo tanto, la insatisfacción que lo llevó a desaparecer está condenada a no ser jamás satisfecha.

Salvo, sin duda, en el plano de lo imaginario, en el de la ficción. Allí sí los hombres pueden saciar —y de manera inocua— su vocación por el exceso, el apetito por existencias fuera de lo común, o por el drama y el apocalipsis. Es algo que por lo visto aprende Stiller en la prisión preventiva donde lo encierran las autoridades mientras averiguan su identidad. Al buenazo de Knobel, su guardián, lo entretiene y aterra refiriéndole supuestos crímenes que habría cometido y diversas anécdotas, llenas de gracia y de color, que se adivinan falaces o profundamente distorsionadas. Son páginas que el lector agradece por el humor y la picardía que hay en ellas, pues hacen el efecto de un refrescante bálsamo en un libro, en su conjunto, de movimientos lentos y saturado de sombrío pesimismo.

Por lo demás, la mera existencia de una novela como *No soy Stiller* contradice la tesis que ella propone. La atroz civilización del país donde la historia sucede no debe ser tan destructora del espíritu crítico ni tan generalizado el conformismo que ella segrega, cuando en su seno surgen contradictores tan severos como Max Frisch y protestas tan aceradas como esta novela.

No hay que perder, pues, las esperanzas: con un poco de suerte, el limbo suizo llegará, quizás, algún día, a ser el infierno tan deseado por gentes como Anatol Stiller.

Barranco, 12 de febrero de 1988

LOLITA (1955)
Vladimir Nabokov

Lolita cumple treinta años

Lolita hizo a Nabokov rico y famoso pero el escándalo que rodeó su aparición creó en torno a esta novela un malentendido que ha durado hasta nuestros días.
Hoy, cuando la bella *nymphette* está acercándose, horror
de horrores, a la cuarentena, conviene situarla donde le
corresponde, es decir, entre las más sutiles y complejas
creaciones literarias de nuestro tiempo. Lo cual no significa por cierto que no sea, también, un libro provocador.
Pero que sus primeros lectores sólo advirtieran
esto último y no lo otro —algo que hoy resulta evidente
para cualquiera de mediana sensibilidad— no deja de ser
instructivo sobre las resistencias que encuentra una obra
realmente novedosa para ser apreciada en su justo valor.
El hecho es que cuatro editoriales norteamericanas rechazaron el manuscrito de *Lolita* antes de que Nabokov
lo entregara a Maurice Girodias, de Olympia Press, editorial parisina que publicaba libros en inglés y que se había
hecho célebre por el número de juicios y decomisos de
que había sido víctima, acusada de obscenidad y de atentar
contra las buenas costumbres. (Su catálogo era un disparatado entrevero de pornografía barata y genuinos artistas como Henry Miller, William Burroughs y J. P. Don-
leavy.) La novela apareció en 1955 y un año después fue
prohibida por el ministro francés del Interior. Para entonces ya había circulado profusamente —Graham Greene desató una polémica proclamándola el mejor libro del

año— y la rodeaba esa aureola de «novela maldita» de la que nunca se ha podido desprender y que, en cierto sentido, pero no en el que habitualmente se entiende, merece. Pero fue sólo a partir de 1958, cuando aparecieron la edición estadounidense y decenas de otras en el resto del mundo, que el libro produjo el impacto que desbordaría considerablemente el número de sus lectores. En poco tiempo, había universalizado un nuevo término, la «lolita», para un nuevo concepto: la niña-mujer, emancipada sin saberlo y símbolo inconsciente de la revolución de las costumbres contemporáneas. En cierto modo, *Lolita* es uno de los hitos inaugurales, y, también, sin duda, una de sus causas, de la era de la tolerancia sexual, la evaporación de los tabúes entre los adolescentes de Estados Unidos y de Europa occidental que alcanzaría su apogeo en los sesenta. La nínfula (término que por una razón acústica carece de toda la ambigüedad perversa e incitante del neologismo original: *the nimphet*) no nació con el personaje de Nabokov. Existía, qué duda cabe, en los sueños de los pervertidos y en las ansias, ciegas y trémulas, de las niñas inocentes, y la evolución de los hábitos y la moral la iba cuajando, irresistiblemente. Pero, gracias a la novela, perdió su semblante vago y se corporizó, abandonó su clandestinidad nerviosa y ganó derecho de ciudad.

Que una novela de Nabokov provocara semejante trastorno contaminando el comportamiento de millones de personas y pasara a formar parte de la mitología moderna es, en todo caso, lo extraordinario del asunto. Porque resulta difícil imaginar entre los escritores de este siglo a uno con menos predilección por lo popular y la actualidad —y, casi casi, la mera realidad, palabra que, escribió, no significa nada si no va entre comillas— que el autor de *Lolita*. Nacido en 1899, en San Petersburgo, en una familia de la aristocracia rusa —su abuelo paterno había sido ministro de Justicia de dos zares y su padre un político liberal al que asesinaron unos extremistas monárquicos, en Berlín—, Vladimir Vladimirovich Nabokov había recibido una educación esmerada, que hizo de él un políglota. Tuvo dos niñeras inglesas, una gobernanta suiza y un preceptor francés, y estudió en Cambridge antes de expatriarse, con motivo de la Revolución de octubre, a Alemania. Aunque su libro más audaz *(Pale Fire)* sólo saldría en 1962, cuando apareció *Lolita* el grueso de la obra de Nabokov estaba ya publicado. Era vasta pero apenas conocida: novelas, poemas, teatro, ensayos críticos, una biografía de Nikolai Gogol, traducciones al y del ruso. Había sido escrita al principio en ruso, luego en francés y, finalmente, en inglés. Su autor, que, luego de Alemania, vivió en Francia, optó finalmente por los Estados Unidos, donde se ganaba la vida como profesor universitario y practicaba, en los veranos, su afición segunda: la entomología, especialidad lepidópteros. Tenía publicados algunos artículos científicos y era el primer descriptor, por lo visto, de tres mariposas: *Neonympha maniola nabokov, Echinargus nabokov* y *Cyclargus nabokov.*

Esta obra que, gracias al éxito de *Lolita,* resucitaría en reediciones y traducciones múltiples, era «literaria» en un grado que sólo otro contemporáneo de Nabokov —Jorge Luis Borges— ha logrado alcanzar. «Literaria»: quiero decir enteramente construida a partir de las literaturas preexistentes y de un exquisito refinamiento intelectual y verbal. *Lolita* también es prueba de ello. Pero, además, y ésa fue la gran novedad que significó dentro del conjunto de la obra de Nabokov, se trata de una novela en la que el casi demoníaco enrevesamiento de su hechura venía revestido de una anécdota aparentemente simple y atractivamente brillante: la seducción de una chiquilla de doce años y siete meses —Dolores Haze, Dolly, Lo o Lolita— por su padrastro, el suizo obsesivo y cuarentón conocido sólo por un seudónimo, Humbert Humbert, y la circulación de sus amores por todo lo largo y lo ancho de Estados Unidos.

Una gran obra literaria admite siempre lecturas antagónicas, es una caja de Pandora donde cada lector descubre sentidos, matices, motivos y hasta historias diferentes. Es el caso de *Lolita,* que ha hechizado a los lectores más superficiales a la vez que seducía con su surtidor de ideas y alusiones y la delicadeza de su factura al ilustrado que se acerca a cada libro con el desplante que lanzó aquel joven a Cocteau: *Étonnez-moi!* (¡Sorpréndame!)

En su versión más explícita, la novela es la confesión escrita de Humbert Humbert, a los jueces del tribunal que va a juzgarlo por asesino, de aquella predilección suya por las niñas precoces, que, creciendo con él desde su infancia europea, alcanzaría su clímax y satisfacción en un perdido pueblito de Nueva Inglaterra, Ramsdale. Allí, con la aviesa intención de llegar más fácilmente a su hija Lolita, H. H. desposa a una viuda relativamente acomodada, Mrs. Charlotte Becher Haze. El azar, en forma de automóvil, facilita los planes de Humbert Humbert, arrollando a su esposa y poniendo en sus manos, literal y legalmente, a la huérfana. La relación semiincestuosa dura un par de años, al cabo de los cuales Lolita se fuga con un autor teatral y guionista cinematográfico, Clare Quilty, a quien, luego de una tortuosa búsqueda, Humbert Humbert da muerte. Éste es el crimen por el que va a ser juzgado cuando se pone a escribir el manuscrito que, dentro de la mentirosa tradición de Cide Hamete Benengeli, dice ser *Lolita.*

Humbert Humbert cuenta esta historia con las pausas, suspensos, falsas pistas, ironías y ambigüedades de un narrador consumado en el arte de reavivar a cada momento la curiosidad del lector. Su historia es escandalosa pero no pornográfica, ni siquiera erótica. No hay en ella la menor complacencia en la descripción de los avatares sexuales —condición sine qua non de la pornografía— ni, tampoco, una visión hedonista que justificaría los excesos del narrador-personaje en nombre del placer. Humbert Humbert no es un libertino ni un sensual: es apenas un obseso. Su historia es escandalosa, ante todo, porque él la siente y la presenta así, subrayando a cada paso su «demencia» y «monstruosidad» (son sus palabras). Es la conciencia transgresora del protagonista la que confiere a su aventura su índole malsana y moralmente inaceptable, más que la edad de su víctima, quien, después de todo, es apenas un año menor que la Julieta de Shakespeare. Y contribuye a agravar su falta y a privarlo de la conmiseración del lector su antipatía y arrogancia, el desprecio que parecen inspirarle todos los hombres y mujeres que lo rodean, incluidos los bellos animalitos semipúberes que tanto lo inflaman.

Más que la seducción de la pequeña ninfa por el hombre taimado, tal vez ésta sea la mayor insolencia de la novela: el rebajamiento a fantoches risibles de toda la humanidad que asoma por la historia. Una burla incesante de instituciones, profesiones y quehaceres, desde el psicoanálisis —una de las bestias negras de Nabokov— hasta la educación y la familia, permea el monólogo de Humbert Humbert. Al pasar por el tamiz corrosivo de su pluma, todos los personajes se vuelven tontos, pretenciosos, ridículos, previsibles y aburridos. Se ha dicho que la novela es, sobre todo, una crítica feroz del universo de la clase media norteamericana, una sátira del mal gusto de sus moteles, de la ingenuidad de sus ritos y la inconsistencia de sus valores, una abominación literaria de aquello que Henry Miller bautizó: «La pesadilla refrigerada».

Por su parte, el profesor Harry Levin explicó que *Lolita* era una metáfora que refería el sentimiento de un europeo que, luego de caer rendido de amor por los Estados Unidos, se decepciona brutalmente de este país por su falta de madurez.

Yo no estoy seguro de que Nabokov haya inventado esta historia con intenciones simbólicas. Mi impresión es que en él, como en Borges, había un escéptico, desdeñoso de la modernidad y de la vida, a las que ambos observaban con ironía y distancia desde un refugio de ideas, libros y fantasías en el que permanecieron amurallados, distraídos del mundo gracias a prodigiosos juegos de ingenio que diluían la realidad en un laberinto de palabras y de imágenes fosforescentes. En ambos escritores, tan afines en su manera de entender la cultura y practicar el oficio de escribir, el arte eximio que crearon no fue una crítica de lo existente sino una manera de desencarnar la vida, disolviéndola en un fulgurante espejismo de abstracciones.

Y eso es también *Lolita,* una barroca y sutil sustitución de lo que existe, para quien, yendo más allá de su anécdota, considera sus misterios, trata de resolver sus acertijos, desentraña sus alusiones y reconoce las parodias y pastiches de su hechura. Se trata de un desafío que el lector puede aceptar o rechazar. De todos modos, la lectura puramente anecdótica de la novela es más que divertida. Ahora bien, quien se anima a leerla de la otra manera descubre que *Lolita* es un pozo sin fondo de referencias literarias y malabarismos lingüísticos que constituyen un denso entramado y, acaso, la verdadera historia que Nabokov quiso contar. Una historia tan intrincada como la de su novela *La defensa* (aparecida en ruso, en 1930), cuyo héroe es un ajedrecista loco que inventa una nueva jugada defensiva, o la de *Pálido fuego,* ficción que adopta la apariencia de la edición crítica de un poema y cuya jeroglífica anécdota va surgiendo, como al sesgo del narrador, del cotejo de los versos del poema y de las notas y comentarios de su editor.

La caza de los tesoros ocultos en *Lolita* ha dado origen a abundantes libros y tesis universitarias, en los que casi siempre, por desgracia, desaparecen el humor y el espíritu lúdico con que tanto Nabokov como Borges supieron transmutar la erudición (cierta o ficticia) en arte.

Las acrobacias lingüísticas de la novela pasan difícilmente la prueba de la traducción. Algunas, como las vertidas en francés en el original, permanecen allí con su travesura y malacrianza. Un ejemplo, entre mil: el extraño endecasílabo que se recita Humbert Humbert cuando se dispone a ir a matar al hombre que le arrebató a Lolita. ¿A qué y a quién se refiere este: *Réveillez-vous, Laqueue, il est temps de mourir*? ¿Es una cita literaria textual o amañada, como otras del libro? ¿Por qué apoda el narrador a Clare Quilty *Laqueue*? ¿O se inflige este sobrenombre a sí mismo? El profesor Carl L. Proffer, en un ameno manual, *Keys to Lolita*, ha resuelto el enigma. Se trata, simplemente, de una retorcida obscenidad. *La queue*, la cola, significa en jerga francesa el falo; «morir», eyacular. Así pues, el verso es una alegoría que condensa, con ritmo clásico, una premonición del crimen que Humbert Humbert va a cometer y la causal del asesino (haber poseído el fálico Clare Quilty a Lolita).

A veces, las alusiones o adivinanzas son simples digresiones, entretenimientos solipsísticos de Humbert Humbert que no afectan al desarrollo de la historia. Pero en otros casos tienen una significación que la altera recónditamente. Así ocurre con todos los datos e insinuaciones relativos al personaje más inquietante, que no es Lolita ni el narrador, sino el furtivo dramaturgo, aficionado al marqués de Sade, libertino, borracho, drogadicto y, según confesión propia, semiimpotente, Clare Quilty. Su aparición trastoca el libro, encamina el relato por un rumbo hasta entonces imprevisible, incorporándole un tema dostoievskiano: el del doble. Por su culpa, surge la sospecha de que toda la historia pueda ser una mera elaboración esquizofrénica de Humbert Humbert, quien, ya ha sido advertido el lector, ha hecho varias curas en asilos de alienados. Además de robarse a Lolita y morir, la función de Clare Quilty parece ser la de dibujar un alarmante signo de interrogación sobre la credibilidad del (supuesto) narrador.

¿Quién es este extraño sujeto? Antes de materializarse en la realidad ficticia, para llevarse a Lolita del hospital de Elphinstone, va siendo secretado por el delirio de persecución de Humbert Humbert. Es un automóvil que aparece y desaparece, igual que un fuego fatuo, un borroso perfil que se pierde a lo lejos, en una colina, luego de un partido de tenis con la niña-mujer, y una miríada de anuncios que sólo la neurosis detallista y alerta del narrador puede deletrear. Y más tarde, cuando éste emprende, en pos de los prófugos, esa extraordinaria recapitulación de sus recorridos por la geografía norteamericana —ejercicio de magia simpatética que quiere resucitar los dos años de felicidad vividos con la nínfula, repitiendo el itinerario y las hosterías que le sirvieron de decorado—, Humbert Humbert va encontrando, en cada escala, desconcertantes huellas y mensajes de Clare Quilty. Ellos revelan un conocimiento poco menos que omnisciente de la vida, la cultura y las manías del narrador y una suerte de complicidad subliminal entre ambos. Pero ¿se trata, en verdad, de dos personas? Lo que tienen en común supera largamente lo que los separa. Son más o menos de la misma edad y comparten los mismos apetitos por las nínfulas en general y por Lolita Haze en particular, así como por la literatura, que ambos practican (aunque con éxito desigual). Pero la más notable simbiosis de ambos tiene que ver con esos pases de prestidigitación que intercambian a la distancia y de los que Lolita se vuelve apenas un pretexto, elegante y secreta comunicación que literaturiza la vida, revolucionando la topografía y la urbanística con la varita mágica del lenguaje, mediante la invención de aldeas y accidentes que despiertan ecos líricos y novelescos y de apellidos que generan asociaciones poéticas, según un estrictísimo código cuyas claves sólo ellos son capaces de manejar.

La escena cumbre de la novela no es la primera noche de amor de Humbert Humbert —reducida a su mínima expresión y poco menos que convertida en un dato escondido— sino el demorado y coreográfico asesinato de Clare Quilty. Cráter de máxima concentración de vivencias, alarde de virtuoso que baraja con sabiduría el humor, el dramatismo, el detalle inusitado, la alusión sibilina, todas las certezas que teníamos sobre la realidad ficticia en esas páginas comienzan a tambalearse, roídas súbitamente por la duda. ¿Qué está ocurriendo allí? ¿Asistimos al diálogo del asesino y su víctima o, más bien, al desdoblamiento pesadillesco del narrador? Es una posibilidad que insinúan las filigranas del texto: que, al fin de ese proceso de desintegración psíquica y moral, derrotado por la nostalgia y remordimiento, Humbert Humbert estalle *stricto sensu* en dos mitades, la conciencia lúcida y recriminadora que se observaba y se juzgaba, y su cuerpo vencido y abyecto, sede de aquella pasión a la que cedió sin concederse, empero, el placer ni la benevolencia. ¿No es a sí mismo, a lo que detesta de sí mismo, a quien asesina Humbert Humbert en esa fantasmagórica escena en la que la novela, en un salto dialéctico, parece desertar el realismo convencional en el que hasta entonces transcurría para acceder a lo fantástico?

En todas las novelas de Nabokov —pero, sobre todo, en *Pálido fuego*— la arquitectura es tan astuta y sutil que acaba borrando lo demás. También en *Lolita* la inteligencia y la destreza de la construcción son tales que resaltan con fuerza, anteponiéndose a la historia, mermándola de vida y libertad. Pero en esta novela, al menos por momentos, la materia se defiende y resiste el asalto de la forma, pues lo que cuenta tiene raíces profundas en lo más vivo de lo humano: el deseo, la fantasía al servicio del instinto. Y sus personajes consiguen provisionalmente vivir, sin convertirse, como los de otras novelas —o como los personajes borgianos—, en las sombras chinas de un intelecto superior.

Sí, cumplidos los treinta, Dolores Haze, Dolly, Lo, Lolita, sigue fresca, equívoca, prohibida, tentadora, humedeciendo los labios y acelerando el pecho de los caballeros que, como Humbert Humbert, aman con la cabeza y sueñan con el corazón.

Londres, enero de 1987

EL GATOPARDO (1957)
Giuseppe Tomasi de Lampedusa

Mentira de príncipe

El Gatopardo es una de esas obras literarias que
aparecen de tiempo en tiempo y que, a la vez que nos deslumbran, nos confunden, porque nos enfrentan al misterio de la genialidad artística. Una vez agotadas todas las
explicaciones a nuestro alcance —y Dios sabe hasta qué
extremos han sido averiguadas y manoseadas las fuentes
de este libro y la peripecia biográfica de su autor—, satisfecha nuestra curiosidad sobre las circunstancias en que se
gestó, una duda fundamental queda planeando, incólu-
me: ¿cómo fue posible? Que no haya respuesta definitiva
significa, simplemente, que esos ocasionales estallidos que
desarreglan la producción literaria de una época fijándole
nuevos topes estéticos y desbarajustando su tabla de valores reposan sobre un fondo de irracionalidad humana y de
accidente histórico para los que nuestra capacidad de análisis es insuficiente. Ellos nos recuerdan que el hombre es,
siempre, algo más que razón e inteligencia.
  El Gatopardo es una de esas excepciones que esporádicamente empobrecen su contorno literario, revelándonos, por contraste, la modestia decorosa o la mediocridad
rechinante que lo caracteriza. Apareció en 1957 y desde
entonces no se ha publicado en Italia, y acaso en Europa,
una novela que pueda rivalizar con ella en delicadeza de
textura, fuerza descriptiva y poder creador.
  Casi tan desconcertante como su belleza son los
anacronismos estéticos e ideológicos con que el príncipe

Giuseppe Tomasi de Lampedusa (pues, para complicar las cosas, este genio era un príncipe con ancestros identificables, al parecer, hasta Tiberio I, emperador de Bizancio en el siglo VI) elaboró su novela. Uno se siente inclinado a excusar a los lectores de Mondadori que rechazaron el manuscrito e, incluso, a entender las razones que llevaron al mandarín literario del momento, en Italia, Elio Vittorini, a cerrarle las puertas de la editorial Einaudi. ¿Cómo hubiera podido ser de otro modo? Si *El Gatopardo* era una gran novela, ¿qué cosa podían ser, entonces, las elucubraciones político-filosóficas que Vittorini y otros hacían pasar en ese momento por novelas? Eran los años de la *letteratura impegniata* y todos, mal educados por Gramsci y Sartre, creíamos que el genio era también una elección ideológica, una toma de posición moral y políticamente «correcta» a favor de la justicia y el progreso.

La obra maestra de Tomasi de Lampedusa vino a recordar que el genio era más complicado y arbitrario y que, en su caso, objetar la noción misma de progreso, descreer de la posibilidad de la justicia y asumir de manera resuelta una visión retrógrada —y aun cínica— de la Historia, no era obstáculo para escribir una imperecedera obra artística. Porque todas esas cosas, y aun peores, es *El Gatopardo* si se la juzga, como sin duda hizo Vittorini, desde una perspectiva sólo ideológica. Por fortuna, ahora parece haber quedado claro que quien lee de ese modo hace una lectura pobre y confusa de la literatura.

Para gozar de una novela como *El Gatopardo* hay que admitir que una ficción no es esta realidad en la que estamos inmersos sino una ilusión que a fuerza de fantasía y de palabras se emancipa de ella para constituir una realidad paralela. Un mundo que, aunque erigido con materiales que proceden todos del mundo histórico, lo rechaza radicalmente, enfrentándole un persuasivo espejismo en el que el novelista ha volcado su ira y su nostalgia, su quimera de una vida distinta, desatada de las horcas caudinas de la muerte y del tiempo. Una novela lograda nos recuerda que la realidad en la que estamos es insuficiente, que somos más pobres que aquello que soñamos e inventamos. Y pocas novelas contemporáneas nos lo hacen saber tan bellamente como *El Gatopardo*.

Tiene sólo un interés muy relativo saber que el modelo del príncipe Fabrizio de Salina de la novela fue un antepasado decimonónico de Tomasi de Lampedusa: don Giulio Maria Fabrizio, distinguido matemático y astrónomo, descubridor de dos asteroides —a los que bautizó Palma y Lampedusa— y que fue premiado por ello con un diploma de la Sorbona. Se casó con la marquesita Maria Stella Guccia y murió en Florencia, de tifus, en 1885, es decir, dos años después que el personaje del que fue modelo. Está enterrado en Palermo, en el cementerio de los capuchinos, muy cerca de su bisnieto, el autor de la novela. Éste es un dato útil para saber que Lampedusa, como hacen siempre los novelistas, fraguó su novela con recuerdos personales y familiares y una honda nostalgia. Su libro está atiborrado de personas y lugares a los que los arqueólogos literarios han identificado en la topografía de Sicilia y las relaciones del autor.

Pero este cateo de fuentes sólo importa para conocer lo que Lampedusa hizo con ellas. ¿En qué transforma la novela esa Sicilia que simula reconstruir en ocho episodios que se inician, en mayo de 1860, con el desembarco de las fuerzas de Garibaldi en la isla y las contiendas que sellarán la unidad italiana, y se cierran, medio siglo después, en 1910, con el desmantelamiento por el cardenal de Palermo del almacén de reliquias de santos entre las que languidecen, vueltas reliquias también, las señoritas Concetta, Carolina y Catalina, hijas del príncipe Fabrizio? En ocho murales de una suntuosidad renacentista en los que, como ocurre siempre en la pintura pero pocas veces en la narrativa, ha sido congelado el tiempo. Es verdad que en cada uno de estos cuadros hay una viva animación sensorial, un chisporroteo de colores, olores, sabores, formas, ideas y emociones tan atractivamente presentados que se abalanzan sobre nosotros desde la página inerte y nos arrastran en su hechizo verbal. Pero, propiamente hablando, no ocurre en ellos nada que los enlace y confunda en una continuidad, en esa sucesión de experiencias en que, en la vida real, nuestras vidas van disolviendo el pasado en un presente al que, a su vez, el futuro irá devorando.

En *El Gatopardo*, una novela cuya más explícita convicción ideológica es negar la evolución social, suponer una sustancia histórica que se perpetúa, inmutable, bajo los accidentes de regímenes, revoluciones y gobiernos, el tiempo ha sido adecuadamente suspendido en esos ocho paréntesis. Los hechos importantes no suceden en ellos. Ya han ocurrido, como el desembarco de Garibaldi en Marsala, o van a ocurrir, como el matrimonio de Tancredi con Angelica, la hija de Calogero Sedàra. «Si queremos que todo siga como está, es preciso que todo cambie», dice Tancredi al príncipe, antes de ir a enrolarse con los garibaldinos. La frase es la cifra de la concepción histórico-social del príncipe Fabrizio. Pero es, también, el emblema de la forma de la novela, una definición sutil de su estructura plástica en la que, aunque todo parece estar dotado de vida, de reverberaciones, el tiempo no fluye y la historia no se mueve.

Como en Lezama Lima, como en Alejo Carpentier, narradores barrocos que se le parecen porque también ellos construyeron unos mundos literarios de belleza escultórica, emancipados de la corrosión temporal, en *El*

Gatopardo la varita mágica que ejecuta aquella superchería mediante la cual la ficción adquiere fisonomía propia, un tiempo soberano distinto del cronológico, es el lenguaje. El de Lampedusa tiene la sensualidad del de *Paradiso* y la elegancia del de *Los pasos perdidos*. Pero tiene, además, una inteligencia más acerada y cáustica y una nostalgia más intensa por aquel pasado que finge estar resucitando cuando, en verdad, está inventándolo. Es un lenguaje de soberbia exquisitez, capaz de matizar una percepción visual, táctil o auditiva hasta la evanescencia y de modelar un sentimiento con una riqueza de detalles que le confiere consistencia de objeto. Todo lo que ese lenguaje nombra o sugiere se vuelve espectáculo; lo que pasa por él pierde su naturaleza y adquiere otra, exclusivamente estética. Incluso las porquerías —los escupitajos, el excremento, las moscas, las llagas y la hediondez de un cadáver— tornan a ser, gracias a la musicalidad sin fallas, a la oportunidad con que comparecen en la frase, a los adjetivos que las escoltan, gráciles y necesarias, como todos los demás seres y objetos de esa compacta realidad ficticia en la que, además del tiempo, ha sido sustraída también la fealdad.

El príncipe Fabrizio se lamenta de que los sicilianos rehúsen encarar la realidad y prefieran a ella una modorra onírica («El sueño, querido Chevalley, el sueño es lo que los sicilianos quieren; ellos odiarán siempre a quien los quiera despertar...»). Si lo que el príncipe dice es verdad, *El Gatopardo* es una ficción entrañablemente fiel a la Sicilia que la inspiró, pues ella materializa ese imposible: metamorfosear la vida en sueño, el mundo objetivo de la temporalidad y los actos en el subjetivo e intemporal de la quimera y la invención. El estilo de Lampedusa está continuamente operando este prodigio. Pero quizás en ningún momento alcanza esa destreza transformadora de la palabra un éxito mayor que en el cuarto capítulo, cuando el noviazgo de Tancredi y Angelica. En los recovecos, habitaciones abandonadas, desvanes y pasillos del palacio de Donnafugata, los novios se le escabullen, afantasmándose, o poco menos, a la señorita de compañía encargada de cuidarlos, Mademoiselle Dombreuil. El corretear de los jóvenes en aquella atmósfera a la que los fuegos del verano y de sus venas enamoradas cargan de lujuria adquiere de pronto un ritmo intrépido, vertiginoso, de disolución material, en el que la realidad de la ficción sufre una muda cualitativa, una alteración de sustancia. De objetiva, concreta, posible, racional, se vuelve por unas páginas mundo mágico, prodigio animado, sueño erótico, alucinación surrealista. Esas mudanzas suceden a lo largo de la novela con una facilidad desconcertante, gracias a la ductilidad del estilo que se mueve con tanta desenvoltura en los dos órdenes —lo real y lo irreal, la vida y el sueño— que, en la novela, ambos dejan de ser antagónicos para mezclarse en una ambigua síntesis que imprime al libro su originalidad, su intransferible naturaleza.

Ahora bien, una vez subrayadas las admirables cualidades de este objeto artístico es preciso señalar también que, aunque estuvo cerca, no llegó a alcanzar la perfección de la obra maestra absoluta, tipo *Los endemoniados,* de Dostoievski, o *Madame Bovary,* de Flaubert. No me refiero a los pequeños desajustes de anécdota o a las variantes estilísticas entre las tres versiones originales que existen de la novela —el manuscrito de Lampedusa, la copia mecanográfica dictada por éste a Francesco Orlando y otra copia con añadidos y correcciones a mano— que el autor hubiera resuelto si hubiera tenido ocasión de corregir las pruebas (como en un pésimo melodrama, falleció sin saber que Giorgio Bassani, de Feltrinelli, salvando el honor de la especie literario-editorial italiana, había apreciado su novela en lo que valía y se disponía a publicarla). Sino a algo más profundo. La mano que produjo los milagros estilísticos de *El Gatopardo* no tiene la misma destreza a la hora de fijar la arquitectura que aquellas maravillosas palabras suyas animaban. En eso, la novela delata en ciertos momentos lo que ese genio era también: un novelista primerizo (ésta fue la única novela que escribió). La impecable coherencia de la lengua no se da en los puntos de vista que se quiebran, por momentos, con gratuitas intromisiones. El narrador, de pronto, se adelanta en el proscenio ocultando con insolencia a los personajes para hacernos saber que —muchos años después de terminada la novela— «una bomba fabricada en Pittsburgh, Pennsylvania, demostraría en 1943» que los palacios sicilianos no eran eternos, o para distraernos con exclamaciones personales («aunque sea doloroso, hay que decirlo») que no incumben a los personajes y resultan impertinentes a lo que está contando.

La soberanía de una ficción no se consigue sólo con el uso de la palabra. También, estableciendo unos puntos de vista convincentes y respetándolos escrupulosamente: el violentarlos rompe el encantamiento, destruye la ilusión de una realidad ficticia autónoma y libre, delata los hilos que la subordinan al mundo real. El narrador que Tomasi de Lampedusa inventó para relatar *El Gatopardo* es tan anacrónico como el protagonista de la historia y esto hubiera sido congruente con la materia y las ideas de la novela si no se excediera, a veces, como en los ejemplos que he citado, en esa omnisciencia de que se ufana ante el lector. Fiel a la estirpe a la que pertenece, el narrador de *El Gatopardo* lo sabe todo y está en todas partes a la vez, como ocurre con los narradores de las novelas clásicas. Pero es incapaz de guardar la reserva o fingir esa invisibilidad que ya habían aprendido a mantener desde el siglo XIX gracias a autores como Stendhal y, sobre todo, Flaubert. Por coquetería o por arrebatos de ingenio, a veces se muestra al lector y esos breves exhibicionismos debilitan —un instante— el poder de persuasión de la novela. ¿Es mezquino mencionar estas insignificancias en una creación tan espléndida? Sí, precisamente: porque una riqueza semejante nos vuelve todavía más intolerables los detalles imperfectos.

Que una ficción lograda sea, ante todo, forma —un lenguaje y un orden— no significa, claro está, que se halle desprovista de ideas, de una moral, de una visión histórica y de una cierta concepción de la sociedad y del hombre. Todo ello existe en *El Gatopardo* y está visceralmente integrado a los personajes y a la anécdota. En eso la coherencia es absoluta. Lo que nos muestra la ficción en sus ocho cuadros fulgurantes es la encarnación de aquella teoría que nos proponen, de total acuerdo, el narrador y el príncipe Fabrizio: la historia no existe. No hay historia porque no hay causalidad ni, por lo tanto, progreso. Suceden cosas, sí, pero en el fondo nada se conecta ni cambia. Los burgueses empeñosos y ávidos como don Calogero Sedàra se quedarán con las tierras y los palacios de los aristócratas apáticos y los borbones clásicos cederán el poder a los garibaldinos románticos. En vez de un lustroso gatopardo, el símbolo del poder será un banderín tricolor. Pero, bajo esos cambios de nombres y rituales, la sociedad se reconstituirá, idéntica a sí misma, en su inmemorial división entre ricos y pobres, fuertes y débiles, amos y siervos. Variarán las maneras y las modas, pero para peor: los nuevos jefes y dueños son vulgares e incultos, sin los refinamientos de los antiguos. El príncipe Fabrizio acepta los trastornos históricos con filosofía, porque su pesimismo radical le dice que, en verdad, lo esencial no va a cambiar. Pero sí las apariencias, que, para él y los suyos —esa aristocracia que en el mundo de la ficción tiene el monopolio de la inteligencia y el buen gusto—, son la justificación de su existencia. Y es ese deterioro de las formas que vislumbra en el futuro lo que imprime a la personalidad del príncipe y al ambiente de la novela esa agridulce melancolía que los baña.

No es de extrañar que una concepción esencialista y antihistórica de la vida, como la de la novela, a mediados de los cincuenta, es decir, en pleno huracán existencialista y marxista, nublara los ojos de los intelectuales comprometidos como Vittorini hacia las excelencias estéticas de *El Gatopardo*. Lo que los cegaba era creer que la función de la ficción es hacer explícita una verdad histórica anterior y superior a ella misma. No: la misión de la novela es mentir de una manera persuasiva, hacer pasar por verdades las mentiras. Si lo consigue, como Tomasi de Lampedusa en *El Gatopardo,* una inédita, desconcertante verdad emergerá de aquel embauco. La verdad que se levanta de esta fantasía siciliana es la insatisfacción, la abjuración temeraria de la vida real que llevó a su autor a deshacerla y rehacerla ontológicamente cambiada. Aunque su negación de la Historia con mayúsculas nos deje escépticos y su *penchant* por los valores aristocráticos nos haga sonreír, en ese juego de las mentiras sí podemos seguirlo. La verdadera realidad, el mundo en el que vivimos, a nosotros tampoco nos gusta ni nos basta y nada mejor para descubrirlo, y acrecentar nuestra inconformidad, que las utopías narrativas. Que la de Lampedusa no sea «cierta» es lo de menos. Lo notable es que, creyéndolo así, la magia de su arte nos persuada de lo contrario y que el hechizo de sus páginas derrote provisionalmente nuestras convicciones. Espejismo, no espejo de la vida, una novela puede, como ésta, traicionar la realidad que conocemos embelleciendo algunos de sus aspectos y ennegreciendo otros, embrollando sus jerarquías y otras manifestaciones. Ese espejismo nos enriquece pues aumenta nuestras vidas y haciéndolas soñar —contemplando las estrellas con el príncipe Fabrizio, besando los carnosos labios de Angelica con Tancredi o desenredando entuertos pueblerinos con el padre Pirrone— empobrece la vida que vivimos y nos enemista con ella. Sin esa enemistad que agudiza nuestras antenas hacia los defectos y miserias de la vida, no habría progreso y la realidad sería, como en esta mentira de príncipe, un hermoso paisaje inmóvil.

Lampedusa no entendía tal vez muy cabalmente el mundo y, acaso, no sabía vivir en él. Su propia vida denota algo del inmovilismo de su visión histórica. Había nacido en Palermo, el 23 de diciembre de 1896, en el seno de una antiquísima familia que comenzaba a dejar de ser próspera. Y sirvió de artillero en el frente de los Balcanes durante la Primera Guerra Mundial. Hecho prisionero, se fugó y, al parecer, cruzó media Europa a pie, disfrazado. A mediados de los años veinte conoció en Londres a la baronesa letona Alejandra von Wolff-Stomersll, una psicoanalista, con la que se casó. Estos dos episodios parecen haber agotado su capacidad de aventuras físicas. Porque según todos los testimonios, los treinta y pico de años restantes —murió en Roma, el 23 de julio de 1957— los pasó en su ciudad natal sumido en una rutina rigurosa, de lecturas copiosas y cafés, de la que no parece haberlo apartado ni siquiera la bomba que, en 1943, pulverizó el palacio de Lampedusa, en el centro de Palermo, que había heredado.

De la vieja casona y de la Via Butera, donde vivía, se lo veía salir cada mañana, temprano, apresurado. ¿Adónde iba? A la Pasticceria del Massimo, de la Via Rugero Settimo. Allí desayunaba, leía y observaba a la gente. Más tarde, en un café vecino, el Caflisch, asistía a una tertulia de amigos en la que acostumbraba permanecer mudo, escuchando. Era un incansable rebuscador de librerías. Almorzaba tarde, siempre en la calle, y permanecía hasta el anochecer en el café Mazzara, leyendo. Allí escribió *El Gatopardo,* entre fines de 1954 y 1956, y sin duda los relatos, el pequeño texto autobiográfico y las *Lezioni su Stendhal* que han quedado de él. No tuvo contactos con escritores, salvo una fugaz aparición que hizo en un congreso literario, en el convento de San Pellegrino, acompañando a un primo, el poeta Lucio Piccolo. No abrió la boca y se limitó a oír y mirar. Leía en cinco lenguas —el español fue la última que aprendió, ya viejo— y su cultura literaria era, según Francesco Orlando (*Ricordo di Lampedusa,* Milán, 1963), muy vasta. Sin duda lo era y la mejor prueba es su novela. Pero, aun así, la duda se agiganta cuando advertimos que este perseverante lector no había escrito sino cartas hasta que, a los cincuenta y ocho años de edad, cogió de pronto la pluma para garabatear en pocos meses una obra maestra. ¿Cómo fue posible? ¿Debido a que este aristócrata que no sabía vivir en el mundo que le tocó sabía, en cambio, soñar con fuerza sobrehumana? Sí, de acuerdo, pero ¿cómo, cómo fue posible?

Londres, 6 de febrero de 1987

EL DOCTOR ZHIVAGO (1957)
Boris Pasternak

Una llama en el viento

Ahora que el escándalo de su publicación quedó atrás y que esta novela, por la que Pasternak fue cubierto de ignominias, ensalzado y hasta premiado con el Nobel, ha sido publicada en la URSS de la *perestroika* y la *glasnost,* se puede leer *El doctor Zhivago* con más serenidad que al aparecer, en el exilio, hace treinta años. La primera reacción del lector de nuestros días que culmina la larga travesía de su lectura es de sorpresa. ¿Cómo pudo este libro provocar semejante controversia política? Algo debe de haber progresado el mundo hacia la sensatez cuando tanto en el Este como en el Oeste se reconoce esta evidencia: que sólo un espíritu inquisitorial exacerbado, o una estupidez de dimensiones patológicas, pudo desnaturalizar la novela de Pasternak al extremo de ver en ella una diatriba contra la Revolución de octubre. O, incluso, una crítica específica al régimen soviético.

Es ambas cosas sólo de manera muy lateral y desvaída. Aunque en ella, como en todas las novelas, y, sobre todo, las de ambición totalizadora, se puede extraer una visión de la realidad y de la historia, lo cierto es que en *El doctor Zhivago,* pese a transcurrir en medio de trascendentales acontecimientos políticos, lo fundamental, la sustancia dentro de la que viven y mueren sus actores, tiene que ver, más que con la actualidad social y el acontecer político, con la espiritualidad humana, la soberanía individual, la creación artística, el amor y la misteriosa geografía de los destinos particulares.

La admiración que tuvo Pasternak por Tolstoi —a quien conoció de niño, en casa de sus padres, según cuenta en su autobiografía— y la grandeza del designio que anima ambos libros ha hecho que se compare *El doctor Zhivago* con *La guerra y la paz*. En verdad, la filiación entre ambas novelas es superficial; de envergadura y audacia más que de estructura y sustancia. La novela tolstoiana es un gran fresco de la sociedad rusa decimonónica, una recreación épica —maravillosamente falaz, para ilustrar una teoría de la historia tan imaginativa como la invención novelesca— de las guerras napoleónicas. La obra de Pasternak es una creación lírica, que se aparta continuamente del mundo exterior para describir, con poética delicadeza, las devastaciones que las fuerzas sociales producen en ciertos espíritus sensibles, seres cuya integridad y naturaleza se vuelven impotentes ante determinados acontecimientos históricos y condenan por eso a ser destruidos. En las antípodas de la visión optimista y grandiosa del hombre, de Tosltoi, *El doctor Zhivago* es un libro antiheroico, ensimismado y pesimista. Su héroe es el hombre común, sin cualidades excepcionales, básicamente decente, de instintos sanos, que carece de aptitud y vocación para la grandeza, al que la revolución, fuerza transformadora y destructiva, aplasta sin misericordia (como a Lara, Tonia y Yuri) o modela con brutalidad, imponiéndole una moral, una psicología y hasta un lenguaje ad hoc (como al revolucionario trágico Antipov-Strelnikov, o a Gordon y Dudorov).

Al aparecer, en Occidente, a fines de los cincuenta, todos los críticos, aun los más entusiastas del libro, quedaron algo desconcertados con su estructura anticuada, su lento desarrollo, las intromisiones del narrador omnisciente para opinar y juzgar por cuenta propia, irrespetuoso de las convenciones de la ficción moderna. El libro parecía elaborado en un mundo impermeable a los grandes experimentos de la narrativa contemporánea —Faulkner, Dos Passos, Sartre, Hemingway— e, incluso, de una concepción estética anterior a Henry James, a Proust y hasta Flaubert. La explicación no estaba, sólo, en el aislamiento de los escritores soviéticos respecto a la vida cultural fuera de sus fronteras; en el caso de Pasternak era, también, una elección personal. La suelta historia de *El doctor Zhivago* recuerda la tosca carpintería de los viejos novelones decimonónicos, sus episodios melodramáticos y efectistas, las coincidencias extraordinarias, las grandes parrafadas románticas que, a ratos, convierten los diálogos en discursos. Pero, pese a la impericia de su construcción y a lo borroso del trazado de sus personajes, es una de las grandes creaciones modernas, un hito de la literatura de nuestro tiempo, como *El viaje al final de la noche,* de Céline, *1984,* de Orwell, o los cuentos de Borges. Es la novela de un poeta, un fino recreador de la belleza del mundo natural, cuyas tiernas descripciones del invierno ruso, de los profundos bosques renaciendo en la primavera, o de las estepas por las que merodean los perros que el hambre ha vuelto carniceros, deben de ser verdaderas proezas literarias, ya que aun en la traducción, que adivinamos marchita comparada con el original, nos conmueven como poemas logrados. No deja de ser irónico que quien observó con sensibilidad tan acerada y cantó con tanta elocuencia a la tierra rusa fuera expulsado de la Unión de Escritores de su país acusado de «fariseo, enemigo de su pueblo y antipatriota».

La historia que relata *El doctor Zhivago* transcurre entre 1903 y 1929, año en que muere el personaje central, más un epílogo situado en la Segunda Guerra Mundial que protagonizan dos compañeros de juventud de Yuri. Los actores principales de la novela son tironeados y aventados aquí y allá por los grandes sucesos históricos —la agitación pre y posrevolucionaria, la guerra, la revolución misma, la contienda civil entre bolcheviques y rusos blancos—, pero estos hechos no suelen estar directamente referidos. Ocurren lejos de la acción central, la que recibe confusos ramalazos, las truculentas consecuencias. La excepción es la guerra de guerrillas, en la que Yuri Zhivago se ve precipitado a la fuerza por uno de los bandos. Pero aun este episodio no figura en la novela como una realidad autónoma, objetiva, sino diluido por la sensibilidad y la memoria del héroe. La historia del libro es aquella que se escribe con minúsculas, la que corresponde a los individuos del montón, aquellos que no hacen la historia con mayúsculas, sino la sufren. Como le ocurre al ciudadano promedio, al que el destino depara el dudoso privilegio de vivir una gran convulsión histórica, los personajes —y el lector— de *El doctor Zhivago* están a menudo desorientados y ciegos sobre lo que ocurre. Porque sólo a la distancia, y después de pasar por el tamiz del tiempo y de la razón y la pluma de los historiadores, cobra la historia un orden y un sentido. Cuando ella se vive, como les sucede a Lara, a Tonia, a Zhivago e incluso a seres más importantes o beligerantes que ellos, como Antipov o Komarovski, la historia es sólo «la furia y el ruido» del verso de Shakespeare.

Pero sin esa confusa historia que los manosea, aturde, y, finalmente, despedaza, las vidas de los protagonistas no serían lo que son. Éste es el tema central de la novela, el que reaparece, una y otra vez, como *leitmotiv*, a lo largo de su tumultuosa peripecia: la indefensión del individuo frente a la historia, su fragilidad e impotencia cuando se ve atrapado en el remolino del «gran acontecimiento». A diferencia de lo que ocurre en Tolstoi, en Victor Hugo, en Malraux, en los grandes novelistas de lo heroico, en los que el hombre alcanza la grandeza rompiendo los límites, adquiriendo una suerte de energía y coraje sobrehumanos que lo ponen a la altura del acontecimiento y le permiten gobernarlo, orientándolo de acuerdo con sus pasiones o ideas, en el mundo de Pasternak la grandeza se obtiene calladamente, tratando de preservar, en contra de las nuevas convenciones sociales, la serenidad y el apego a ciertos valores y convicciones que amenazan ser arrasados por la tormenta revolucionaria, el amor, la búsqueda de la verdad, el espíritu de creación, ciertos códigos de conducta, la espiritualidad, la fe.

Zhivago no es un héroe en la acepción social del término. Aunque escribe unos poemas y textos que circulan en los medios intelectuales y le dan episódico prestigio, tampoco su obra imprime una marca sobre su época. Al lector, sobre todo al principio, la pasividad del médico ante los trastornos sociales lo impacienta. ¿Por qué no actúa, en un sentido o en otro? ¿Por qué acepta todo lo que sucede a su mundo, a su familia, con ese quietismo casi místico? Luego, poco a poco, lo que parecía resignación, indiferencia, fatalismo, va cobrando otra valencia y la figura de ese intelectual adquiere una significación ética y simbólica que lo redime. En realidad, también Zhivago está luchando, en medio del terremoto de la revolución y la guerra civil, del hambre y los desvaríos políticos. No sólo por sobrevivir y por que sobrevivan los suyos; sobre todo, por mantener vivos, cuando todo a su alrededor señala que han caducado o que deben desaparecer, una cierta manera de pensar y actuar, unos sentimientos, una vocación, y hasta el derecho de reivindicar ciertas limitaciones (no dejarse arrebatar por los entusiasmos colectivos, por ejemplo). Consciente de las iniquidades de la vieja sociedad, el doctor Zhivago no es capaz de abrazar, con la fe rectilínea y simplista que se exige, la nueva, la que está naciendo a sangre y fuego. Tampoco la contrarrevolución despierta su adhesión, como propuesta social, aunque en sus filas haya gente a la que se siente afín por razones de familia y de educación. Cuando todos están obligados a tomar partido, él tiene la tranquila entereza de no tomar ninguno. De optar por lo más temerario: una neutralidad que ninguno de los contendedores admite. En su caso, ser neutral no es tomar el partido del limbo o de la irrealidad, como decía Sartre, acusando a aquellos que se negaban a «elegir». Es elegir al individuo como valor, como una fuente de soberanía que el ente colectivo, la sociedad, no puede violentar sin establecer un sistema discriminatorio y opresivo que niega, en la práctica, todas las proclamas de solidaridad y de justicia social de sus mentores.

Lo que el discreto Zhivago defiende con tesón, en su accidentada existencia, es su derecho a ser como es: un hombre débil, amante de la verdad, de la ciencia, de la naturaleza, de la poesía, ser desgarrado por el amor de dos mujeres, perplejo ante la historia, desconfiado de los dogmas, incapaz de entusiasmarse por ninguna reforma social que borre al individuo concreto y lo transforme en esa abstracción, la masa, el pueblo. Yuri Zhivago no hace proselitismo en favor de su fe en el individuo, pero sufre y muere porque, en su aparente conformismo ante el vendaval histórico, no hace concesión alguna en lo que concierne a su soberanía individual, esa patria privada donde moran la identidad y la dignidad de cada cual, y que todas las revoluciones se llevan siempre de encuentro.

«La época no tiene en cuenta lo que soy y me impone lo que ella quiere», dice. En verdad, trata de imponérselo, pero no lo consigue. Zhivago, pese a todas las vicisitudes, muere invicto, fiel a sus incertidumbres. Por eso, el lector, aunque a veces se sienta exasperado por la falta de iniciativa y de reacción del personaje, no puede dejar de advertir, detrás de su pasividad, una íntima fortaleza. No sólo los gigantes son dignos de respeto. En las épocas heroicas rechazar el heroísmo puede requerir un ánimo excepcional. Lo verdaderamente humano, parece ser el mensaje del libro —ya que *El doctor Zhivago*, hasta en eso anticuada, es una novela con moraleja—, no está en las hazañas espectaculares, en desafiar la condición propia, sino en la dignificación ética de aquellas debilidades y carencias que son los atributos naturales del hombre. Para Zhivago, en todo conductor o mesías revolucionario se oculta un fanático, es decir, alguien que ha sufrido una merma espiritual: «Nadie hace la historia, la historia no se ve, como se ve crecer la hierba. La guerra, la revolución, el rey, Robespierre, son sus estimulantes orgánicos, su levadura, la revolución la hacen los hombres activos, fanáticos sectarios, genios de la autolimitación. En pocas horas o en pocos días transforman el viejo orden. Estas alteraciones duran semanas, o algunos años. Luego, durante decenios, durante siglos, los hombres veneran como una reliquia el espíritu de limitación que ha conducido a este trastorno».

El doctor Zhivago es, también, una novela de amor. Yuri divisa a Lara de manera casual, en su juventud moscovita, y desde entonces un vínculo misterioso e irrompible se forja entre él y esa muchacha. La revolución, la guerra, los acercarán, apartarán, volverán a juntar y a separar, esta última vez definitivamente. En uno de los episodios más hermosos del libro, cuando Lara y Yuri viven unos días de apasionada intimidad, en la soledad de Varykino, una de esas noches el doctor Zhivago parece haber olvidado la zozobra de su vida, ser feliz. Ha pasado la mañana y la tarde jugando con Lara y con la hija de ésta;

luego, ha escrito poemas, con una excitación y una urgencia que no sentía hacía mucho tiempo. Sale entonces a la puerta de la cabaña y lo que vislumbra lo devuelve, brutalmente, a la realidad: una jauría de lobos, que la luna retrata contra la nieve, está allí, aguardando. La bella imagen es alegórica. El amor de Yuri y Lara transcurre así, cercado por enemigos gratuitos y feroces, que terminarán por devorarlo. Pero no sólo conspiran contra él agentes externos, los reclamos sociales y políticos de la hora. También, los sentimientos encontrados de los protagonistas. Yuri Zhivago ama a Lara sin dejar de querer a Tonia, su mujer, y más tarde a Marina, en tanto que Lara, pese a amar al doctor con todas sus fuerzas, sigue siendo leal, de un modo oscuro pero irrevocable, a su marido, el de los nombres y personalidades trashumantes: Antipov, Strelnikov, Pavel Pavlovitch, Pachka, Pachenka, etcétera. Como la historia y todo lo que toca al hombre, el amor, que enriquece la vida y endiosa la pareja, es también algo turbio y contaminado, no puede germinar sin mezclar el sufrimiento y el goce, la generosidad y la crueldad.

La descripción de los amores desdichados de Yuri Zhivago y Larissa (Lara) Fiodorovna es uno de los mayores logros de la novela. Es un amor que el lector va presintiendo, lo oye brotar, lo adivina crecer, por alusiones trémulas, aun antes de que los propios protagonistas comprendan que son sus prisioneros. Luego, cuando la relación amorosa se establece, caudalosa en efusiones descriptivas, la pasión de Lara y Yuri está referida con austeridad, mediante silencios significativos. Sobre todo en las épocas en que los amantes se hallan separados —y, principalmente, cuando Zhivago acompaña a los guerrilleros mientras Lara permanece en Yuriatin—, la novela apenas revela lo que es, a todas luces, la más amarga tortura del protagonista: la separación de la mujer que ama, la incertidumbre sobre su suerte. Ese dato escondido está sabiamente usado, con leves alusiones, las indispensables para que el lector perciba el estoicismo con que el doctor sobrelleva su tormento.

Es cierto que Lara, al igual que Tonia y la mayor parte de los personajes de la novela —la excepción es Zhivago—, es una figura un tanto desvaída, sin contornos firmes. En ella, que ha sufrido y ha sido endurecida por la vida, desde niña, cuando fue seducida por un amigo de su familia —el único personaje totalmente despreciable del libro, el abogado corrupto y oportunista político Viktor Komarovski—, esta caracterización esfumada nos parece una falla narrativa. Porque, a diferencia de Yuri, es un espíritu luchador, de temple y de recursos, un personaje al que sentimos empobrecido por el tratamiento narrativo. El carácter rebelde y enérgico de Lara precipita sin duda su terrible final, desaparecer con tantos otros inocentes en las purgas de los años treinta.

Sin embargo, cuando cierra el libro, y, en su memoria, la abigarrada colmena de sus personajes se despliega, en la ilimitada geografía de la tierra rusa, representando una de las más dramáticas aventuras de que la humanidad tenga memoria —y cuya impronta transformaría el siglo XX—, el lector contemporáneo de *El doctor Zhivago* entiende la razón de esa visión impresionista que comunica la novela. Ella es la encarnación formal, la hechura artística, de la ambigüedad esencial que caracteriza al hombre, a la historia, a la vida, desde la perspectiva de Yuri Zhivago (y, probablemente, del Pasternak de los años finales). ¿Es así el hombre real? ¿Esa inconsistencia tranquila, esa perpetua vacilación, esa indefinición permanente? Seguramente, no. Tal vez ésta sea la condición humana del artista y del hipersensible, condenados por su lucidez y su coherencia moral a cuestionarlo todo, a vivir en la duda, sin poder tomar partido con la facilidad y la entrega con que suelen hacerlo los instintivos, los pasionales, los prácticos. Pero el arte no tiene por qué ser objetivo. La ficción es, por naturaleza, subjetiva, y su único deber es persuadir al lector de su propia verdad, coincida ella o discrepe con la que la ciencia o la fe de cada época ha entronizado. *El doctor Zhivago* es una hermosa creación, nacida del horror y la grandeza de un apocalipsis histórico, que no se explicaría sin él pero que, a la vez, escapa de él y lo niega, anteponiéndole algo distinto, un objeto creado, que debe todo su ser a la imaginación, al sufrimiento de un artista y a su malabarismo retórico.

Londres, 10 de febrero de 1989

EL TAMBOR DE HOJALATA (1959)
Günter Grass

Redoble de tambor

Leí por primera vez *El tambor de hojalata,* en inglés, en los años sesenta, en un barrio de la periferia de Londres donde vivía rodeado de apacibles tenderos que apagaban las luces de sus casas a las diez de la noche. En esa tranquilidad de limbo la novela de Grass fue una aventura exaltante cuyas páginas me recordaban, apenas me zambullía en ellas, que la vida era, también, eso: desorden, estruendo, carcajada, absurdo.

La he releído en condiciones muy distintas, mientras, de una manera impremeditada, accidental, me veía arrastrado en un torbellino de actividades políticas, en un momento particularmente difícil de mi país. Entre una discusión y un mitin callejero, después de reuniones desmoralizadoras, donde se cambiaba verbalmente el mundo y no ocurría nada o luego de jornadas peligrosas, con piedras y disparos. También en este caso la rabelesiana odisea de Oskar Matzerath, su tambor y su voz vitricida fueron una compensación y un refugio. La vida era, también, eso: fantasía, verbo, sueño animado, literatura.

Cuando *El tambor de hojalata* salió en Alemania, en 1959, su éxito instantáneo fue atribuido a diversas razones. George Steiner escribió que, por primera vez luego de la experiencia letal del nazismo, un escritor alemán se atrevía a encarar resueltamente, con toda lucidez, ese pasado siniestro de su país y a someterlo a una disección crítica implacable. Se dijo, también, que esta novela, con su verba desenfadada y frenética, chisporroteante de invenciones, injertos dialectales, barbarismos, resucitaba una vitalidad y una libertad que la lengua alemana había perdido luego de veinte años de contaminación totalitaria.

Probablemente ambas explicaciones sean ciertas. Pero, con la perspectiva actual, cuando la novela se acerca a la edad en que, figuradamente, su genial protagonista comienza a escribir —los treinta años—, otra razón aparece como primordial, para el impacto que el libro ha seguido causando en los lectores: su desmesurada ambición, esa voracidad con que pretende tragarse el mundo, la historia presente y pasada, las más disímiles experiencias del circo humano, y transmutarlos en literatura. Ese apetito descomunal por contarlo todo, por abrazar la vida entera en una ficción, que está tan presente en todas las cumbres del género y que, sobre todo, preside el quehacer narrativo en el siglo de la novela —el XIX— es infrecuente en nuestra época, de novelistas parcos y tímidos a los que la idea de competir con el código civil o de pasear un espejo por un camino, como pretendían Balzac y Stendhal, parece ingenuo: ¿no hacen eso, mucho mejor, las películas?

No, no lo hacen mejor sino distinto. También en el siglo de las grandes narraciones cinematográficas la novela puede ser un *deicidio,* proponer una reconstrucción tan minuciosa y tan vasta de la realidad que parezca competir con el Creador, desmenuzando y rehaciendo —rectificado— aquello que creó. Grass, en un emotivo ensayo, llama su maestro y modelo a Alfred Döblin, a quien, con algo de retraso, se comienza ahora a hacer justicia como el gran escritor que fue. Y, sin duda, en *Berlin Alexanderplatz* hay algo de la efervescencia protoplasmática y multitudinaria que da a *El tambor de hojalata* su carácter de fresco de la historia humana. Pero en este caso no hay duda de que la ambición creadora del discípulo superó a la del maestro y que, para encontrarle una filiación, tenemos que remontarnos a los momentos más altos del género, aquellos en que el novelista, presa de un frenesí tan exagerado como ingenuo, no vacilaba en oponer al mundo real un mundo imaginario en el que aquél parecía capturado y negado, resumido y abjurado como en un exorcismo.

La poesía es intensa; la novela, extensa. El número, la cantidad, forman parte constitutiva de su cualidad, porque toda ficción se despliega y realiza en el tiempo, es tiempo haciéndose y rehaciéndose bajo la mirada del lector. En todas las obras maestras del género ese factor cuantitativo —ser abundante, múltiple, durar— está siempre presente: por lo general la gran novela es, también, grande. A esa ilustre genealogía pertenece *El tambor de hojalata,* donde todo un mundo complejo y numeroso, pletórico de diversidad y de contrastes, se va erigiendo ante nosotros, los lectores, a golpes de tambor. Pero, a pesar de su abigarramiento y vastedad, la novela nunca parece un mundo caótico, una dispersión animada, sin centro (como ocurre, en cambio, con *Berlin Alexanderplatz* o con la trilogía de Dos Passos, *U.S.A.*), pues la perspectiva desde la cual está visto y representado el mundo ficticio da trabazón y coherencia a su barroco desorden. Esta perspectiva es la del protagonista y narrador, Oskar Matzerath, una de las invenciones más fértiles de la narrativa moderna. Él suministra un punto de vista original, que baña de originalidad y de ironía todo aquello que describe —independizando, así, la realidad ficticia de su modelo histórico— al mismo tiempo que encarna, en su imposible naturaleza, en su condición de creatura anómala, a caballo entre la fantasía y lo real, una metáfora de lo que es, en sí misma, toda novela: un mundo aparte, soberano, en el que, sin embargo, se refracta esencialmente el mundo concreto; una mentira en cuyos pliegues se transparenta una profunda verdad.

Pero las verdades que una novela hace visibles son rara vez tan simples como aquellas que formulan las matemáticas o tan unilaterales como las de ciertas ideologías. Por lo general, adolecen, igual que la mayoría de las experiencias humanas, de relativismo, configuran una imprecisa entidad en la que la regla y su excepción, o la tesis y la antítesis, son inseparables o tienen valencias morales semejantes. Si hay un mensaje simbólico encarnado en la peripecia histórica que relata Oskar Matzerath, ¿cuál es? Que, a los tres años, por un movimiento de la voluntad, decida dejar de crecer, significa un rechazo del mundo al que tendría que integrarse de ser una persona normal y esta decisión, a juzgar por los horrores y absurdos de ese mundo, delata indiscutible sabiduría. Su pequeñez le confiere una especie de extraterritorialidad, lo minimiza contra los excesos y las responsabilidades de los demás ciudadanos. Desde ese margen en el que su estatura insignificante lo coloca, Oskar goza de una perspectiva privilegiada para ver y juzgar lo que sucede a su alrededor: la del inocente. Esta condición moral se transmuta en la novela en atributo físico: Oskar, que no es cómplice de aquello que ocurre en torno suyo, está revestido de una invisible coraza que le permite atravesar indemne los lugares y situaciones de más riesgo, como se hace patente, sobre todo, en uno de los cráteres del libro: la defensa del correo polaco de Dánzig. Allí, en medio del fragor de la metralla y la carnicería, el pequeño narrador observa, ironiza y cuenta con la tranquila seguridad del que se sabe a salvo.

Esa perspectiva única impregna al testimonio de Oskar su originalísimo tono, en el que se mezclan, como en una bebida exótica de misteriosas fragancias, lo insólito y lo tierno, la irreverencia cívica y una trémula delicadeza, las extravagancias, la ferocidad y las burlas. Igual que la imposible combinación de los dos tótems intelectuales de Oskar —Goethe y Rasputín—, su voz es una anomalía, un artificio que imprime al mundo que describe —mejor dicho, que inventa— un sello absolutamente personal.

Y, sin embargo, pese a la evidente artificialidad de su naturaleza, a su condición de metáfora, el enanito que redobla su tambor y nos relata el apocalipsis de una Europa desangrada y descuartizada por la estupidez totalitaria y por la guerra no nos comunica una animadversión nihilista hacia la vida. Todo lo contrario. Lo sorprendente es que, al mismo tiempo que su relato es una despiadada acusación contra sus contemporáneos, rezuma una cálida solidaridad hacia este mundo, el único que obviamente le importa. Desde su pequeñez monstruosa e indefensa, Oskar Matzerath se las arregla, aun en los peores momentos, para transmitirnos un amor natural y sin complejos por las buenas y divertidas cosas que también tiene este mundo: el juego, el amor, la amistad, la comida, la aventura, la música. Por razones tal vez de tamaño, Oskar siente con sensibilidad mucho mayor aquello que corresponde a lo más elemental y lo que está más cerca de la tierra y del barro humano. Desde allí abajo, donde está confinado, descubre —como aquella noche, cuando, agazapado bajo la mesa familiar, sorprendió los nerviosos movimientos adúlteros de las piernas y los pies de sus parientes— que en sus formas más directas y simples, las más terrestres y plebeyas, la vida contiene posibilidades formidables y está cuajada de poesía. En esta novela metafórica, esto se halla maravillosamente representado en una imagen recurrente en la memoria de Oskar: el cálido y acampanado recinto que conforman las cuatro faldas que usa su abuela, Ana Koljaiczek, cuando ésta se agacha, y que ofrece a quienes buscan allí hospitalidad un sentimiento casi mágico de salvaguarda y de contento. El más simple y rudimentario de los actos, al pasar por la voz rabelesiana de Oskar, puede transubstanciarse en un placer.

¿Voz rabelesiana? Sí. Por su jocundia y vulgaridad, su desparpajo y su ilimitada libertad. También, por el desorden y la exageración de su fantasía y por el intelectualismo que subyace al carácter populachero de que se reviste. Aunque leída en una traducción, por buena que ésta sea (es el caso de la que comento) siempre se pierde algo de la textura y los sabores del original, en *El tambor de hojalata* la fuerza poco menos que convulsiva del habla, del vozarrón torrencial del narrador, rompe la barrera del idioma y llega hasta nosotros con fuerza demoledora. Tiene el vitalismo de lo popular pero, como en *El Buscón,* hay en ella casi tantas ideas como imágenes y una compleja estructura organiza ese monólogo aparentemente tan caótico. Aunque el punto de vista es tercamente individual, lo colectivo está siempre presente, lo cotidiano y lo histórico, menudos episodios intrascendentes del trabajo o la vida hogareña o los acontecimientos capitales —la guerra, las invasiones, los pillajes, la reconstrucción de Alemania—, si bien metabolizados por el prisma deformante del narrador. Todos los valores en mayúscula, como el patriotismo, el heroísmo, la abnegación ante un sentimiento o una causa, al pasar por Oskar, se quiebran y astillan como los cristales al impacto de su voz, y aparecen, entonces, como insensatas veleidades de una sociedad abocada a su destrucción. Pero, curiosamente, el catastrofismo que el lector de *El tambor de hojalata* percibe inscrito en la evolución de la sociedad no impide que ésta, mientras se desliza hacia su ruina, sea siempre vivible, humana, con seres y cosas —paisajes, sobre todo— capaces de despertar la solidaridad y la emoción. Ésta es, sin duda, la mayor hazaña del libro: hacernos sentir, desde la perspectiva de las gentes humildes entre las que casi siempre se mueve, que la vida, aun en medio del horror y la enajenación, merece ser vivida.

A diferencia de su gran versatilidad estilística, llena de brío inventivo, la estructura de la novela es muy sencilla. Oskar, recluido en un sanatorio, narra episodios que se remontan a un pasado mediato o inmediato, con algunas fugas hacia lo remoto (como la risueña síntesis de las diversas invasiones y asentamientos dinásticos en la historia de Dánzig). El relato muda continuamente del presente al pasado y viceversa, según Oskar recuerda y fantasea, y ese esquema resulta a veces un tanto mecánico. Pero hay otra mudanza, también, de naturaleza menos obvia: el narrador habla a veces en primera persona y otras en tercera, como si el enanito del tambor fuera otro. ¿Cuál es la razón de este desdoblamiento esquizofrénico del narrador a quien vemos, a veces, en el curso de una sola frase, acercarse a nosotros con la intimidad abierta del que habla desde un yo y alejarse en la silueta de alguien que es dicho o narrado por otro? En la casa de las alegorías y las metáforas que es esta novela haríamos mal en ver en esta identidad cambiante del narrador un mero alarde estilístico. Se trata, sin duda, de otro símbolo más que representa aquella doblez o duplicación inevitable que padece Oskar (¿que padece todo novelista?), al ser, simultáneamente, el narrador y lo narrado, quien escribe o inventa y el sujeto de su propia invención. La condición de Oskar, desdoblándose así, siendo y no siendo el que es en lo que cuenta, resulta una perfecta representación de la novela: género que es y no es la vida, que expresa el mundo real transfigurándolo en algo distinto, que dice la verdad mintiendo.

Barroca, expresionista, comprometida, ambiciosa, *El tambor de hojalata* es, también, la novela de una ciudad. Dánzig rivaliza con Oskar Matzerath como protagonista del libro. Ese escenario se corporiza con rasgos a la vez nítidos y escurridizos, pues, como un ser vivo, está continuamente cambiando, haciéndose y rehaciéndose en el espacio y en el tiempo. La presencia casi tangible de Dánzig, donde ocurre la mayor parte de la historia, contribuye a imprimir a la novela su materialidad, ese sabor de lo vivido y lo palpado que tiene su mundo, pese a lo extravagante e incluso delirante de muchos episodios.

¿De qué ciudad se trata? ¿Es la Dánzig de la novela una ciudad verídica traspuesta por Grass a la manera de un documento histórico o es otro producto de su imaginación desalada, algo tan original y arbitrario como el hombrecito cuya voz pulveriza las vidrieras? La respuesta no es simple porque, en las novelas —en las buenas novelas—, como en la vida, las cosas suelen ser casi siempre ambiguas y contradictorias. La Dánzig de Grass es una ciudad-centauro, con las patas hundidas en el barro de la historia y el torso flotando entre las brumas de la poesía.

Un misterioso vínculo une la novela con la urbe, un parentesco que no existe en los casos del teatro y de la poesía. A diferencia de éstos, que florecen en todas las culturas y civilizaciones agrarias, antes de la preeminencia de las ciudades, la novela es una planta urbana a la que parecen serle imprescindibles para germinar y propagarse las calles y los barrios, el comercio y los oficios y esa muchedumbre apiñada, variopinta, diversa de la ciudad. Lukács y Goldmann atribuyen este vínculo a la burguesía, clase social en la que la novela habría encontrado no sólo su audiencia natural, sino, también, su fuente de inspiración, su materia prima, su mitología y sus valores: ¿no es el siglo burgués por excelencia el siglo de la novela? Sin embargo, esta interpretación clasista del género no tiene en cuenta los ilustres precedentes de la novelística medieval y renacentista —los romances de caballerías, la novela pastoril, la novela picaresca— donde el género tiene

una audiencia popular (el «vulgo» analfabeto escucha, hip-
notizado, las gestas de Amadises y Palmerines, contadas
en los mercados y en las plazas) y, en algunas de sus ramas,
también palaciega y aristocrática. En verdad, la novela es
urbana en un sentido comprensivo, totalizador: abraza y
expresa por igual a ese conglomerado policlasista que es
la sociedad urbana. La palabra clave es, tal vez, «sociedad». El universo de la novela no es el del individuo in-
merso en un tejido humano de relaciones múltiples, el de
un hombre cuya soberanía y cuyas aventuras están con-
dicionadas por las de otros como él. El personaje de
una novela, por solitario e introvertido que sea, necesita
siempre del telón de fondo de una colectividad para ser
creíble y persuasivo; si esa presencia múltiple no se insinúa y opera de algún modo la novela adquiere un aire
abstracto e irreal (lo cual no es sinónimo de «fantástica»: las pesadillas imaginadas por Kafka, aunque bastante despobladas, están firmemente asentadas en lo social).
Y no hay nada que simbolice mejor la idea de sociedad
que la urbe, espacio de muchos, mundo compartido, realidad gregaria por definición. Que ella sea, pues, la tierra
de elección de la novela parece coherente con su predisposición más íntima: representar la vida del hombre en
medio de los hombres, fingir la condición del individuo
en su contexto social.

Ahora bien, hay que entender aquellos verbos
—representar, fingir— en su más estricta acepción teatral.
La ciudad novelesca es, como el espectáculo que contem-
plamos en el escenario, no lo real sino su espejismo, una
proyección de lo existente a la que el proyeccionista ha impregnado una carga subjetiva tan personal que lo ha hecho mudar de naturaleza, emancipándolo de su modelo.
Pero esa realidad vuelta ficción por las artes mágicas del
creador —la palabra y el orden— conserva, sin embargo,

un cordón umbilical con aquello de lo cual se ha emancipado (o, en todo caso, debería conservarlo para ser una
ficción lograda): cierto tipo de experiencias o fenómenos
humanos que esta transfiguración novelesca de la vida
saca a la luz y hace comprensibles.

La ciudad de Dánzig, en *El tambor de hojalata,*
tiene la consistencia inmaterial de los sueños y, a ratos, la
solidez del artefacto o de la geografía; es un ente móvil
cuyo pasado se incrusta en el presente y un híbrido y fantasía en el que las fronteras entre ambos órdenes son in-
ciertas y traslaticias. Ciudad en la que diversas razas, lenguas, naciones han pasado o coexistido, dejando ásperos
sedimentos; que ha cambiado de bandera y de pobladores al compás de los vendavales bélicos de nuestro tiempo; que, al comenzar a evocar sus recuerdos el narrador
de la historia, ya no existe de ella prácticamente nada de
aquello que es materia de su evocación —era alemana y se
llamaba Dánzig; ahora es polaca y su nombre es Gdansk;
era antigua y sus viejas piedras testimoniaban una larga
historia; ahora, reconstruida de la devastación, parece haber renegado de todo pasado—, el escenario de la novela no puede ser, en su imprecisión y en sus mudanzas, más
novelesco. Se diría obra de la imaginación pura y no un
producto caprichosamente esculpido por una historia sin
brújula.

A caballo entre la realidad y la fantasía, la ciudad
de Dánzig, en la novela, late con una soterrada ternura y
la circunda la melancolía como una leve niebla invernal.
Es tal vez el secreto de su encanto. Ante sus calles y su
puerto de muelles inhóspitos y grandes barcazas, su ope-
rático Teatro Municipal o su Museo de la Marina —donde Heriberto Truczinski muere tratando de hacer el amor
con un mascarón de proa— las ironías y la beligerancia
de Oskar Matzerath se derriten como el hielo ante la lla-

ma y brota en su prosa un sentimiento delicado, una solidaridad nostálgica. Sus descripciones matizadas y morosas de los lugares y las cosas humanizan la ciudad y le dan, en ciertos episodios, una carnalidad teatral. Al mismo tiempo es poesía pura: un dédalo de calles, o descampados ruinosos, o emociones sórdidas que se suceden sin ilación, en el vaivén de los recuerdos, metamorfoseados por los estados de ánimo del narrador. Flexible y voluble, la ciudad de la novela, como su personaje central y sus aventuras, es, también, un hechizo que, a fuerza de verbo y delirio, nos ilumina una cara oculta de la historia real.

Barranco, 28 de setiembre de 1987

LA CASA DE LAS BELLAS DURMIENTES (1961)
Yasunari Kawabata

Velando su sueño, trémulo

Leer una novela traducida de una lengua y una cultura tan distintas a la nuestra puede deparar sorpresas. Recuerdo haber quedado deslumbrado, hace años, por el final de una novela de Junichiro Tanizaki que leí en francés. La heroína, luego de padecer toda clase de tribulaciones, se encerraba en su casa a guisar un exquisito plato de pescado. Durante mucho tiempo me quedó rondando este final imprevisto, en el que el sufrimiento y la desazón de la pobre mujer desembocaban en un festín culinario. ¿No revelaba este insólito episodio los complicados refinamientos de una sensibilidad difícil de desentrañar para el occidental? Un amigo japonés destruyó mi poética lectura de la escena, revelándome que el pescadillo de la heroína era, en verdad, un veneno. Lo que yo creía exótica ceremonia de liberación resultó un vulgar suicidio.

Mientras leía el bellísimo relato de Yasunari Kawabata, *La casa de las bellas durmientes,* me he preguntado muchas veces cuánto se habría perdido en el trasiego de los signos originales a los recios vocablos españoles, cuántos matices, alusiones, perfumes, referencias o mensajes subliminales desaparecerían en el viaje lingüístico de una historia que, además de ser tierna, excitante y terrible, está tan cargada de simbolismo y de misterio como un texto de alquimia. Pero, en todo caso, lo que se ha conservado de ella es todavía mucho y el lector de nuestra lengua debe bucear en las densas aguas de esta ficción con el ánimo preparado para vivir una experiencia extraordinaria: la de una fábula extraña y seductora que documenta como pocas esa región profunda donde los deseos sexuales y las pulsiones de destrucción y de muerte se confunden, en contubernio inseparable.

La anécdota de *La casa de las bellas durmientes*, parece inspirada en la historia bíblica del anciano rey desfalleciente a quien, para devolverlo a la vida, hacían dormir con una muchacha núbil: «Era ya viejo el rey David, entrado en años, y por más que le cubrían con ropas, no podía entrar en calor. Dijéronle entonces sus servidores: "Que busquen para mi señor, el rey, una joven virgen que le cuide y le sirva; durmiendo en su seno, el rey, mi señor, entrará en calor". Buscaron por toda la tierra de Israel una joven hermosa, y hallaron a Abisag, sunamita, y la trajeron al rey. Era esta joven muy hermosa, y cuidaba al rey y le servía, pero el rey no la conoció».

Se trata de un viejo mito o ilusión, que merodea por todas las culturas, y que Eguchi, el protagonista de la historia, recuerda en una de esas noches tristes e intensas que pasa en la vivienda de las muchachas dormidas: «Desde la antigüedad, los ancianos habían intentado usar la fragancia de las doncellas como un elixir de juventud». Él no es un anciano decrépito y ya muerto para el sexo, como su amigo Kiga, quien le revela la existencia de la casa secreta, suerte de monasterio sexual o claustro de la fantasía, donde los clientes van a pasar la noche junto a jóvenes narcotizadas. Tiene sesenta y siete años y una potencia viril aún activa pero declinante; los placeres que él busca allí, si pueden ser llamados así, tienen que ver tanto con la memoria y la imaginación como con el cuerpo. La casa se rige por reglas estrictas, que protegen la integridad de las muchachas, algunas de las cuales son vírgenes: no pueden ser estupradas ni torturadas. Pero, eso sí, están allí para que, caldeadas por la cercanía de los bellos cuerpos desvanecidos, las mentes de los ancianos perpetren con ellas todos los excesos. Eguchi sucumbe a la tentación algunas veces y fantasea crueldades y muertes excitantes para sus dóciles compañeras. Pero éstas son manifestaciones excepcionales. A él, las bellas durmientes, a las que contempla con minucia, arrobo y, sobre todo, desesperación, le reavivan los recuerdos, le devuelven los rostros y las voces de viejas amantes, momentos cruciales de su existencia en los que, desdichado o feliz, vivió la vida con plenitud cabal, o, como le sucede con el recuerdo de su hija menor, violada por un pretendiente y casada con otro, sintió vértigo ante la insondable complejidad del alma humana.

¿Goza Eguchi junto a las muchachas dormidas? Difícilmente podría hablarse en su caso de felicidad, en el sentido de contentamiento con el mundo, consigo mismo y con los demás. Por el contrario, las bellas durmientes con las que Eguchi puede soñar pero no hablar, que nunca lo han viso y que jamás sabrán que pasó la noche con ellas, le dan una conciencia terrible de su soledad así como la juventud y la fresca belleza de sus caras y cuerpos le hacen ver la irremisible decadencia, tristeza y fealdad de la vejez. Sin embargo, *La casa de las bellas durmientes* no es una obra de estirpe puritana, uno de esos «exiemplos» medievales llenos de feroces acoplamientos para mostrar el horror del pecado. Nada de eso: es un relato en el que el erotismo —es decir, el amor físico enriquecido por la fantasía y el arte de la ceremonia— desempeña un papel capital. La delicadeza de las descripciones del cuerpo femenino y de los turbulentos deseos o las tiernas sensaciones que él despierta configuran a menudo una atmósfera de una sensualidad subyugante en la que todos los objetos del rededor —la colcha eléctrica, el cuadro de paisaje otoñal, las cortinas de terciopelo carmesí y hasta el lejano romper de las olas— se impregnan de carnalidad y de deseo.

Pero, en esta historia, «*la chair est triste, hélas!*», como en el poema de Mallarmé. Porque quien la protagoniza es un hombre al que la decadencia física da una acerada conciencia de muerte y porque esta casa del sexo es también un lugar lleno de enigmas y rituales, donde, sin quererlo ni saberlo, las bellas muchachas y sus ancianos clientes parecen animar un complicado libreto que alguien, desde las sombras, prepararía para ellos y, presumiblemente, observaría representar.

El personaje más misterioso de esta novela misteriosa no son las muchachas complacientes ni los ancianos que las alquilan, sino la mujer de la posada. ¿Es la dueña o sólo administra el lugar? Ella habla del «hombre que posee la casa», pero a éste nunca lo vemos; ella, en cambio, está siempre allí y toma todas las decisiones. Sombra furtiva, mujer sin nombre, de unos cuarenta y cinco años de edad, cuya voz suena como «un murmullo glacial», la circunda un aura inquietante. En todas sus apariciones comunica una impresión de dominio y de sabiduría que trasciende los límites de una mera celestina. Ni siquiera la muerte de la muchacha morena la inmuta o descuadra su impecable cortesía; su única aprensión, en ese momento dramático, es que Eguchi, actuando de manera atolondrada, «llame la atención». Se diría que no es el escándalo lo que teme, sino la inobservancia de las formas, esas formas rigurosas, secretas —las podríamos llamar también artísticas— que organizan la vida y la muerte en este espacio reservado, con sus leyes y ritos propios, distintos de los del mundo exterior, que es la posada de las durmientes. La sensación del lector es que esta mujer mueve los hilos invisibles de ese pequeño mundo ceremonial, que ella es como su sacerdotisa suprema y los demás personajes los dóciles oficiantes de un rito que ella ha concebido y que sólo ella conoce a cabalidad.

El erotismo es fantasía y es teatro, sublimación del instinto sexual en una fiesta cuyos protagonistas son los oscuros fantasmas del deseo que la imaginación anima y que ansía encarnar, en pos de un placer escurridizo, fuego fatuo que parece próximo y es, casi siempre, inalcanzable. Se trata de un juego altamente civilizado, al que sólo acceden las culturas antiguas que han alcanzado un elevado nivel de desarrollo y muestran ya síntomas de decadencia. El erotismo es incompatible con el espíritu emprendedor y miliciano de los pueblos conquistadores, los que se hallan en pleno proceso de expansión y consolidación, o con las sociedades espartanas, fanatizadas por un dogma religioso o político. En ellas, las energías del individuo son requeridas por el ideal colectivo, y el sexo, fuente de desmoralización espiritual y cívica, es reprimido y confinado a una función reproductiva: traer hijos al mundo para hacer la guerra o servir a Dios.

El siglo erótico por excelencia, en Occidente, es el siglo XVIII. Siglo escéptico, de desmoronamiento de todas las certidumbres religiosas, científicas y sociales, en el que los ideales y los condicionamientos colectivos se derrumban y el individuo emerge, agigantado, autónomo, liberado de la placenta social y de la coyuntura religiosa. La sociedad no se ha disgregado, pero sus instrumentos de control sobre los individuos se hallan tan debilitados y descompuestos que cada cual puede, de acuerdo a sus medios o talentos, tener la vida que le plazca; y la Iglesia, que nominalmente sigue siendo la guardiana de la moral y las costumbres, ha perdido tanto poder y se halla tan relajada y disuelta que, más bien, en lugar de velar porque los instintos humanos permanezcan constreñidos, contribuye a desbocarlos. Disociado de los fines utilitarios y morales de la mera reproducción, el amor torna a ser el territorio privilegiado del placer y un derecho recién descubierto que el individuo hace suyo y proclama a los cuatro vientos, en tratados filosóficos, en poemas y ficciones picarescas, pero, sobre todo, practicándolo, en las formas más barrocas y fantasiosas, ornamentándolo y complicándolo hasta lo indecible. Esta bella fiesta sensual significa, sin duda, de un lado, un gran salto liberador para el hombre, al que la sociedad devuelve, en lo que al sexo se refiere al menos, parte de aquella soberanía que toda sociedad debe recortar y codificar para hacer posible la coexistencia, la vida colectiva. Pero, de otro, significa también llenar las calles y las casas de la ciudad de unos demonios insaciables, de esas bestias ávidas —los deseos humanos— que, sin ataduras ni frenos —y, más bien, estimulados por la moral reinante—, no pueden ser jamás satisfechos, pues sus apetitos y exigencias crecen vertiginosamente hasta poner en peligro la existencia misma de la vida gregaria. El erotismo, que comienza siendo, siempre, una fiesta regocijada y feliz, suele terminar en lúgubres o sangrientas hecatombes, porque para el deseo en libertad no hay otro límite que la muerte, como muestran esas atroces devastaciones en que terminan siempre las orgías de las novelas de Sade.

En la civilización industrial moderna el erotismo ha sido, por lo general, despojado de toda carga subversiva, esa vocación contestadora de lo existente —la transgresión de las reglas que regulan la vida en sociedad— que le es connatural, y transformado en un entretenimiento anodino, domesticado y comercial, en una suerte de caricatura de sí mismo. Salvo en el caso de ciertos individuos que lo practican a salvo de miradas indiscretas, en la catacumba, como lo que en verdad es: un juego exaltante y peligroso en el que el hombre puede enriquecerse y alcanzar una cierta plenitud; pero también destruir a los demás y destruirse.

Esto está maravillosamente mostrado por Kawabata en *La casa de las bellas durmientes:* «Cualquier clase de inhumanidad se convierte, con el tiempo, en humana. En la oscuridad del mundo están enterradas todas las variedades de transgresión», reflexiona el narrador, tan cerca de la conciencia de su personaje que este sombrío pensamiento podría ser del propio Eguchi. La ceremonia que los ancianos vienen a oficiar a la posada es agridulce y patética. Acostados junto a jóvenes insensibles, rememoran su potencia perdida, el fuego vital que incendió antes sus noches con mujeres como éstas, y que ahora es ceniza. El sueño profundo y artificial en el que están sumidas sus compañeras de lecho garantiza la discreción y pone a salvo a los clientes del ridículo que sentirían, tal vez, al sentirse observados por ellas en los escarceos anodinos a los que sus cuerpos fofos y arruinados las someten. Protegidos de la vergüenza y de la humillación, en ese aposento donde, extrañamente, al mismo tiempo que las muchachas, cambia el paisaje que decora la pared, juegan un rato con esos apacibles contornos femeninos y luego se duermen, ayudados por somníferos que forman parte, también, de los servicios de la casa. En las imágenes del sueño tienen, sin duda, los momentos más gratificantes de la noche, cuando el simulacro de goce que protagonizan parece más próximo a ser realidad. Pero esa ilusión puede deshacerse en la muerte, como le ocurre al viejo Fukura, quien pasa de este al otro mundo en una de esas noches de figurado erotismo.

El sexo es la piedra de toque que revela lo que hay de feo y de triste en la vejez. Comparando su cuerpo con las pieles tersas y frescas, con las formas duras y elásticas de sus acompañantes, Eguchi tiene una conciencia acentuada de su decadencia física, del avance anticipado de la muerte por sus músculos y sus articulaciones. Y esa sensación roe y mata su placer apenas despunta. Pero, en su caso, lo que hay de obsceno y de innoble en los ritos que perpetra con las jóvenes dormidas se atenúa por la delicadeza de sus recuerdos, por la elegancia y finura de ciertas imágenes que ha preservado su memoria y que la vecindad de las muchachas desnudas actualiza en su conciencia. Como aquel árbol de camelias, cuatricentenario, que vio con su hija menor en un templo de Kyoto, y cuyos racimos de flores de cinco colores diferentes eran tan espesos que tapaban el sol. La descripción es la más conmovedora del libro y también una de las más misteriosas porque, en el estado de exaltación en que se encuentra el espíritu de Eguchi, los pétalos de la camelia dejan de ser castos y parecen animarse con su tenue «zumbido de abejas», de una tierna e inconsciente sensualidad, como la muchacha que duerme al lado del protagonista.

El pensamiento de la muerte ronda a Eguchi desde hace mucho, pues ya de joven había propuesto a una de sus amantes suicidarse juntos. Esa tentación se reaviva, ante el espectáculo de las muchachas narcotizadas que parecen haber efectuado el tránsito y llamarlo desde la otra orilla. En pocas novelas se ha descrito más persuasivamente que en ésta esa pulsión de muerte que parece estar inevitablemente agazapada en la entraña del sexo, por lo menos cuando éste ha dejado de ser simple cópula animal, y se halla ennoblecido por la fantasía y la vocación de teatralidad con que lo cultivan las culturas más avanzadas. Curiosamente, estos progresos de la «civilización» en materia sexual reintroducen en la vida en sociedad una fuente de desquiciamiento y de violencia de los que suelen estar exonerados los pueblos primitivos: entre éstos no se dan, casi, los «crímenes de amor», los que sí florecen, en cambio, en las sociedades donde impera la libertad y donde retroceden los prejuicios y las servidumbres y donde la ciencia ha comenzado a derrotar la enfermedad y la ignorancia.

Breve, bella y profunda, *La casa de las bellas durmientes* deja en el ánimo del lector la sensación de una metáfora cuyos términos no son fáciles de desentrañar. ¿Qué esconde esta historia que, obviamente, no se agota en sí misma? ¿La paradoja de que el sexo, la fuente más rica del placer humano, sea también un pozo tétrico de frustraciones, sufrimientos y violencias? ¿Cómo, en este dominio, la civilización no puede desprenderse de la barbarie? Una novela no tiene por qué dar respuesta a estas preguntas; si sabe suscitarlas, como transpiración natural e inevitable de una fantasía que nos mantiene subyugados durante la lectura y luego pervive y se enriquece en el recuerdo, ha cumplido con creces su función y debemos agradecérselo.

Lima, 22 de marzo de 1989

EL CUADERNO DORADO (1962)
Doris Lessing

El cuaderno dorado de las ilusiones perdidas

I

Cuando llegué a Londres, en 1966, *The Golden Notebook* llevaba ya cuatro años publicado, pero todavía se hablaba mucho del libro. Era objeto de recriminaciones y elogios apasionados y tanto sus devotos como sus detractores le reconocían el papel de novela símbolo de la época. Las feministas la habían adoptado como manual y en ciertos círculos literarios se la consideraba el experimento más audaz con la forma novelesca desde *Under the Volcano,* de Malcolm Lowry. La compañera de trabajo en el Queen Mary College que me lo recomendó me dijo: «Léalo, si quiere saber lo que es la condición femenina». Lo leí y esa primera lectura me dejó bastante escéptico. Comenté a mi colega que la novela de Doris Lessing me había recordado *Les Mandarins,* de Simone de Beauvoir, y se enojó.

En esta nueva lectura pienso que ella tenía razón y que yo andaba equivocado. *El cuaderno dorado* vale más que *Los mandarines:* es menos pretencioso y trata los mismos temas con más hondura, además de abordar otros que no aparecen en la novela francesa. Ambas son, eso sí, un documental novelesco de la posguerra europea.

El cuaderno dorado tiene muchos méritos. El primero, ser una novela ambiciosa, querer abarcar asuntos tan diversos como el psicoanálisis y el estalinismo, las relaciones entre la ficción y lo vivido, la experiencia sexual, la neurosis y la cultura moderna, la guerra de los sexos, la liberación de la mujer, la situación colonial y el racismo.

No creo que haya en la literatura inglesa moderna una novela más «comprometida», según la definición que dio Sartre del término. Es decir, más enraizada en los debates, mitos y violencias de su tiempo; más agresivamente crítica de la sociedad establecida en sus ritos y valores, y, también, más empeñada en participar, a través de la palabra artística, en el quehacer colectivo, en la historia.

El intelectualismo de sus primeras páginas es engañoso. Hace temer una de esas novelas sartreanas de la posguerra que ahora se nos caen de las manos; pero, muy pronto, una vez que empezamos a entrar en el mareante juego de espejos que se establece en el libro entre la (aparente) historia objetiva —«Mujeres libres»— y los cuadernos de distintos colores, advertimos que aquella racionalidad tiene pies de arcilla, es un artificio armonioso que oculta un paisaje caótico. Y, en efecto, poco a poco, la lucidez reflexiva del narrador y de su personaje Anna Wulf (luego descubrimos que ambas pudieran ser una misma persona) se va resquebrajando hasta disolverse en la locura, territorio en el que se refugia la protagonista —por lo menos, según su testimonio literario— después de perder su valerosa pero inútil batalla contra las distintas formas de alienación que amenazan a la mujer en la sociedad industrial moderna.

La verdad, no entiendo por qué se hizo de esta novela una biblia feminista. Desde ese ángulo, sus conclusiones son de un pesimismo que pone la carne de gallina. Tanto Anna como Molly, las dos «mujeres libres», fracasan estrepitosamente en su empeño por alcanzar la emancipación total de las servidumbres psicológicas y sociales de la femineidad. La rendición de Molly es patética, pues opta por un matrimonio burgués contraído por la más burguesa de las razones: la búsqueda de la seguridad. Y Anna se enclaustra en un mundo mental en el que la exploración de la locura (el cuaderno dorado) es más que un juego peligroso: refleja la frustración de sus intentos por tener una vida lograda. La independencia, la libertad de que gozan no defiende a ninguna de las dos amigas contra la zozobra emocional, el vacío y el sufrimiento. Tampoco les confiere la madurez intelectual que les permitiría superar, tomando una distancia irónica con sus propias vidas, sus fracasos. Anna, que escribió de joven una novela de éxito, padece ahora —tiene unos cuarenta años— de esterilidad artística y a todos sus amantes les asegura que no volverá a coger la pluma (aunque esto pudiera ser una mentira, según descubriremos al final).

Luego de sus respectivos divorcios, Molly y Anna se liberaron de la familia, esa gran bestia de cierto feminismo según el cual esta institución reduciría a la mujer, siempre, a roles pasivos e inferiores. Ambas tienen amantes a voluntad, pero esas relaciones, sobre todo en el caso de Anna, suelen ser amargas: la dejan herida, con una creciente sensación de deterioro emocional. Por lo demás, uno tiene la impresión de que tanto Anna como su álter ego en los diarios, Ella, instintivamente aspiran a que cada una de sus aventuras sexuales se torne una relación permanente, un matrimonio. Las dos parecen incapaces de hacer del sexo un mero pasatiempo de los sentidos, un placer físico en el que no intervendría para nada el corazón. Esta aptitud es, en la novela, exclusiva de los hombres, los que, siempre, llegan, fornican y se van.

En realidad, *El cuaderno dorado* no tiene la pretensión de ser un libro edificante ni un recetario contra la enajenación de la mujer en la sociedad contemporánea. Es una novela sobre las ilusiones perdidas de una clase intelectual que, desde la guerra hasta mediados de los cincuenta, soñó con transformar la sociedad, según las pautas fijadas por Marx, y con cambiar la vida, como pedía Rimbaud, y que terminó dándose cuenta, a la larga, de que todos sus esfuerzos —ingenuos, en algunos casos, y en otros heroicos— no habían servido de gran cosa. Pues la historia, que continuó corriendo todos esos años, lo hizo siguiendo rumbos muy distintos de los esperados por los intelectuales idealistas y soñadores. Aunque la perspectiva desde la cual está contada la novela sea la de una mujer, no es la condición femenina —en abstracto— lo que aparece como el asunto central del libro, sino, más bien, el fracaso de la utopía que experimenta un intelectual (que es, *también,* mujer).

Desde ese punto de vista, *El cuaderno dorado* es una severa autopsia de las alienaciones políticas y culturales de la *intelligentsia* europea de vanguardia. Con este libro, Doris Lessing se adelantó a su época, pues, en el resto de Europa, el progresismo sólo se atrevería en la década de los setenta a hacer su autocrítica en lo relativo a las mistificaciones ideológicas o al poder revolucionario de la literatura y el arte.

II

El carácter fragmentario del libro no es gratuito. Tampoco, ser un calidoscopio donde las historias se forman y deforman unas a otras. Esta estructura responde a la enmarañada realidad emocional y social tal como es vivida y analizada por la protagonista, Anna Wulf.

En teoría, la novela está dividida de este modo: una historia objetiva —«Mujeres libres»—, que consta de cinco episodios, e, intercalados entre ellos, los cuadernos secretos que escribe Anna. Éstos son de cinco colores diferentes y, también en teoría, cada uno de ellos contiene materiales de distinta naturaleza. En el negro aparece todo lo relacionado con Anna como escritora; en el rojo, sus experiencias políticas; en el amarillo, Anna inventa historias que se basan en su propia vida, y el azul quiere ser un diario. El cuaderno dorado del final debería ser la síntesis de todos los otros, un documento que integraría, dando unidad y coherencia, a la Anna desmembrada en los otros cuadernos.

Esta organización es desmentida por la práctica. Anna no puede mantener invioladas las fronteras que ha fijado a cada cuaderno y el lector descubre que las invenciones irrumpen a menudo en el diario y que se habla de política en todas partes, del mismo modo que el oficio de Anna, la literatura, impregna con frecuencia el cuaderno político. Todo ello muestra, de manera muy gráfica, en el dominio de la forma, lo que Anna descubre en el curso de la novela: que la vida es incasillable en un esquema exclusivamente racional, se trate de una doctrina política como el marxismo, de una terapia con pretensiones de filosofía totalizadora como el psicoanálisis o de las simetrías de una estructura novelesca. Lo racional y lo irracional constituyen una indisoluble realidad que confiere a la vida humana una característica fundamental: su imprevisibilidad.

Las locuaces incongruencias de la construcción de la novela en lo que respecta a los cuadernos que lleva Anna no son las únicas sorpresas que esperan al lector de *El cuaderno dorado*. La mayor de todas es el pase mágico del final, cuando advierte —por una frase dicha por el americano Saul Green a Anna, en una página de su diario— que «Mujeres libres», historia que hasta entonces parecía autónoma, escrita por un narrador omnisciente, podría ser, en verdad, la novela que escribiría Anna *después* de terminar el último diario, es decir, el libro con el que rompería por fin el bloqueo psicológico que la había anulado tantos años como escritora.

Se trata de una pequeña vuelta de tuerca, que deja flotando en el ánimo del lector una ambigüedad más en un libro repleto de enigmas. Pero es importante subrayar este barroquismo de la estructura para mostrar cómo, en esta novela «comprometida», hay en la forma una riqueza de inventiva que va a la par con la complejidad de su contenido.

III

Sin embargo, insistir demasiado en las sutilezas de su forma sería desnaturalizar *El cuaderno dorado*, cuya pretensión primera no es el experimento artístico sino discutir ciertos asuntos morales, políticos y culturales que pueden resumirse en esta pregunta: ¿qué podía hacer, entre la Segunda Guerra Mundial y finales de los cincuenta, una intelectual progresista para mejorar el mundo y mejorarse a sí misma?

Anna, que pasó los años de la guerra en Rhodesia del Sur, en Salisbury, milita allí en un pequeño círculo marxista conformado por pilotos de la real fuerza aérea británica, todos blancos. Se trata de una militancia bastante irreal, hecha de buenas intenciones y de realizaciones nulas, que deja a todos, al cabo de las frenéticas borracheras de los fines de semana, en el hotel de campo de Mashopi, un mal gusto en la boca, la sensación de interpretar una farsa. Pero Anna toma conciencia del racismo que permea toda la vida en esa colonia y de la ignominiosa condición en la que se encuentran los nativos, por obra de un país que, paradójicamente, lucha en esos años contra el totalitarismo nazi en nombre de la libertad.

En Inglaterra, en la posguerra, Anna escribe una novela basada en sus experiencias africanas: *Las fronteras de la guerra*. Por la síntesis que ella hace del libro en sus diarios —los amores de un inglés con una mujer negra—, entraña una severa crítica del colonialismo. Pero el gran éxito comercial que obtiene desactiva al libro políticamente, lo convierte en un producto de consumo para el mero entretenimiento de un público que no asocia la literatura con problemas de ningún orden. Tal vez por esto ha dejado Anna de escribir. Tal vez por ello rechaza todos los proyectos de adaptación cinematográfica en los que percibe, siempre, en los productores, la intención de adulterar su libro para hacerlo más asequible a un público enajenado por el conformismo.

Su voluntad de escapar de algún modo al mecanismo desmovilizador de la cultura y la vida británica lleva a Anna a inscribirse en el Partido Comunista y a militar en él algunos años. Lo hace sin muchas ilusiones, consciente de lo que ocurre en la URSS —los grandes crímenes de Stalin son ya del dominio público—, con la vaga esperanza de que las cosas se puedan cambiar «luchando desde adentro». Es otro de sus dolorosos fracasos: descubrir que el dogmatismo ideológico y la estructura vertical del partido son impermeables al cambio y capaces de «absorber a todos sus contradictores». Ni la revolución social ni el gran cambio moral a los que aspira vendrán, pues, de allí.

Renunciando, entonces, a los ideales colectivos, Anna trata de organizar su vida individual de acuerdo con ciertos principios y normas de una moral auténtica, no conformista. Intenta superar la crisis que padece con ayuda del psicoanálisis (otra utopía de la época casi tan exaltante, para los intelectuales, como la revolución). Lo que descubre, más bien, a través de los plácidos consejos de su psicoanalista —la encantadora Mother Sugar, un personaje que aparece al sesgo pero que es el más simpático del libro—, es que la terapia la empuja de manera invencible hacia aquello de lo que precisamente quiere huir: la normalidad, una vida modelada de acuerdo con los usos y valores del *establishment*.

Su vida privada, como la pública, es una secuencia de fracasos. Salvo una brevísima pero intensa relación con Paul, en África —mientras era la amante de Willi—, Anna no ha conocido jamás un gran amor. Tuvo un marido fugaz al que no quiso y del que ha tenido una hija, Janet. Luego, numerosos amantes con los que, a veces, goza un tiempo, sin llegar nunca a ser feliz. Tal vez el mayor fracaso de todos los que Anna experimenta sea el conjeturar el porvenir de su hija. La niña, obedeciendo un oscuro instinto de defensa, trata de ser diferente de la madre y quiere, a toda costa, reintegrarse a aquella sociedad alienada, prejuiciosa, conformista, de la que Anna ha estado tratando de apartarse. Por propia voluntad, Janet va a ese bastión de la sociedad clasista británica —un internado privado para señoritas— y el lector fantasea que no sería nada extraño que Janet terminara siendo una bella lady, indiferente y neurótica.

¿Es de sorprender que, con esta acumulación de frustraciones, Anna tenga una visión amarga y pesimista del mundo? Uno de los reproches que se hicieron a la novela es que sus personajes masculinos sean, todos, repulsivos o despreciables. En verdad, ninguno de ellos tiene la menor grandeza. Pero ¿son acaso mejores las mujeres? Ni siquiera Anna, el personaje al que conocemos más íntimamente y con el que podríamos sentirnos más solidarios, acaba de seducirnos. Hay en su vida una sequedad excesiva, autoimpuesta por discutibles principios ideológicos, y una incapacidad de adaptación que, por admirable que sea en imagen artística —el héroe o la heroína enfrentados al mundo siempre hacen palpitar nuestro corazón romántico—, es también una garantía de infelicidad individual y de inoperancia social. Ella, que lucha con tanto empeño contra los convencionalismos, sucumbe, también, a ciertos estereotipos cuando se trata de juzgar a los hombres, a Estados Unidos, o cuando mitifica hasta irrealizarlos a los guerrilleros del Tercer Mundo.

Pero aunque se trate de un libro sin héroes ni heroínas, *The Golden Notebook* perdura en la memoria como sólo lo consiguen las novelas logradas. Decenas, centenas de ficciones de los cincuenta y los sesenta trataron de capturar el espíritu de la época, con sus grandes ilusiones, sus terribles fracasos y las profundas transformaciones históricas que, aunque no siempre en el sentido que hubieran deseado los amantes del apocalipsis, también ocurrieron. En *El cuaderno dorado,* Doris Lessing lo consiguió. No es su culpa si el espectáculo no resulta grato ni estimulante.

Londres, noviembre de 1988

UN DÍA EN LA VIDA DE IVÁN DENISOVICH (1962)
Alexandr Solzhenitsin

Réprobos en el paraíso

Quien lee ahora, por vez primera, *Un día en la vida de Iván Denisovich* queda perplejo. ¿Es posible que este breve relato provocara, al aparecer, en 1962, semejante conmoción? Un cuarto de siglo después nadie ignora la realidad del Gulag y los genocidios de la era de Stalin, que el propio Nikita Jruschov denunció en el XXII Congreso del Partido Comunista de la Unión Soviética. Pero, en 1962, innumerables progresistas del mundo entero se resistían todavía a aceptar aquel brutal desmentido a la quimera del paraíso socialista. El discurso de Jruschov era negado, atribuido a maniobras del imperialismo y sus agentes. En estas circunstancias, A. Tvardovski, con autorización del propio Jruschov, publicó en *Novy Mir* el texto que daría a conocer al mundo a Solzhenitsin y marcaría el inicio de su carrera literaria.

El efecto del libro fue explosivo. ¿Quién podía, ahora, negar la evidencia? El hombre que testimoniaba lo hacía en la propia Unión Soviética y a partir de la experiencia, pues el universo concentracionario que describía lo había padecido en persona y por causas tan crueles y estúpidas como las que sepultan en el Gulag al oscuro campesino Iván Denisovich Shujov de la novela. El famoso deshielo jruschoviano duró poco pero sus efectos no se extinguirían. Y acaso ningún texto, ni siquiera el discurso de Jruschov en el XXII Congreso del PCUS, simboliza de manera tan vívida aquel violento trizarse del sueño comunista como esta pequeña novela.

Cuando lo leí por primera vez —en 1965, en Cuba, donde la gente se lo arrebataba de las manos y era la comidilla de todas las conversaciones— resultaba imposible considerar el libro de Solzhenitsin de otro modo que como un testimonio político. La ficción servía de pretexto para revelar las ignominias cometidas en nombre del socialismo en el período bautizado —eufemismo delicioso— como el del «culto de la personalidad». ¿Podemos hoy, en 1988, hacer una lectura más neutra, puramente literaria, de esta novela? Creo que no. Ella todavía muerde carne, a cada línea, en una realidad viva, de inmensa trascendencia política y moral, y los problemas a los que alude se hallan aún vigentes y son objeto de apasionadas controversias como para soslayarlos. Pretender juzgar *Un día en la vida de Iván Denisovich* cercenándola de su contexto histórico e ideológico, como aséptica creación artística, sería un escamoteo que privaría a la obra de aquello que le imprime dramatismo y vitalidad: su carácter documental y crítico.

No hay duda de que esta naturaleza polémica, tan dependiente de la actualidad, dificulta el juicio literario sobre este libro. Sus virtudes y defectos no pueden ser señalados en los términos formales —estilo, construcción, diseño de caracteres, vivacidad de la anécdota, etcétera— como el común de las novelas, pues en este caso lo más importante de la ficción no es su capacidad emancipadora de un modelo, la forja de un mundo soberano e independiente del real, sino la luz que arroja sobre una realidad preexistente. Como *La esperanza,* de Malraux, o *Recuerdos de la casa de los muertos,* de Dostoievski, *Un día en la vida de Iván Denisovich* está más cerca de la historia que de la literatura.

Según indica su título, el relato describe una jornada cualquiera, sin sorpresas ni sobresaltos excepcionales, de un hombre internado en un campo de concentración en algún punto perdido de la estepa siberiana. Iván Denisovich Shujov, campesino del poblado de Temgeniovo, lleva ya nueve años preso, cumpliendo una condena de diez, impuesta por «traición a la patria». Lo que motivó esa sentencia es un episodio de macabra estupidez, donde la vesania del sistema totalitario transparece en toda su crudeza. Durante la guerra contra los nazis, Iván Denisovich fue capturado por el enemigo, pero, aprovechando un descuido de sus captores, logró huir y reintegrarse a las filas soviéticas. Entonces, según una práctica que parece haber sido habitual contra los soldados que vivían situaciones parecidas, fue juzgado por haberse rendido «con intención de traicionar» y haber retornado «para cumplir una misión de espionaje alemán». Puesto ante la disyuntiva de admitir la acusación o ser ejecutado sumariamente, Iván Denisovich reconoció ser espía y traidor.

Todo ello ocurrió nueve años antes de que comience la novela (situada en 1951) y parece haberse desvanecido de la memoria del protagonista. Iván Denisovich no es un hombre roído por la amargura ni devastado por el pesimismo a consecuencia de su trágica situación. Tampoco es un héroe que soporta el infortunio movido por razones éticas o un ideal político. Es, simplemente, un hombre del montón, enfrentado a una situación límite. Para él no tiene sentido perder tiempo y energías lamentándose porque de lo que se trata, ahora, es de librar cada hora y cada minuto la batalla para sobrevivir.

Como él, sus compañeros de prisión están allí por razones que hay que llamar políticas aunque esto signifique dar a esta palabra un contenido terriblemente tortuoso y depravado: hombrecillos condenados a veinticinco años por ser baptistas practicantes, u oficiales de la Marina a quienes su profesión deparó durante la guerra estar en contacto con los aliados occidentales de la Unión Soviética y que, por ello, se pudren en el campo como peligrosos apestados. Pero, por lo poco que llegamos a intuir de lo que ocurre en las conciencias de estos seres, ellos, como Iván Denisovich, apenas recuerdan sus desgracias, a las que la rutina concentracionaria ha difuminado y convertido en un suceso casi natural. La prisión los ha despolitizado a todos, incluidos aquellos que, a diferencia del protagonista, fueron políticos activos en su vida anterior. Purgados de toda preocupación ajena a la del submundo en el que languidecen, sus fuerzas y su fantasía se concentran en una obsesiva tarea: durar, no perecer. Por ello dan esa curiosa impresión de seres de otro planeta, semisonámbulos, semiautómatas, despojados de cualquier otra curiosidad o interés que los estrictamente animales de resistir el hambre, evitar el castigo y demorar lo más posible el instante de la muerte.

Iván Denisovich tiene cuarenta años y el escorbuto se ha llevado la mitad de sus dientes; está casi calvo y en Temgeniovo lo esperan una mujer y dos hijas (el único hijo que tenía murió), de las que rara vez recibe noticias pues sólo se le permite escribir y recibir dos cartas al año. Desde el principio de su encarcelamiento pidió a su familia que no le enviaran paquetes de comida, para evitarles sacrificios, de modo que, a diferencia de varios de sus compañeros, su orfandad dentro del campo es total. El frío, el hambre y la fatiga que son para él los cauces de la existencia no lo han encallecido hasta el extremo de matar en él todo gusto por la vida: la fruición con que aspira la colilla que le pasa César Markovich, o con que roe el mendrugo de pan duro que se lleva a la faena, o el entusiasta frenesí con que se entrega a la tarea de enladrillar un muro de la central termoeléctrica, muestran muy a las claras que el recluso Shujov es capaz todavía, en el fondo de injusticia y opresión en que está sumido, de encontrar una justificación a la vida. En esto reside la grandeza de este oscuro ser sin cultura y sin relieves, que carece de grandes rasgos intelectuales, políticos o morales: en personificar la supervivencia de lo humano en un mundo minuciosamente construido para deshumanizar al hombre y tornarlo *zombie,* hormiga.

Una historia de esta índole es muy difícil de contar sin caer en la truculencia o la sensiblería, en el miserabilismo o tremendismo, excesos que a veces resultan en excelente literatura pero que a una novela testimonial, que aspira a ser más un documento que una ficción, la empobrecerían y descalificarían. El mérito de Solzhenitsin es haber sorteado esos riesgos gracias a una economía expresiva rigurosa, a un notable ascetismo formal. El horror está descrito sin aspavientos, con objetividad, evitando destacar aquellos hechos que significarían una quiebra de lo rutinario. En las veinticuatro horas del relato no sucede, en verdad, nada que no les haya pasado ya cientos y miles de veces a Shujov y a sus compañeros o que no les vaya a pasar en el futuro. La novela ha extraído del universo concentracionario una especie de átomo que resume su rutina y sus ritos, sus jerarquías y tipos humanos así como la ración cotidiana de sufrimiento y de resistencia que exige de quienes lo habitan. La novela suele ser, por lo general, la relación de hechos y hombres dotados de alguna forma de excepcionalidad. En *Un día en la vida de Iván Denisovich,* por el contrario, se rehúye todo lo que constituye ruptura y novedad y el relato se concentra en la representación de lo cotidiano, en la experiencia común de los presos.

Esto priva a la novela del dinamismo y la efervescencia que llevan al lector, en otras ficciones, a preguntarse «¿Y ahora qué va a pasar?» —en ésta presente desde las primeras páginas que ningún suceso imprevisto vendrá a transfigurar la grisura ritual y miserable de esa monotonía—, pero, en compensación, le da una personería muy vasta: ésta no es sólo una síntesis de la vida pesadillesca de Iván Denisovich Shujov, sino también de la de aquella anónima ciudadanía de réprobos a los que la sociedad comunista aisló, puso entre alambradas y dispersó por el océano blanco de Siberia.

Sociedad marginal, casi sin contacto con la otra, ella está lejos de ser homogénea. Salvo en su compartido empeño por sobrevivir, los presos son una variopinta fauna a la que diferencian, fuera de los oficios, las creencias y las nacionalidades —además de rusos, hay ucranianos, letones y estonios—, las cualidades morales. Sólo unos cuantos parecen haber sido degradados al extremo de prestarse a servir de delatores y espías, como Panteleev, o de abusar de los otros, como ese Fetiukov al que sus compañeros apodan «el chacal». Hay, entre los presos, ateos y religiosos, y, también, privilegiados como César Markovich, a quien los paquetes de comida que recibe le permiten sobornar a los celadores y obtener pequeñas ventajas que lo ponen muy por encima del preso promedio. La vida carcelaria no ha mellado el innato instinto de lo bueno y lo malo, de lo justo y lo injusto, en el hombre simple e inculto que es Shujov. Así, él piensa que no es éticamente aceptable ese oficio de pintar tapices nuevos que aparentan ser viejos y que, según su mujer, parece haberse puesto de moda entre los jóvenes de Temgeniovo. Iván, en todo caso, en contra de lo que le aconsejó su esposa en la última carta, no se ganará la vida de ese modo cuando cumpla su condena y lo suelten. ¿Lo soltarán? Deberían, el próximo año. Pero Iván Denisovich no se hace muchas ilusiones, pues de este campo nadie ha sido excarcelado todavía...

Al presentar en *Novy Mir* a los lectores soviéticos este texto, A. Tvardovski les explicó que Solzhenitsin no hacía más que criticar «hechos terribles de crueldad y arbitrariedad que fueron resultado de la violación de la justicia soviética». El libro, según él, era algo así como una autocrítica del propio sistema, un texto que reivindicaba el socialismo soviético denunciando sus deformaciones. Ésta fue también la tesis de Georg Lukács, entusiasta defensor de Solzhenitsin, a quien atribuyó haber restablecido con esta novela la mejor tradición del «realismo socialista» de los años veinte que el estalinismo luego truncó.

Sería injusto ridiculizar estas opiniones recordando la historia posterior de Solzhenitsin, desde su salida de la URSS y su violenta prédica antisocialista y a favor de un espiritualismo autoritario y conservador. En verdad, las opiniones de Tvardovski y Lukács, en lo que se refiere por lo menos a esta primera novela, no están tan desencaminadas. El relato es, desde el punto de vista formal, de un realismo riguroso que no se toma jamás la menor libertad respecto a la experiencia vivida, muy en la línea de lo que fue siempre la gran tradición literaria rusa. Y está impregnado, además, como una novela de Tolstoi, de Dostoievski o de Gorki, de indignación moral por el sufrimiento que causa la injusticia humana. ¿Puede este sentimiento llamarse «socialista»? Sí, sin duda. Una actitud ética y solidaria del pobre y de la víctima, del que por una u otra razón queda al margen o atrás o derrotado en la vida, es la última bandera enhiesta de una doctrina que ha debido arriar, una tras otra, todas las demás, luego de comprobar que el colectivismo conducía a la dictadura en vez de a la libertad y el estatismo planificado y centralista traía, en lugar de progreso, estancamiento y miseria. Por esos extraños pases de prestidigitación que tiene a menudo la existencia, Alexandr Solzhenitsin, el más feroz impugnador del sistema que crearon Lenin y Stalin, podría ser, sí, el último escritor realista socialista.

Barranco, julio de 1988

Acomodos con el cielo

¿Puede un creyente ajustar enteramente su vida, tanto en lo esencial como en lo accesorio, a los preceptos evangélicos, o es inevitable que viva escindido entre su comportamiento y sus creencias? Maquiavelo revolucionó la filosofía política occidental cuando, formulando esta pregunta para el príncipe católico, respondió que si éste intentaba gobernar en rigurosa concordancia con los principios de la religión, se condenaba al fracaso, pues el poder antes que una moral es una *praxis,* un arte que exige continuas transacciones con el engaño y la mentira para ser exitoso. Maquiavelo no era un cínico sino un frío observador de la política y el primer pensador europeo en reflexionar con total lucidez sobre lo que ella es casi siempre, por debajo de los grandes principios, los grandiosos designios, los nobles ideales y los altruistas sentimientos que exhiben en público quienes la practican: manipulación, intrigas, defensa de intereses mezquinos, puro cálculo. Lo escandaloso en el autor de *El Príncipe* no era su moral sino su realismo, la lastimosa conclusión a la que había llegado, después de media vida dedicada al servicio de la Señoría florentina, sobre la total incompatibilidad entre una moral cristiana estricta y una política eficaz.

Heinrich Böll parece haber vivido desgarrado por un dilema semejante, no en lo que concierne a los príncipes, sino a los cristianos humildes, aquellos sin cara y sin nombre, los del montón: ¿es posible, en ellos, una coherencia mayor entre la teoría y la práctica que la que caracteriza a quienes mandan? Sus novelas, relatos y ensayos son una obsesiva exploración de la sociedad de su país a fin de tener una certidumbre al respecto. Lo cierto es que, aunque las respuestas que se daba a sí mismo (y a sus lectores) variaban algo de libro a libro —las había más esperanzadoras o más lúgubres—, cuando se hace el recuento final de su obra se tiene la impresión de que, muy a pesar suyo, sin duda —pues a diferencia del acerado florentino él era un hombre bondadoso y sentimental—, Heinrich Böll llegó a convicciones parecidas a las de Maquiavelo: la coherencia absoluta entre la moral cristiana y la vida diaria del creyente es imposible, se da sólo en casos excepcionales de locura o santidad. Sin embargo, él buscó empeñosamente esa coherencia en su vida privada y pública y en sus escritos y a ello se debe en gran medida el respeto y admiración que alcanzó aun entre quienes tenemos reservas sobre su obra literaria o sobre sus tomas de posición y sus ideas.

Para entender cabalmente a Heinrich Böll hay que situarlo en su contexto histórico. Esta perspectiva «social» no siempre es esclarecedora en el caso de un escritor, pero en el suyo sí lo es. Debió de ser muy duro para el joven católico de origen modesto que era Böll librar, como soldado raso primero y luego como cabo, una guerra que íntimamente le repugnaba y al servicio del nazismo, un régimen que era la negación de sus creencias y valores. La confusión y la brutalidad de esa experiencia que compartió con los de abajo, aquellos que estaban lejos de quienes tomaban las decisiones y programaban el horror, los que se limitaban a materializarlo y a sufrirlo, le inspiró algunos de sus mejores relatos. Pero lo que le daría la celebridad no fueron sus críticas a la Alemania de la destrucción y la guerra, sino, más bien, a la que, como el Ave Fénix, renació de sus ruinas y se desarrolló y prosperó a un ritmo asombroso hasta convertirse en la primera potencia económica de Europa.

Böll fue el más severo cuestionador de este «milagro alemán», al que sometió a una permanente autopsia en sus ficciones y artículos reprochándole de mil maneras estar asentado sobre deleznables cimientos. En sus cargos y censuras se mezclan las críticas legítimas, como la facilidad con que muchos nazis responsables de crímenes se convirtieron a la democracia y volvieron a ocupar posiciones de poder en la República Federal, con las más burdas, aquellas que la propaganda soviética orquestaba y los progresistas de Europa coreaban sin medir bien las consecuencias de lo que pedían, como la hostilidad a la Alianza Atlántica y al —tan cacareado en los años cincuenta— «rearme alemán». Pero Heinrich Böll no fue jamás el típico «compañero de viaje», es decir, el bobalicón bienintencionado o el vivillo cínico al que los comunistas podían instrumentalizar sin dificultad, como un titiritero a sus muñecos. Porque él supo ver la viga tanto en el ojo ajeno como en el propio y nunca se hizo demasiadas ilusiones sobre lo que ocurría en las sociedades marxistas. Fue, desde un principio, un resuelto defensor de los disidentes en los países del Este y sus denuncias contra el Gulag y las violaciones humanas en el mundo comunista fueron siempre tan claras y explícitas como las que hizo contra los abusos a los derechos humanos en Occidente y en el Tercer Mundo, aunque formuladas de modo que no pudieran servir de arma a la propaganda anticomunista. En otras palabras, estas tomas de posición de Böll fueron siempre morales y religiosas aun cuando a menudo se revistieran de consideraciones políticas.

Que el «milagro alemán» se operara bajo la conducción de un partido que se proclamaba cristiano, que su principal jerarca, Konrad Adenauer, fuera un católico practicante y que todo este proceso político contara con la bendición y el apoyo militante de «su» iglesia, fue un irritante continuo y una fuente de desgarramientos para el católico progresista que era Böll. El consumismo de la sociedad de mercado, el materialismo creciente de la vida, la proliferación de las armas nucleares y el consiguiente riesgo de un cataclismo mundial y el rígido maniqueísmo político que la guerra fría reintrodujo en Europa lo angustiaban porque, de un lado, contradecían su moral austera y un tanto puritana templada en los años de la guerra y de la terrible escasez de la posguerra, y, de otro lado, porque en esa evolución de la sociedad alemana Böll creyó entrever los signos fatídicos de una nueva catástrofe autoritaria y bélica para su país. En esto último se equivocó garrafalmente, como otros progresistas (aunque sus motivos fueran más nobles y genuinos que en muchos de éstos). Porque lo cierto es que la República Federal, con todas las críticas que se le puedan hacer, ha significado la instauración de instituciones y hábitos democráticos en el pueblo alemán de una manera que ya parece irreversible, y, también, para el conjunto de su sociedad, el más alto nivel de vida que alcanzó nunca en su historia. De otro lado, la OTAN y la creación de la Europa política, de las que la República Federal ha sido herramienta clave, han garantizado ya cuarenta y tres años de paz en el viejo continente, marca que supera todos los otros períodos no bélicos en el pasado europeo. Si hay, pues, un país que tiene una historia moderna exitosa es aquel que mereció tantas amargas invectivas de parte de Heinrich Böll.

Pero lo cierto es que sin hombres como él, que la sometieron a esa crítica implacable y constante (y a veces injusta), Alemania Federal sería mucho peor de lo que es. ¿No es eso lo que diferencia la sociedad abierta de la cerrada? El estar sometida a la vigilancia de una crítica intensa que la obliga a cuestionarse a sí misma en cada uno de sus pasos y decisiones y donde una opinión pública es (o puede ser) el mejor freno para los excesos de los distintos poderes que la regulan. La función de un intelectual en una sociedad democrática es contribuir a mantener esa opinión pública alerta e informada de modo que aquellos poderes (en los que siempre anidará la predisposición a durar y a crecer) no se extralimiten ni desborden el marco de la ley y del bien común. Heinrich Böll cumplió esta función de manera ejemplar y fue en ese sentido uno de los pilares de la reconstrucción democrática de su país, luego de haber sido uno de los desgraciados instrumentos y víctimas de sus sueños imperialistas y totalitarios.

Me pregunto si él hubiera aprobado esta afirmación. Tuve oportunidad de charlar una sola vez con él, a fines de los sesenta, en Colonia, y no he olvidado la impresión de hombre bueno y límpido que me causó. Había sufrido una reciente desgracia familiar y se lo notaba profundamente afectado. Pero no hablamos de ello, ni de literatura, sino de la condición de los trabajadores turcos emigrados a Alemania, por cuya suerte él se interesaba y obraba por mejorar. En un inglés vacilante, me explicó cómo eran explotados por no tener permisos de trabajo y no poder acogerse a las leyes sociales, el desamparo y el trauma cultural que era para ellos vivir confinados en verdaderos guetos urbanos, lejos de sus familias y de su país y sin el menor contacto con la población alemana, y los tímidos esfuerzos que algunas asociaciones comenzaban a hacer para remediar en algo su situación. Hablando con él, uno tenía la incómoda sensación de estar junto a un sismógrafo del sufrimiento humano.

Opiniones de un payaso, su novela más célebre, es un buen testimonio de esta sensibilidad social escrupulosa hasta la manía. Se trata de una ficción ideológica, o, como se decía aún en la época en que apareció (1963), «comprometida». La historia sirve de pretexto a un severísimo enjuiciamiento religioso y moral del catolicismo y de la sociedad burguesa en la Alemania Federal de la posguerra.

El payaso Hans Schnier, un joven de veintisiete años (pero que parece viejísimo), vástago y oveja negra de una próspera familia industrial de Bonn, que vivía hacía seis años sin casarse con una muchacha católica, experimenta una crisis múltiple: Marie lo abandona para casarse con Heribert Züpfner, miembro como ella de un círculo católico de estudios y reflexiones; profesionalmente gusta cada vez menos y ha sido atacado con dureza por un influyente crítico de un diario de Bonn; no tiene dinero ni contratos en perspectiva y, finalmente, acaba de caerse en medio de una actuación y se ha magullado la rodilla.

En este desastroso estado de ánimo, Hans Schnier, en el pequeño departamento que le legó su abuelo, pasa revista a su vida entre frustradoras llamadas por teléfono a parientes y conocidos para averiguar el paradero de Marie. Hans descubre una total falta de solidaridad en este grupo de prelados y activistas católicos para con su caso; y algo más: lo que parece ser una conspiración «católica» —es decir, erigida con argumentos éticos y teológicos— para inducir a Marie a poner fin al concubinato en que vivía con él y echarla en los brazos ortodoxos de Heribert Züpfner. En verdad, lo que el infortunado payaso descubre es mucho más grave: la hipocresía de aquellos creyentes y de la Iglesia a la que pertenecen, y, en última instancia, de la sociedad en la que vive. Todos ellos, de manera consciente o inconsciente y con distintos grados de oportunismo, hacen trampas: son fariseos que se rasgan las vestiduras ante las faltas ajenas y ello les da una cómoda buena conciencia para cometer las propias. La religión y la política son herramientas que les permiten adquirir poder y prestigio, además de proporcionarles unas coartadas universalmente respetadas en su sociedad para prosperar en la vida sin sentirse lo que en verdad son: egoístas, ávidos y cínicos. Que la dulce y honesta Marie Derkum, que parecía tan distinta, vaya a convertirse en un ser semejante a ellos —a la señora Fredebeul, por ejemplo— angustia a Hans tanto como perder a la muchacha que ama.

¿Es el mundo, en verdad, tan negro como el payaso nos lo pinta? ¿O es su amargura presente la que ennegrece a los hombres y las cosas que lo rodean? Pues lo cierto es que casi nadie se salva en la novela de descrédito moral, salvo uno que otro marginado, como el viejo Derkum, padre de Marie, cuya coherencia existencial lo ha condenado a la pobreza y a un cierto ostracismo. Nadie es simpático en la historia, ni siquiera el pobre Hans Schnier, cuya excesiva autocompasión y sus arrebatos anárquicos lo muestran como un hombre difícil y a menudo intratable.

Pero hay en él una claridad y una coherencia entre la manera de pensar y de actuar que hace de Hans un ser más digno y respetable que aquellos que lo desprecian por extravagante y anárquico. Dice lo que piensa, aunque con ello esté continuamente ofendiendo a los demás, y hace sólo aquello que lo motiva y en lo que cree pese a que, actuando de este modo, se condene a ser lo que su sociedad considera un fracasado y un marginal. A diferencia de sus padres, o de los católicos amigos de Marie, o incluso de ésta, Hans Schnier nunca entrará en los acomodos con el cielo que permiten a aquéllos disfrutar de lo mejor que ofrece esta vida con la seguridad, además, de figurar entre los elegidos una vez que pasen a la otra.

Hijo de ricos que elige la pobreza, ciudadano de un mundo que valora el éxito social y económico por encima de todo y que decide automarginarse de esa competencia para asumir el incierto oficio de bufón —una manera, sin duda, de negarse a crecer, a salir de esa niñez para la que el payaso es rey—, Hans es el símbolo de un cierto tipo de rebelión que cundió en las sociedades industrializadas entre las clases medias y altas y que culminaría en el movimiento de mayo de 1968. Rebelión de índole moral antes que política, contra la sociedad de consumo y el aburrimiento, contra la hipocresía que es el sustento de todas las convenciones sociales, y a favor de la aventura, el desorden y los excesos que son infortunadamente incompatibles con la estabilidad y el condicionamiento de la vida que trae consigo el alto desarrollo tecnológico e industrial, los grandes alborotos estudiantiles que conmovieron a Occidente hace veinte años fueron protagonizados por jóvenes que, como el personaje de esta novela de Böll, se hartaron un día de su vida cómoda y protegida y de su futuro previsible, y, en un generoso sobresalto romántico, se lanzaron a las calles a armar barricadas y a practicar el amor libre. Que la fiesta revolucionaria durara poco tiempo y que muchos inconformes fueran luego recuperados por la sociedad que pretendían cambiar no debe desmoralizar a nadie. En verdad, esos rebeldes cambiaron algunas cosas: destruyeron ciertos tabúes, obligaron a sus sociedades a repensarse a sí mismas e instalaron en ellas una mala conciencia, lo que es un excelente antídoto contra el conformismo y la autocomplacencia que suelen acompañar al progreso. No materializaron la utopía, porque ello es imposible, pero provocaron una saludable crisis y gracias a ellos muchos recordaron algo que, en la bonanza en que vivían, comenzaban a olvidar: que el mundo siempre estará mal hecho, que siempre deberá mejorar.

Acaso puedan decirse de Heinrich Böll y, sobre todo, de *Opiniones de un payaso,* cosas parecidas. ¿Por qué tuvo tanto éxito en Alemania esta novela inactiva y algo deprimente, donde ocurren tan pocas cosas y proliferan tantas reflexiones? Tal vez porque ella, como la revolución de mayo, fue la gotita de ácido que vino a aguar la fiesta de la bonanza en un país que se había convertido en el más rico de Europa y a mostrar a sus conciudadanos que no todo lo que brillaba alrededor de ellos era oro; que, si observaban con atención crítica en torno, advertirían que aquella prosperidad material se había alcanzado en muchos casos a expensas de lo espiritual y que, en este campo, había aún, por debajo de los rozagantes atuendos, andrajos que zurcir y llagas que curar. Que sus compatriotas escucharan el mensaje y convirtieran este libro, que les decía que no tenían razón alguna para sentirse optimistas y satisfechos, en un extraordinario best-seller y a su autor en un escritor de moda, es una de las inquietantes paradojas de la literatura.

¿Qué concluir de esta extraña operación en la que el severo aguafiestas es trocado, de pronto, por aquellos a quienes fulmina con sus dardos, en el rey de la fiesta? Que los efectos de la literatura son imprevisibles y nunca gobernables por quien la escribe. Y, también, que, aunque la sociedad parezca anular el contenido crítico de una obra festejándola y consagrándola —aureolándola de frivolidad—, no es seguro que lo consiga. Lo probable es, más bien, que, allá en las entrañas donde ha sido puesta a buen recaudo por los malabarismos de la publicidad y de la moda, la obra literaria genuina expulse sus venenos y opere su lento trabajo de demolición de las certidumbres y el conformismo. Así contribuye la literatura a mantener viva la insatisfacción humana y a impedir que se anquilosen el espíritu y la historia.

Punta Sal, Tumbes, 2 de enero de 1988

El humanista desbaratado

Aunque Saul Bellow había publicado antes seis
novelas, algunas de las cuales —*The Adventures of Augie
March* y *Henderson the Rain King*, sobre todo— fueron
bien recibidas por la crítica, fue *Herzog* (1964) la que lo
hizo famoso. El extraordinario éxito de esta novela en
Estados Unidos, donde, un cuarto de siglo después de su
aparición, todavía se reimprime con frecuencia, es un fenómeno intrigante. Cierto, es la mejor novela de Bellow
y una de las más ambiciosas de la moderna narrativa norteamericana, pero no hay en ella, por lo menos de primera impresión, ninguno de los ingredientes que caracteri-
zan al best-seller. Es una novela libresca, atiborrada de
citas y referencias filosóficas, científicas, históricas y literarias, muchas de las cuales están fuera del alcance del
lector común, ese que no lee para preocuparse, aprender
o enriquecerse (ésos son los lectores impuros) sino sencillamente para divertirse. Lo curioso es que ha sido entre
los lectores puros donde *Herzog* triunfó de manera arrolladora, en tanto que los críticos académicos aceptaban la
novela con reticencias o la acusaban de nihilista, conser-
vadora, antifeminista o de caricaturizar abusivamente el
mundo judío.

Tal vez la explicación del misterio resida en el humor que transpiran los monólogos de *Herzog* aun en sus
momentos más dramáticos, en las burlas, juegos de palabras, sabrosas invectivas y grotescas ocurrencias que sal-

pican su desesperación y su angustia, aliviándolas e imprimiéndoles un aire casi juguetón. Ése es uno de los mayores logros de Bellow en el libro: haber conseguido vestir con las alegres prendas de la comedia una historia que es, de un lado, trágica y, del otro, un severo cuestionamiento de la cultura intelectual —la cultura de ideas— como instrumento para enfrentar la vida corriente, los problemas del hombre común.

Casado dos veces y dos veces divorciado; autor de *Romanticismo y cristianismo,* un ensayo que causó cierto impacto en los círculos académicos; padre de dos hijos —uno de cada una de sus ex esposas—, Herzog, que tiene cuarenta y siete años y pertenece a una familia de inmigrantes judíos rusos que se establecieron primero en Canadá y luego en Chicago, es un hombre presa de la ansiedad, en los umbrales del extravío y la paranoia. Su separación de Madeleine, quien lo echó de la casa después de engañarlo con Valentine Gersbach, a quien Herzog tenía por su mejor amigo y confidente, ha sido, por lo visto, demasiado fuerte para él, un golpe que no consigue encajar. La experiencia lo ha descentrado, puesto en un estado de total confusión y confinado en sí mismo. En la soledad de su conciencia, Herzog se desdobla, para entablar un diálogo consigo, haciendo un recuento de su vida, de sus desgracias y errores, o intenta un imposible intercambio —mediante cartas imaginarias— con todas las personas vivas o muertas —familiares, amigos, enemigos, políticos, científicos, celebridades, etcétera— a las que de un modo u otro considera responsables de su infelicidad.

La novela está narrada, con breves fugas al mundo objetivo, desde esa intimidad malherida y doliente del personaje, esa subjetividad a la que el sufrimiento y el rencor vuelven a menudo un narrador sospechoso: la conciencia de Herzog. Éste no es el único narrador de la historia, aunque sus monólogos ocupen la mayor parte del relato; hay también un narrador omnisciente que narra a Herzog, desde muy cerca de él y según la técnica del estilo indirecto libre. A menudo la barrera entre el narrador-personaje que monologa en primera persona y el narrador omnisciente que narra desde la tercera se evapora —el yo se confunde con el él— y el lector experimenta una especie de vértigo, pues en esos instantes el mundo ficticio se vuelve absoluto desorden. Se tiene entonces la impresión de que el entrevero de identidades entre quien narra y quien es narrado simboliza el colapso definitivo de la mente de Herzog. Pero son sólo amagos de anarquía; la realidad ficticia pronto se recobra y reaparece, organizada y estable, aunque siempre falaz.

¿Por qué *falaz*? Porque la lastimosa historia de Herzog nos es contada desde el punto de vista del propio Herzog, quien de este modo hace a la vez de juez y parte de lo que le ocurre. ¿Debemos creerle a pie juntillas, como finge creerle todo lo que dice y cuenta ese narrador omnisciente, discreto y servil, que jamás osa contradecirlo ni enmendarlo aun en los momentos en que a todas luces Herzog exagera o miente? Sí, debemos creerle. Porque, en las falsedades y truculencias de Herzog, en la distorsión de la realidad a la que lo inducen su rencor y su impotencia —como ocurre con las mentiras de que está hecha toda ficción— se esconde una verdad profunda. Una verdad secreta e inasible, huidiza como el azogue, que trasciende lo episódico y no se puede verificar objetivamente, una verdad sutil cuya silueta sólo se delinea a través de las fantasías (las mentiras) que ella misma inspira.

A medida que progresa la historia, el lector va descubriendo, en los melodramáticos lamentos del personaje, en su patética necesidad de ser oído, compadecido y justificado que se transparenta tan claramente en esas cartas que fantasea sin llegar nunca a escribir, que el culpable de su drama no es su ex mujer, como él cree. Ni su desleal amigo Valentine Gersbach, ni el repulsivo abogado Himmelstein, el deshonesto psiquiatra Edvig o las decenas de personas a las que su neurosis acusa de ser cómplices, en la enmarañada conjura para hacerlo desgraciado, sino él mismo. O, mejor dicho, alguien que, sin ser él mismo, se halla tan incorporado a su personalidad, tan absorbido en su ser, que es el rasgo que mejor lo define.

Ocurre que Herzog, antes que cornudo o masoquista, incluso antes que judío, es un intelectual. Su conciencia razonante está siempre en movimiento, ordenando el mundo que lo rodea y las relaciones con los demás, e, incluso, sus propios sentimientos y deseos. Es un hombre hecho de ideas, como otros lo son de instintos o convenciones; en Herzog, las ideas hacen las veces de epidermis, frontera obligatoria que todo debe cruzar antes de llegar a su cerebro o a su corazón. Aunque él no acabe nunca de entenderlo, nosotros, confidentes de su historia, lo advertimos: el fracaso de Herzog no es haber sido incapaz de conservar a Madeleine o de escribir la obra maestra que anhelaba o de establecer una relación creativa y durable, sino su impericia para funcionar normalmente en el mundo, su ineptitud para adaptarse a la vida tal como es. Ésa es la fuente de todas las desgracias que le ocurren; éstas son apenas consecuencias de la desarmonía radical entre Herzog y la sociedad. Su fracaso es el de las ideas que lo habitan y que se han convertido en su segunda naturaleza: ellas no sirven para vivir. El tipo de cultura que él encarna aparece irremediablemente en entredicho con los requisitos básicos para triunfar o tener una vida normal en el mundo de Herzog.

Éste, pues, eligió mal. Sus hermanos, en cambio, hombres de negocios o constructores, como Will y Shura, son ahora ricos y perfectamente adaptados, acaso felices. La pobre familia de inmigrantes no lo ha hecho mal, desde los duros días en que el padre contrabandeaba whisky; en una sola generación ha trepado muchos peldaños en la pirámide social de América. Pero Herzog se equivocó: esa cultura humanista por la que optó —las laboriosas meditaciones filosóficas, los afanes históricos— sólo le hubiera servido, en la realidad que vive, si hacía de ella —como hace el oportunista Gersbach o como, sin duda, hará Madeleine una vez que se doctore— una técnica de promoción, una herramienta para conseguir poder dentro de la jungla académica, es decir, algo que se ejercita, se enseña y se ostenta. Pero el ingenuo de Herzog ha hecho algo distinto: ha creído en ella, ha practicado esa cultura como una religión, la ha convertido en su moral. Ése es el crimen que está pagando: haber transubstanciado en su vida unas ideas que la cultura del mundo contemporáneo volvió ficciones, algo cuya función social es ahora decorativa. La realidad es impermeable a los valores humanistas, a las ideas y creencias que encarna Herzog, y la calamitosa historia de su vida ilustra esta otra calamidad: la de una tradición intelectual que, aunque aletea en los recintos universitarios, se conserva en bibliotecas y entusiasma todavía a algunos excéntricos como el protagonista de la novela, tiene cada vez menos asidero en la vida colectiva e influye menos en la marcha de la sociedad.

Pero resumir *Herzog* como una novela que describe simbólicamente la muerte lenta de la cultura humanista en la civilización industrial moderna sería hacerle un flaco servicio. Porque, aunque también es eso, es, sobre todo, una novela, una vida ficticia que seduce al lector por la riqueza de su verbo (algo de ello se ha perdido en la traducción al español), por su ironía y su comicidad y por la densa atmósfera social, espléndidamente dibujada, por la que evoluciona el desbaratado intelectual Moses Elkanah Herzog.

No es cierto que una novela profunda no pueda ser al mismo tiempo pintoresca. Ésta lo es, en abundancia, con sus impresionistas imágenes de Manhattan —su vida callejera, sus tribunales de justicia, sus apartamentos—, de Chicago, de la campiña de Massachusetts, o con la vívida reminiscencia de la aclimatación de una familia judía rusa a la vida norteamericana. El amargo pesimismo que subyace a la historia está contrapesado por ciertos personajes risueños, como el científico Lucas Asphalter, que trata de salvar de la muerte, haciéndole respiración artificial boca a boca, a un mono tuberculoso, o el malsonante leguleyo Himmelstein, la caricatura más deliciosa y perversa del libro.

Pero la criatura más pintoresca de la novela es el propio Herzog, quien, a la vez que un símbolo, es también una personalidad concreta pletórica de vitalidad. Estrafalario, ansioso, desbocado, impráctico, inteligente, melodramático, cultísimo, tortuoso y tierno, nos deja una impresión muy fuerte, aunque contradictoria. Es imposible no compadecerlo, porque es verdad que sufre, y, sobre todo, porque su desgracia es haber creído en las «grandes ideas» y haberlas usado como norte de su propia vida. Pero, de otro lado, no hay duda que buena parte de sus problemas se los ha buscado él mismo; e, incluso, es probable que no pueda vivir sin ellos. Porque a Herzog le gusta sufrir casi tanto como plañir, qué duda cabe. ¿Por qué seguiría tan enamorado de Madeleine, si no fuera así? Las mujeres que son dóciles y tiernas con él, como la japonesa Sono Oyuki, o que harían cualquier cosa por hacerlo feliz, como Ramona, a él lo dejan tibio, se desencanta de ellas muy pronto. En cambio, Madeleine, que lo domina y lo maltrata, que lo explota, se le ha metido en el fondo del alma y es probable que nunca la saque de allí.

¿Esa vocación masoquista y plañidera es suya o heredada? Buena parte de la autopsia intelectual a que Herzog se somete tiene por objeto averiguar si las raíces de lo que le ocurre se hunden en la tradición judía de la que proviene, una tradición que él ha abandonado sólo a medias, pues ella reaparece continuamente en sus reacciones y en su memoria. ¿O es más bien el choque de aquella tradición con la cultura moderna norteamericana, la difícil coexistencia de ambas en su persona, lo que hace de Herzog el ser escindido y desambientado que es?

La pregunta no tiene una respuesta en el libro. Acaso Herzog no quiera encontrarla, para poder continuar sufriendo, o, más bien, para seguir exhibiendo su dolor. Ambas cosas no son idénticas ni se implican la una a la otra, pero ambas se relacionan en su caso de una manera muy estrecha. Una interpretación posible es que Herzog sufra para exhibir su dolor ante el mundo, que sea —sin darse bien cuenta de ello— ante todo un histrión. Exhibiéndolo, su dolor se neutraliza a sí mismo, se vuelve otro, un dolor público, para los demás, que se ha emancipado de su fuente y convertido en espectáculo. Acaso el intelectual, el masoquista, el desesperado Herzog sea un hombre de teatro que se ignora, alguien que ha hecho de su vida una representación escénica, una tragicomedia que lo distrae (igual que a sus lectores) del mundo real y lo (nos) marea de ficción.

La alusión al teatro no es gratuita. Al terminar la última página de *Herzog* el lector queda con la misma sensación dulzona y melancólica con la que sale el espectador de una pieza teatral que le gustó. Aquella historia ocurrió, pero, en realidad, no ocurrió: fue sólo teatro. Una brillante y fugaz simulación de la vida, no la vida; una fantasmagoría que nos engañó, al conmovernos como si hubiera sido realidad auténtica. ¿Es un acierto o una derrota del autor que el lector quede con esa sensación de haber leído *sólo* una magnífica novela?

Tal vez sea injusto formular semejante pregunta. En efecto, ¿por qué exigirle a una novela ser algo más que una obra de ficción? Porque hay ciertas novelas —muy pocas, en relación con tantas que se escriben— perturbadoras para el género. Al leerlas son capaces de persuadirnos de que, contaminados y trastornados por la hirviente fuerza de sus páginas, literalmente desertamos la miserable realidad de nuestros días para habitar esa otra, más rica y perfecta (a veces más cruel y temible), nacida de la fantasía y la palabra, que de alguna manera nos cambió. Aunque es imposible demostrarlo, los lectores de *La cartuja de Parma*, de *La guerra y la paz* o de *Luz de agosto* saben que regresaron al mundo real distintos de lo que eran antes de emprender la ficticia aventura. La existencia de ese puñado de anomalías en la historia de la literatura hace que seamos tan injustos como para exigir de las novelas no sólo que sean, como ésta, excelentes novelas, sino todavía algo más.

Londres, abril de 1988

SOSTIENE PEREIRA (1994)
Antonio Tabucchi

Héroe sin cualidades

Antes de *Sostiene Pereira,* Antonio Tabucchi había escrito excelentes cuentos y relatos, pero en aquella novela de tan pocas páginas su obra alcanzó unas alturas que pocas ficciones escritas en nuestros días han rozado. La historia de este oscuro y envejecido periodista portugués, que, en agosto de 1938, en una grisácea Lisboa adormilada bajo la dictadura salazarista, experimenta una transformación ética y política, que, por un breve trance, hace de él un héroe, y luego, previsiblemente, ya en el exilio, vuelve a la vida anodina, es una pequeña obra maestra, que, además de conmover, desarrolla una problemática moral y cívica que trasciende su ceñida anécdota. La eficacia del estilo, su perfecta arquitectura, y la esencial economía de su exposición, imprimen a este texto una intensidad que rara vez logra la prosa narrativa, sólo la poesía.

Según una nota que escribió Tabucchi para la décima edición italiana de la novela, la inspira un personaje real, un periodista portugués exiliado a quien el autor conoció en París, en los años sesenta. Sólo volvió a saber de él en 1992, cuando, ya en el Portugal de la democracia, leyó en un diario la noticia de su muerte, en el Hospital de Santa María, de Lisboa. Cediendo a un impulso, fue a su velatorio, y allí comprobó que el anciano había terminado sus días en el olvido general. Poco después, comenzó a desasosegarlo el personaje de Pereira, al que daría vida literaria un año más tarde, en un pueblo toscano, en dos meses «de intenso y furibundo trabajo».

Lo que ocurre a Pereira —un viudo casto e hipocondríaco, que vive solo y se encarga de la página literaria de un periódico lisboeta de la tarde— en aquel tórrido verano de 1938 es lo que la literatura católica edificante llama recibir la gracia, el milagro de la conversión, escuchar el llamado: esa misteriosa revolución espiritual que gana para el bien, la luz y la santidad a quien hasta entonces ha vivido en la indiferencia, la confusión y el pecado. Pero la mudanza que Pereira experimenta no es milagrosa, ni religiosa, no intervienen en ella para nada (aunque él sea católico) Dios o los santos. Es de este mundo, terrenal a más no poder, confinada en una esfera en que el civismo y la ética ciudadana conforman un todo. Es muy difícil escribir novelas morales laicas en nuestra época. Probablemente, el último autor europeo que lo hizo con talento fue Albert Camus. Pero Tabucchi, en *Sostiene Pereira,* lo ha conseguido, y acaso su mérito sea todavía mayor porque, en los tiempos de apogeo del posmodernismo y de la literatura *light,* concebir una novela *comprometida* es ir contra la corriente. Lo notable es que su libro, considerando el enorme éxito que ha tenido (mereció en Italia los premios Viareggio y Campiello y se ha traducido a todas las lenguas cultas del mundo), ha demostrado que la literatura liviana, de mero entretenimiento, no bastaba, que innumerables lectores añoraban una literatura que, sin dejar de ser entretenida, fuera más revulsiva y profunda que la que está hoy de moda.

El logro mayor del relato es hacer participar al lector de manera inequívoca en aquel secreto proceso que cambia al pasivo y apático Pereira en cuestiones políticas en un ciudadano en ejercicio, que se moviliza con gran audacia en contra de un sistema cuya asfixiante coerción y crueldad se le acaban de revelar, y arriesga en ello su libertad y, acaso, la vida. Ese proceso no es del todo lúcido para el propio Pereira, que lo va viviendo sin tener cabal conciencia de él hasta el final. Tampoco parece serlo para el astuto narrador, emboscado en la piel de un notario o reportero que transmite el testimonio del protagonista sin entrometer jamás una opinión. El narrador escamotea al lector este desarrollo anímico, lo convierte en dato escondido, en un hipérbaton que sólo al final de la historia, cuando Pereira da el paso decisivo contra la dictadura, se despliega en toda su grandeza. Ése no es el único silencio del narrador, que calla mucho más de lo que cuenta. Pero, como en este asunto, sus silencios son de una gran locuacidad narrativa, una estrategia: ir comunicando, mediante discretas alusiones y elusiones significativas, los datos fundamentales de la historia. Así ocurre, por ejemplo, con todo lo que concierne a la dictadura. Sus abusos, violencias y excesos rara vez son denunciados de modo explícito; van transpareciendo, se diría que sin deliberación, por accidente, al sesgo de mínimos episodios —una fiesta callejera de milicianos, las dificultades que encuentra Pereira para publicar cuentos franceses o necrológicas y efemérides de escritores católicos no conformistas, como Bernanos o Mauriac, las noticias sobre la guerra civil en España o del propio Portugal que el camarero del café Orquídea escucha en una radio de Londres, la manera como el propio Pereira censura los textos que le escribe Montero Rossi—, sin que ni el protagonista ni el narrador saquen de ello conclusiones. Esta manera callada, indirecta, de describir el medio social es muy eficaz: muy pronto la dictadura cobra sustancia, en la atroz monotonía en que transcurre la vida de las gentes, en la atmósfera de limbo, de recelo, de voluntaria ignorancia con que (el ejemplo mayor es el profesor Silva) se protegen los ciudadanos.

Pese a ser Pereira un hombre sin cualidades, un mediocre —hasta esa temeraridad final que, por un día, lo eleva por encima del promedio—, el relato se las arregla para cargarlo de humanidad, y hacernos entrever que, en ese ser sin vuelo, resignado, solitario, presa de una invencible desgana hacia todo y hacia todos, hay una entraña tierna, una delicadeza de sentimientos y una limpieza recóndita, atributos que, acaso, en circunstancias distintas, hubieran podido hacer de él un hombre más emprendedor y creativo. Lo han condenado a la vida del montón, no sus defectos, sino, más bien, sus cualidades. Por eso, aunque durante buena parte de la novela Pereira no hace más que vegetar, nos resulta un personaje más simpático que su entorno, y, sobre todo, que su repugnante director o que su amigo, el cínico profesor Silva. Porque, la sociedad en la que vive parece estar hecha de tal modo que las personas emprendedoras hacen más daño que bien a su prójimo, a menos que, como Montero Rossi y su amiga Marta, se empeñen en una acción quimérica contra enemigos tan poderosos que sólo pueden ser derrotados. Así lo descubre el infortunado Montero Rossi, cuando los sicarios del régimen descubren su escondite y lo golpean hasta matarlo.

Pereira carece de ilusiones; si las tuvo, las perdió con la muerte de su mujer, a la que debió querer mucho, pues todavía habla a diario a su retrato. Aunque «querer mucho» parece una efusión excesiva en un hombre tan mediano, tan pedestre, en el que cuesta trabajo concebir algo desmesurado, una pasión de la índole que sea. Lo patético en él es, precisamente, su poquedad, lo reducido de su mundo afectivo y social. Sus apetitos no pueden ser más parcos: las *omelettes* de finas hierbas y las limonadas con mucha azúcar. Su vínculo con la literatura no es pasional, más bien una afición, orientada sobre todo hacia las letras de Francia. En su trabajo, su designio es modesto:

publicar cuentos franceses, sus preferidos, algo que, siendo de tan poca monta, resulta, en el medio en el que vive, poco menos que subversivo. Ahora bien, debido a esa pequeñez, a esa suave prisión en la que transcurre su vida, nos impresiona tanto el sobresalto moral que lo lleva, luego de la muerte de Montero Rossi, a rebelarse, a burlar la censura y perpetrar ese contrabando en el diario que hará público el crimen político recién cometido. Esas últimas páginas son tan vigorosas que *Sostiene Pereira* experimenta una muda, retroactivamente se enriquece, muestra un doble fondo que hasta entonces desconocíamos. La lóbrega existencia del periodista, hecha de rutinas y actos más o menos anodinos, luce de pronto como una ascesis, una de esas velas de armas medievales en que los caballeros ayunaban y renunciaban a todo, en preparación espiritual para sus futuros combates.

Es admirable la manera como *Sostiene Pereira* hace verosímil la mudanza psíquica y moral del personaje. La transformación ocurre y el lector no siente que es forzada, algo difícil de encajar en las coordenadas psicológicas del periodista. La explicación es la suprema habilidad con que el narrador ha ido sembrando la historia de menudos indicios, hitos casi invisibles del íntimo proceso de toma de conciencia que se pone en marcha desde que Pereira entra en contacto, por un error, con Montero Rossi, a quien busca, creyéndolo, por una tesis que escribió, un intelectual que ha reflexionado mucho sobre el tema de la muerte. A través de este joven y de Marta, Pereira descubre la existencia de una acción política clandestina contra el régimen, algo que, en un primer momento, desaprueba como peligrosa e inútil. Pero lo que hacen los jóvenes lo intriga y, pese a sí mismo, lo atrae, pues comienza a ayudarlos, al principio con dinero, y, luego, encontrando un refugio para el amigo argentino que viene de

España a reclutar gente para las Brigadas Internacionales, y, finalmente, ocultando en su casa a Montero Rossi. Con sutileza, el relato va dejando advertir, de tanto en tanto, el malestar que se ha ido apoderando de Pereira, esa curiosa «nostalgia de arrepentimiento» que acarrea consigo, y que, pese a sus afirmaciones de que se debe a su mala salud, a los desperfectos de su corazón, a su obesidad, es un malestar moral, que pone en movimiento su conciencia crítica y llena su vida de zozobra.

La sobriedad del estilo, su condensación, así como la sabia parquedad de los datos, no son lo más original de la forma narrativa en *Sostiene Pereira*. Lo es la invención del narrador. Es muy visible, está siempre allí, aunque no se lo vea. Constantemente nos recuerda su existencia, con esa frase que repite como una jaculatoria o un mantra: «Sostiene Pereira». No es un narrador literario; todo lo contrario, huye de todo adorno retórico y de las efusiones líricas, como los gatos del agua. Es un mero receptor y transmisor de informaciones, que finge recibir del propio Pereira, pero que, al pasar por sus manos de funcionario, notario, policía o juez, se han despersonalizado y helado. En cualquier otra circunstancia, esta voz burocrática, de amanuense policial o jurídico, mataría la ilusión novelesca. En este caso no, ella contribuye maravillosamente a crear el ambiente social enrarecido y deshumanizado en el que vegeta Pereira, el clima de consentimiento, abulia, generalizada corrupción y miedo reprimido, que sostiene la dictadura, un medio en el que, por cualquier motivo, los ciudadanos pueden ser llamados a declarar, a confesar lo que hacen y piensan, ante policías, notarios y jueces tan glaciales como el que nos cuenta la aventura de Pereira. En pocas novelas modernas la elección del narrador ha sido tan acertada, tan funcional, para dotar a la historia de poder de persuasión, como en *Sostiene Pereira*.

Cuando el periodista va a pasar unos días en la clínica talasoterápica, el doctor Cardoso le informa sobre una teoría elaborada por dos *médecines-philosophes* franceses, Théodule Ribot y Pierre Janet, según los cuales cada individuo no tiene un alma sino muchas, una confederación de almas, que se ponen bajo las órdenes de un yo hegemónico. Éste no tiene por qué ser siempre el mismo. Puede rotar, y según los relevos del yo dominante, la personalidad cambia de manera radical. Cuando escucha aquella teoría, Pereira queda intrigado, y el lector sonríe ante lo que, de entrada, le parece una hipótesis poco seria, una extravagancia teosófica. Sólo al final descubrimos que se trataba de un anticipo abstracto, de una premonición teórica de la muda capital que hace de Pereira, por un día de su vida, un héroe.

¿Lamentó más tarde, en el exilio, aquel acto que, sin duda, arrastró su existencia hacia la incertidumbre, los sacrificios y el riesgo? ¿O soportó todo aquello fortalecido por la convicción de haber obrado bien, como un justo? La historia ya ha terminado y nadie, ni siquiera Antonio Tabucchi, está en condiciones de facilitar una respuesta. Ésta concierne ahora a los lectores. Es una responsabilidad que la novela les ha impuesto y que no tienen cómo esquivar.

Londres, marzo de 2000

La literatura y la vida

Muchas veces me ha ocurrido, en ferias del libro o librerías, que un señor se me acerque con un libro mío en las manos y me pida una firma, precisando: «Es para mi mujer, o mi hijita, o mi hermana, o mi madre; ella, o ellas, son grandes lectoras y les encanta la literatura». Yo le pregunto, de inmediato: «¿Y, usted, no lo es? ¿No le gusta leer?». La respuesta rara vez falla: «Bueno, sí, claro que me gusta, pero yo soy una persona muy ocupada, sabe usted». Sí, lo sé muy bien, porque he oído esa explicación decenas de veces: ese señor, esos miles de miles de señores iguales a él, tienen tantas cosas importantes, tantas obligaciones y responsabilidades en la vida que no pueden desperdiciar su precioso tiempo pasando horas de horas enfrascados en una novela, un libro de poemas o un ensayo literario. Según esta extendida concepción, la literatura es una actividad prescindible, un entretenimiento, seguramente elevado y útil para el cultivo de la sensibilidad y las maneras, un adorno que pueden permitirse quienes disponen de mucho tiempo para la recreación, y que habría que filiar entre los deportes, el cine, el bridge o el ajedrez, pero que puede ser sacrificado sin escrúpulos a la hora de establecer una tabla de prioridades en los quehaceres y compromisos indispensables de la lucha por la vida.

Es cierto que la literatura ha pasado a ser, cada vez más, una actividad femenina: en las librerías, en las conferencias o recitales de escritores, y, por supuesto, en los departamentos y facultades universitarias dedicados a las letras, las faldas derrotan a los pantalones por goleada. La explicación que se ha dado es que, en los sectores sociales medios, las mujeres leen más porque trabajan menos horas que los hombres, y, también, que muchas de ellas tienden a considerar más justificado que los varones el tiempo dedicado a la fantasía y la ilusión. Soy un tanto alérgico a estas explicaciones que dividen a hombres y mujeres en categorías cerradas y que atribuyen a cada sexo virtudes y deficiencias colectivas, de manera que no suscribo del todo dichas explicaciones. Pero, no hay duda, los lectores literarios son cada vez menos, en general, y, dentro de ellos, las mujeres prevalecen. Ocurre en casi todo el mundo. En España, una reciente encuesta organizada por la SGAE (Sociedad General de Autores Españoles) arrojó una comprobación alarmante: que la mitad de los ciudadanos de este país jamás ha leído un libro. La encuesta reveló, también, que, en la minoría lectora, el número de mujeres que confiesan leer supera al de los hombres en un 6,2 % y la tendencia es a que la diferencia aumente. Doy por seguro que esta proporción se repite en muchos países, y, probablemente agravada, también en el mío. Yo me alegro mucho por las mujeres, claro está, pero lo deploro por los hombres, y por aquellos millones de seres humanos que, pudiendo leer, han renunciado a hacerlo. No sólo porque no saben el placer que se pierden, sino, desde una perspectiva menos hedonista, porque estoy convencido de que una sociedad sin literatura, o en la que la literatura ha sido relegada, como ciertos vicios inconfesables, a los márgenes de la vida social y convertida poco menos que en un culto sectario, está condenada a barbarizarse espiritualmente y a comprometer su libertad.

Quisiera formular algunas razones contra la idea de la literatura como un pasatiempo de lujo y a favor de considerarla, además de uno de los más enriquecedores quehaceres del espíritu, una actividad irremplazable para la formación del ciudadano en una sociedad moderna y democrática, de individuos libres, y que, por lo mismo, debería inculcarse en las familias desde la infancia y formar parte de todos los programas de educación como una disciplina básica. Ya sabemos que ocurre lo contrario, que la literatura tiende a encogerse e, incluso, desaparecer del currículo escolar como enseñanza prescindible.

Vivimos en una era de especialización del conocimiento, debido al prodigioso desarrollo de la ciencia y la técnica, y a su fragmentación en innumerables avenidas y compartimentos, sesgo de la cultura que sólo puede acentuarse en los años venideros. La especialización trae, sin duda, grandes beneficios, pues permite profundizar en la exploración y la experimentación, y es el motor del progreso. Pero tiene también una consecuencia negativa: va eliminando esos denominadores comunes de la cultura gracias a los cuales los hombres y las mujeres pueden coexistir, comunicarse y sentirse de alguna manera solidarios. La especialización conduce a la incomunicación social, al cuarteamiento del conjunto de seres humanos en asentamientos o guetos culturales de técnicos y especialistas a los que un lenguaje, unos códigos y una información progresivamente sectorizada y parcial confinan en aquel particularismo contra el que nos alertaba el viejísimo refrán: no concentrarse tanto en la rama o la hoja como para olvidar que ellas son partes de un árbol, y éste, de un bosque. De tener conciencia cabal de la existencia del bosque depende en buena medida el sentimiento de pertenencia que mantiene unido al todo social y le impide desintegrarse en una miríada de particularismos solipsistas. Y el solipsismo —de pueblos o individuos— produce paranoias y delirios, esas desfiguraciones de la realidad que a menudo generan el odio, las guerras y los genocidios. Ciencia y técnica ya no pueden cumplir aquella función cultural integradora en nuestro tiempo, precisamente por la infinita riqueza de conocimientos y la rapidez de su evolución que les ha llevado a la especialización y al uso de vocabularios herméticos.

La literatura, en cambio, a diferencia de la ciencia y la técnica, es, ha sido y seguirá siendo, mientras exista, uno de esos denominadores comunes de la experiencia humana, gracias al cual los seres vivientes se reconocen y dialogan, no importa cuán distintas sean sus ocupaciones y designios vitales, las geografías y las circunstancias en que se hallen, e, incluso, los tiempos históricos que determinen su horizonte. Los lectores de Cervantes o de Shakespeare, de Dante o de Tolstoi, nos entendemos y nos sentimos miembros de la misma especie porque, en las obras que ellos crearon, aprendimos aquello que compartimos como seres humanos, lo que permanece en todos nosotros por debajo del amplio abanico de diferencias que nos separan. Y nada defiende mejor al ser viviente contra la estupidez de los prejuicios, del racismo, de la xenofobia, de las orejeras pueblerinas del sectarismo religioso o político, o de los nacionalismos excluyentes, como esta comprobación incesante que aparece siempre en la gran literatura: la igualdad esencial de hombres y mujeres de todas las geografías y la injusticia que es establecer entre ellos formas de discriminación, sujeción o explotación. Nada enseña mejor que la literatura a ver, en las diferencias étnicas y culturales, la riqueza del patrimonio humano y a valorarlas como una manifestación de su múltiple creatividad. Leer buena literatura es divertirse, sí; pero, también, aprender, de esa manera directa e intensa que es la de la experiencia vivida a través de las ficciones, qué y cómo somos, en nuestra integridad humana, con nuestros actos y sueños y fantasmas, a solas y en el entramado de relaciones que nos vinculan a los otros, en nuestra presencia pública y en el secreto de nuestra conciencia, esa complejísima suma de verdades contradictorias —como las llamaba Isaiah Berlin— de que está hecha la condición humana. Ese conocimiento totalizador y en vivo del ser humano, hoy, sólo se encuentra en la literatura. Ni siquiera las otras ramas de las humanidades —como la filosofía, la psicología, la sociología, la historia o las artes— han podido preservar esa visión integradora y un discurso asequible al profano, pues, bajo la irresistible presión de la cancerosa división y subdivisión del conocimiento, han sucumbido también al mandato de la especialización, a aislarse en parcelas cada vez más segmentadas y técnicas, cuyas ideas y lenguajes están fuera del alcance de la mujer y el hombre del común. No es ni puede ser el caso de la literatura, aunque algunos críticos y teorizadores se empeñen en convertirla en una ciencia, porque la ficción no existe para investigar en un área determinada de la experiencia, sino para enriquecer imaginariamente la vida, la de todos, aquella vida que no puede ser desmembrada, desarticulada, reducida a esquemas o fórmulas, sin desaparecer. Por eso, Marcel Proust afirmó: «La verdadera vida, la vida por fin esclarecida y descubierta, la única vida por lo tanto plenamente vivida, es la literatura». No exageraba, guiado por el amor a esa vocación que practicó con soberbio talento; simplemente quería decir que, gracias a la literatura, la vida se entiende y se vive mejor, y entender y vivir la vida mejor significa vivirla y compartirla con los otros.

El vínculo fraterno que la literatura establece entre los seres humanos, obligándolos a dialogar y haciéndolos conscientes de un fondo común, de formar parte de un mismo linaje espiritual, trasciende las barreras del tiempo. La literatura nos retrotrae al pasado y nos hermana con quienes, en épocas idas, fraguaron, gozaron y soñaron con esos textos que nos legaron y que, ahora, nos hacen gozar y soñar también a nosotros. Ese sentimiento de pertenencia a la colectividad humana a través del tiempo y el espacio es el más alto logro de la cultura y nada contribuye tanto a renovarlo en cada generación como la literatura.

A Borges lo irritaba que le preguntaran: «¿Para qué sirve la literatura?». Le parecía una pregunta idiota y respondía: «¡A nadie se le ocurriría preguntarse cuál es la utilidad del canto de un canario o de los arreboles de un crepúsculo!». En efecto, si esas cosas bellas están allí y gracias a ellas la vida, aunque sea por un instante, es menos fea y menos triste, ¿no es mezquino buscarles justificaciones prácticas? Sin embargo, a diferencia del gorjeo de los pájaros o el espectáculo del sol hundiéndose en el horizonte, un poema, una novela, no están simplemente allí, fabricados por el azar o la Naturaleza. Son una creación humana, y es lícito indagar cómo y por qué nacieron, y qué han dado a la humanidad para que la literatura, cuyos remotos orígenes se confunden con los de la escritura, haya durado tanto tiempo. Nacieron, como inciertos fantasmas, en la intimidad de una conciencia, proyectados a ella por las fuerzas conjugadas del inconsciente, una sensibilidad y unas emociones a los que, en una lucha a veces a mansalva con las palabras, el poeta, el narrador, fueron dando silueta, cuerpo, movimiento, ritmo, armonía, vida. Una vida artificial, hecha de lenguaje e imaginación, que coexiste con la otra, la real, desde tiempos inmemoriales, y a la que acuden hombres y mujeres —algunos con frecuencia y otros de manera esporádica— porque la vida que tienen no les basta, no es capaz de ofrecerles todo lo que quisieran. La literatura no comienza a existir cuando nace, por obra de un individuo; sólo existe de veras cuando es adoptada por los otros y pasa a formar parte de la vida social, cuando se torna, gracias a la lectura, experiencia compartida.

Uno de sus primeros efectos benéficos ocurre en el plano del lenguaje. Una comunidad sin literatura escrita se expresa con menos precisión, riqueza de matices y claridad que otra cuyo principal instrumento de comunicación, la palabra, ha sido cultivado y perfeccionado gracias a los textos literarios. Una humanidad sin lecturas, no contaminada de literatura, se parecería mucho a una comunidad de tartamudos y de afásicos, aquejada de tremendos problemas de comunicación debido a lo basto y rudimentario de su lenguaje. Esto vale también para los individuos, claro está. Una persona que no lee, o lee poco, o lee sólo basura, puede hablar mucho pero dirá siempre pocas cosas, porque dispone de un repertorio mínimo y deficiente de vocablos para expresarse. No es una limitación sólo verbal; es, al mismo tiempo, una limitación intelectual y de horizonte imaginario, una indigencia de pensamientos y de conocimientos, porque las ideas, los conceptos, mediante los cuales nos apropiamos de la realidad existente y de los secretos de nuestra condición, no existen disociados de las palabras a través de los cuales los reconoce y define la conciencia. Se aprende a hablar con corrección, profundidad, rigor y sutileza, gracias a la buena literatura, y *sólo gracias a ella*. Ninguna otra disciplina, ni tampoco rama alguna de las artes, puede sustituir a la literatura en la formación del lenguaje con que se comunican las personas. Los conocimientos que nos transmiten los manuales científicos y los tratados técnicos son fundamentales; pero ellos no nos enseñan a dominar las palabras ni a expresarnos con propiedad: al contrario, a menudo están muy mal escritos y delatan confusión lingüística, porque sus autores, a veces indiscutibles eminencias en su profesión, son literariamente incultos y no saben servirse del lenguaje para comunicar los tesoros conceptuales de que son poseedores. Hablar bien, disponer de un habla rica y diversa, encontrar la expresión adecuada para cada idea o emoción que se quiere comunicar, significa estar mejor preparado para pensar, enseñar, aprender, dialogar, y, también, para fantasear, soñar, sentir y emocionarse. De una manera subrepticia, las palabras reverberan en todos los actos de la vida, aun en aquellos que parecen muy alejados del lenguaje. Éste, a medida que, gracias a la literatura, evolucionó hasta niveles elevados de refinamiento y matización, elevó las posibilidades del goce humano, y, en lo relativo al amor, sublimó los deseos y dio categoría de creación artística al acto sexual. Sin la literatura, no existiría el erotismo. El amor y el placer serían más pobres, carecerían de delicadeza y exquisitez, de la intensidad que alcanzan educados y azuzados por la sensibilidad y las fantasías literarias. No es exagerado decir que una pareja que ha leído a Garcilaso, a Petrarca, a Góngora y a Baudelaire ama y goza mejor que otra de analfabetos semiidiotizados por los programas de la televisión. En un mundo aliterario, el amor y el goce serían indiferenciables de los que sacian a los animales, no irían más allá de la cruda satisfacción de los instintos elementales: copular y tragar.

Los medios audiovisuales tampoco están en condiciones de suplir a la literatura en la función de enseñar al ser humano a usar con seguridad y talento las riquísimas posibilidades que encierra la lengua. Por el contrario, los medios audiovisuales tienden, como es natural, a relegar a las palabras a un segundo plano respecto a las imágenes, que son su lenguaje primordial, y a constreñir la lengua a su expresión oral, lo mínimo indispensable y lo más alejada de su vertiente escrita, que, en la pantalla, pequeña o grande, y en los parlantes, resulta siempre soporífica. Decir de una película o un programa que es «literario» es una manera elegante de llamarlos aburridos. Y, por eso, los programas literarios en la radio o la televisión rara vez conquistan al gran público: que yo sepa, la única excepción a esta regla ha sido *Apostrophes,* de Bernard Pivot, en Francia. Ello me lleva a pensar, también, aunque en esto admito ciertas dudas, que no sólo la literatura es indispensable para el cabal conocimiento y dominio del lenguaje, sino que la suerte de la literatura está ligada, en matrimonio indisoluble, a la del libro, ese producto industrial al que muchos declaran ya obsoleto.

Entre ellos, una persona tan importante, y a la que la humanidad debe tanto en el dominio de las comunicaciones, como Bill Gates, el fundador de Microsoft. El señor Gates estuvo en Madrid hace algunos meses, y visitó la Real Academia Española, con la que Microsoft ha echado las bases de lo que, ojalá, sea una fecunda colaboración. Entre otras cosas, Bill Gates aseguró a los académicos que se ocupará personalmente de que la letra «ñ» no sea desarraigada nunca de las computadoras, promesa que, claro está, nos ha hecho lanzar un suspiro de alivio a los cuatrocientos millones de hispanohablantes de los cinco continentes a los que la mutilación de aquella letra esencial en el ciberespacio hubiera creado problemas babélicos. Ahora bien, inmediatamente después de esta amable concesión a la lengua española, y sin siquiera abandonar el local de la Real Academia, Bill Gates afirmó en conferencia de prensa que no se morirá sin haber realizado su mayor designio. ¿Y cuál es éste? *Acabar con el papel,* y, por lo tanto, con los libros, mercancías que a su juicio son ya de un anacronismo pertinaz. El señor Gates explicó que las pantallas del ordenador están en condiciones de reemplazar exitosamente al papel en todas las funciones que éste ha asumido hasta ahora, y que, además de ser menos onerosas, quitar menos espacio y ser más transportables, las informaciones y la literatura vía pantalla en lugar de vía periódicos y libros tendrán la ventaja ecológica de poner fin a la devastación de los bosques, cataclismo que es consecuencia de la industria papelera. Las gentes continuarán leyendo, explicó, por supuesto, pero en las pantallas, y de este modo, habrá más clorofila en el medio ambiente.

Yo no estaba presente —conozco estos detalles por la prensa—, pero, si lo hubiera estado, hubiera abucheado al señor Bill Gates por anunciar allí, con total impudor, su intención de enviarnos al desempleo a mí y a tantos de mis colegas, los escribidores librescos. ¿Puede la pantalla reemplazar al libro en todos los casos, como afirma el creador de Microsoft? No estoy tan seguro. Lo digo sin desconocer, en absoluto, la gigantesca revolución que en el campo de las comunicaciones y la información ha significado el desarrollo de las nuevas técnicas, como Internet, que cada día me presta una invalorable ayuda en mi propio trabajo. Pero, de allí a admitir que la pantalla electrónica puede suplir al papel en lo que se refiere a las lecturas literarias, hay un trecho que no alcanzo a cruzar. Simplemente no consigo hacerme a la idea de que la lectura no funcional ni pragmática, aquella que no busca una información ni una comunicación de utilidad inmediata, pueda integrarse en la pantalla de una computadora, al ensueño y la fruición de la palabra con la misma sensación de intimidad, con la misma concentración y aislamiento espiritual, con que lo hace a través del libro. Es, tal vez, un prejuicio, resultante de la falta de práctica, de la ya larga identificación en mi experiencia de la literatura con los libros de papel, pero, aunque con mucho gusto navego por Internet en busca de las noticias del mundo, no se me ocurriría recurrir a él para leer los poemas de Góngora, una novela de Onetti o un ensayo de Octavio Paz, porque sé positivamente que el efecto de esa lectura jamás sería el mismo. Tengo el convencimiento, que no puedo justificar, de que, con la desaparición del libro, la literatura recibiría un serio maltrato, acaso mortal. El nombre no desaparecería, por supuesto; pero probablemente serviría para designar un tipo de textos tan alejados de lo que ahora entendemos por literatura como lo están los programas televisivos de chismografía y escándalo sobre los famosos de la *jet-set* o *El Gran Hermano* de las tragedias de Sófocles y de Shakespeare.

Otra razón para dar a la literatura una plaza importante en la vida de las naciones es que, sin ella, el espíritu crítico, motor del cambio histórico y el mejor valedor de su libertad con que cuentan los pueblos, sufriría una merma irremediable. Porque toda buena literatura es un cuestionamiento radical del mundo en que vivimos. En todo gran texto literario, y, sin que muchas veces lo hayan querido sus autores, alienta una predisposición sediciosa.

La literatura no dice nada a los seres humanos satisfechos con su suerte, a quienes colma la vida tal como la viven. Ella es alimento de espíritus indóciles y propagadora de inconformidad, un refugio para aquel al que sobra o falta algo, en la vida, para no ser infeliz, para no sentirse incompleto, sin realizar en sus aspiraciones. Salir a cabalgar junto al escuálido Rocinante y su desbaratado jinete por los descampados de La Mancha, recorrer los mares en pos de la ballena blanca con el capitán Ahab, tragarnos el arsénico con Emma Bovary o convertirnos en un insecto con Gregorio Samsa, es una manera astuta que hemos inventado a fin de desagraviarnos a nosotros mismos de las ofensas e imposiciones de esa vida injusta que nos obliga a ser siempre los mismos, cuando quisiéramos ser muchos, tantos como requerirían para aplacarse los incandescentes deseos de que estamos poseídos.

La literatura sólo apacigua momentáneamente esa insatisfacción vital, pero, en ese milagroso intervalo, en esa suspensión provisional de la vida en que nos sume la ilusión literaria —que parece arrancarnos de la cronología y de la historia y convertirnos en ciudadanos de una patria sin tiempo, inmortal—, somos otros. Más intensos, más ricos, más complejos, más felices, más lúcidos, que en la constreñida rutina de nuestra vida real. Cuando, cerrado el libro, abandonada la ficción literaria, regresamos a aquélla y la cotejamos con el esplendoroso territorio que acabamos de dejar, qué decepción nos espera. Es decir, esta tremenda evidencia: que la vida soñada de la novela es mejor —más bella y más diversa, más comprensible y perfecta— que aquella que vivimos cuando estamos despiertos, una vida doblegada por las limitaciones y la servidumbre de nuestra condición. En este sentido, la buena literatura es siempre —aunque no lo pretenda ni lo advierta— sediciosa, insumisa, revoltosa: un desafío a lo que existe. La literatura nos permite vivir en un mundo cuyas leyes transgreden las leyes inflexibles por las que transcurre nuestra vida real, emancipados de la cárcel del espacio y del tiempo, en la impunidad para el exceso y dueños de una soberanía que no conoce límites. ¿Cómo no quedaríamos defraudados, luego de leer *La guerra y la paz* o *En busca del tiempo perdido,* al volver a este mundo de pequeñeces sin cuento, de fronteras y prohibiciones que nos acechan por doquier y que, a cada paso, corrompen nuestras ilusiones? Ésa es, acaso, más incluso que la de mantener la continuidad de la cultura y la de enriquecer el lenguaje, la mejor contribución de la literatura al progreso humano: recordarnos (sin proponérselo en la mayoría de los casos) que el mundo está mal hecho, que mienten quienes pretenden lo contrario —por ejemplo, los poderes que lo gobiernan—, y que podría estar mejor, más cerca de los mundos que nuestra imaginación y nuestro verbo son capaces de inventar.

Una sociedad democrática y libre necesita ciudadanos responsables y críticos, conscientes de la necesidad de someter continuamente a examen el mundo en que vivimos para tratar de acercarlo —empresa siempre quimérica— a aquel en que quisiéramos vivir; pero, gracias a su terquedad en alcanzar aquel sueño inalcanzable —casar la realidad con los deseos—, ha nacido y avanzado la civilización, y llevado al ser humano a derrotar a muchos —no a todos, por supuesto— demonios que lo avasallaban. Y no existe mejor fermento de insatisfacción frente a lo existente que la literatura. Para formar ciudadanos críticos e independientes, difíciles de manipular, en permanente movilización espiritual y con una imaginación siempre en ascuas, nada como las buenas lecturas.

Ahora bien, llamar sediciosa a la literatura porque las bellas ficciones desarrollan en los lectores una conciencia alerta respecto de las imperfecciones del mundo real no significa, claro está, como creen las iglesias y los gobiernos que establecen censuras para atenuar o anular su carga subversiva, que los textos literarios provoquen inmediatas conmociones sociales o aceleren las revoluciones. Entramos aquí en un terreno resbaladizo, subjetivo, en el que conviene moverse con prudencia. Los efectos socio-políticos de un poema, de un drama o de una novela son inverificables porque ellos no se dan casi nunca de manera colectiva, sino individual, lo que quiere decir que varían enormemente de una a otra persona. Por ello es difícil, para no decir imposible, establecer pautas precisas. De otro lado, muchas veces estos efectos, cuando resultan evidentes en el ámbito colectivo, pueden tener poco que ver con la calidad estética del texto que los produce. Por ejemplo, una mediocre novela, *La cabaña del tío Tom,* de Harriet Elizabeth Beecher-Stowe, parece haber desempeñado un papel importantísimo en la toma de conciencia social en Estados Unidos sobre los horrores de la esclavitud. Pero que estos efectos sean difíciles de identificar no implica que no existan. Sino que ellos se dan, de manera indirecta y múltiple, a través de las conductas y acciones de los ciudadanos cuya personalidad los libros contribuyeron a modelar.

La buena literatura, a la vez que apacigua momentáneamente la insatisfacción humana, la incrementa, y, desarrollando una sensibilidad crítica inconformista ante la vida, hace a los seres humanos más aptos para la infelicidad. Vivir insatisfecho, en pugna contra la existencia, es empeñarse en buscar tres pies al gato sabiendo que tiene cuatro, condenarse en cierta forma a librar esas batallas que libraba el coronel Aureliano Buendía, de *Cien años de soledad,* sabiendo que las perdería todas. Esto es probablemente cierto; pero también lo es que, sin la insatisfacción y la rebeldía contra la mediocridad y la sordidez de la vida, los seres humanos viviríamos todavía en un estadio primitivo, la historia se hubiera estancado, no habría nacido el individuo, ni la ciencia ni la tecnología hubieran despegado, ni los derechos humanos serían reconocidos, ni la libertad existiría, pues todos ellos son criaturas nacidas a partir de actos de insumisión contra una vida percibida como insuficiente e intolerable. Para este espíritu que desacata la vida tal como es, y busca, con la insensatez de un Alonso Quijano, cuya locura, recordemos, nació de leer novelas de caballerías, materializar el sueño, lo imposible, la literatura ha servido de formidable combustible.

Hagamos un esfuerzo de reconstrucción histórica fantástica, imaginando un mundo sin literatura, una humanidad que no hubiera leído poemas ni novelas. En aquella civilización ágrafa, de léxico liliputiense, en la que prevalecerían acaso sobre las palabras los gruñidos y la gesticulación simiesca, no existirían ciertos adjetivos formados a partir de las creaciones literarias: quijotesco, kafkiano, pantagruélico, rocambolesco, orwelliano, sádico y masoquista, entre muchos otros. Habría locos, víctimas de paranoias y delirios de persecución, y gentes de apetitos descomunales y excesos desaforados, y bípedos que gozarían recibiendo o infligiendo dolor, ciertamente. Pero no habríamos aprendido a ver detrás de esas conductas excesivas, en entredicho con la supuesta normalidad, aspectos esenciales de la condición humana, es decir, de nosotros mismos, algo que sólo el talento creador de Cervantes, de Kafka, de Rabelais, de Sade o de Sacher-Masoch nos reveló. Cuando apareció el Quijote, los primeros lectores se mofaban de ese iluso extravagante, igual que los demás personajes de la novela. Ahora, sabemos que el empeño del Caballero de la Triste Figura en ver gigantes donde hay molinos y hacer todos los disparates que hace es la más alta forma de la generosidad, una manera de protestar contra las miserias de este mundo y de intentar cambiarlo. Las nociones mismas de ideal y de idealismo, tan impregnadas de una valencia moral positiva, no serían lo que son —valores diáfanos y respetables— sin haberse encarnado en aquel personaje de novela con la fuerza persuasiva que le dio el genio de Cervantes. Y lo mismo podría decirse de ese pequeño quijote pragmático y con faldas que fue Emma Bovary —el bovarismo no existiría, claro está—, que luchó también con ardor por vivir esa vida esplendorosa, de pasiones y lujo, que conoció por las novelas y que se quemó en ese fuego como la mariposa que se acerca demasiado a la llama.

Como las de Cervantes y Flaubert, las invenciones de todos los grandes creadores literarios, a la vez que nos arrebatan a nuestra cárcel realista y nos llevan y traen por mundos de fantasía, nos abren los ojos sobre aspectos desconocidos y secretos de nuestra condición, y nos equipan para explorar y entender mejor los abismos de lo humano. Decir «borgiano» es inmediatamente despegar de la rutinaria realidad racional y acceder a una fantástica, rigurosa y elegante construcción mental, casi siempre laberíntica, impregnada de referencias y alusiones librescas, cuya singularidad no nos es, sin embargo, extraña, porque en ella reconocemos recónditas apetencias y verdades íntimas de nuestra personalidad que sólo gracias a las creaciones literarias de un Jorge Luis Borges tomaron forma. El adjetivo kafkiano viene naturalmente a nuestra mente, como el fogonazo de una de esas antiguas cámaras fotográficas con brazo de acordeón, cada vez que nos sentimos amenazados, como individuos inermes, por esas maquinarias opresoras y destructivas que tanto dolor, abusos e injusticias han causado en el mundo moderno: los regímenes autoritarios, los partidos verticales, las iglesias intolerantes, las burocracias asfixiantes. Sin los cuentos y novelas de ese atormentado judío de Praga que escribía en alemán y vivió siempre al acecho, no hubiéramos sido capaces de entender con la lucidez que hoy es posible hacerlo el sentimiento de indefensión y de impotencia del individuo aislado, o de las minorías discriminadas y perseguidas, ante los poderes omnímodos que pueden pulverizarlos y borrarlos sin que los verdugos tengan siquiera que mostrar las caras.

El adjetivo «orwelliano», primo hermano de «kafkiano», alude a la angustia opresiva y a la sensación de absurdidad extrema que generan las dictaduras totalitarias del siglo XX, las más refinadas, crueles y absolutas de la historia, en su control de los actos, las psicologías y hasta los sueños de los miembros de una sociedad. En sus novelas más célebres, *Animal Farm* y *1984*, George Orwell describió, con tintes helados y pesadillescos, una humanidad sometida al control de *Big Brother*, un amo absoluto que, mediante la eficiente combinación de terror y moderna tecnología, ha eliminado la libertad, la espontaneidad y la igualdad —en ese mundo algunos son «más iguales que los demás»— y convertido la sociedad en una colmena de autómatas humanos, programados ni más ni menos que los robots. No sólo las conductas obedecen a los designios del poder; también el lenguaje, el *Newspeak*, ha sido depurado de toda coloración individualista, de toda invención y matización subjetiva, transformado en sartas de tópicos y clisés impersonales, lo que refrenda la servidumbre de los individuos al sistema. ¿Pero acaso tiene sentido hablar todavía de individuos en relación con esos seres sin soberanía, ni vida propia, en esos miembros de un rebaño manipulados desde la cuna hasta la tumba por el poder de la pesadilla orwelliana? Es verdad que la profecía siniestra de *1984* no se materializó en la historia real, y que, como había ocurrido con los totalitarismos fascista y nazi, el comunismo desapareció en la URSS y comenzó a deteriorarse luego en China y en esos anacronismos que son todavía Cuba y Corea del Norte. Pero el vocablo «orwelliano» sigue ahí, vigente, como recordatorio de una de las experiencias político-sociales más devastadoras sufridas por la civilización, que las novelas y ensayos de George Orwell nos ayudaron a entender en sus mecanismos recónditos.

De donde resulta que la irrealidad y las mentiras de la literatura son también un precioso vehículo para el conocimiento de verdades profundas de la realidad humana. Estas verdades no son siempre halagüeñas; a veces el semblante que se delinea en el espejo que las novelas y poemas nos ofrecen de nosotros mismos es el de un monstruo. Ocurre cuando leemos las horripilantes carnicerías sexuales fantaseadas por el divino marqués, o las tétricas dilaceraciones y sacrificios que pueblan los libros malditos de un Sacher-Masoch o un Bataille. A veces, el espectáculo es tan ofensivo que resulta irresistible. Y, sin embargo, lo peor de esas páginas no es la sangre, la humillación y las abyectas torturas y retorcimientos que las afiebran; es descubrir que esa violencia y desmesura no nos son ajenas, que están lastradas de humanidad, que esos monstruos ávidos de transgresión y exceso se agazapan en lo más íntimo de nuestro ser y que, desde las sombras que habitan, aguardan una ocasión propicia para manifestarse, para imponer su ley de los deseos en libertad, que acabaría con la racionalidad, la convivencia y acaso la existencia. La literatura, no la ciencia, ha sido la primera en bucear las simas del fenómeno humano y descubrir el escalofriante potencial destructivo y autodestructor que lo conforma. Así pues, un mundo sin literatura sería en parte ciego sobre esos fondos terribles donde a menudo yacen las motivaciones de las conductas y los comportamientos inusitados, y, por lo mismo, tan injusto contra el que es distinto como aquel que, en un pasado no tan remoto, creía a los zurdos, a los gafos y a los gagos poseídos por el demonio, y seguiría practicando, tal vez, como hasta no hace mucho tiempo ciertas tribus amazónicas, el perfeccionismo atroz de ahogar en los ríos a los recién nacidos con defectos físicos.

Incivil, bárbaro, huérfano de sensibilidad y torpe de habla, ignorante y ventral, negado para la pasión y el erotismo, el mundo sin literatura de esta pesadilla que trato de delinear tendría, como rasgo principal, el conformismo, el sometimiento generalizado de los seres humanos a lo establecido. También en este sentido sería un mundo animal. Los instintos básicos decidirían las rutinas cotidianas de una vida lastrada por la lucha por la supervivencia, el miedo a lo desconocido, la satisfacción de las necesidades físicas, en la que no habría cabida para el espíritu y en la que, a la monotonía aplastadora del vivir, acompañaría como sombra siniestra el pesimismo, la sensación de que la vida humana es lo que tenía que ser y que así será siempre, y que nada ni nadie podrá cambiarlo.

Cuando se imagina un mundo así, hay la tendencia a identificarlo de inmediato con lo primitivo y el taparrabos, con las pequeñas comunidades mágico-religiosas que viven al margen de la modernidad en América Latina, Oceanía y África. La verdad es que el formidable desarrollo de los medios audiovisuales en nuestra época, que, de un lado, han revolucionado las comunicaciones haciéndonos a todos los hombres y mujeres del planeta copartícipes de la actualidad, y de otro, monopolizan cada vez más el tiempo que los seres vivientes dedican al ocio y a la diversión arrebatándoselo a la lectura, permite concebir, como un posible escenario histórico del futuro mediato, una sociedad modernísima, erizada de ordenadores, pantallas y parlantes, y sin libros, o, mejor dicho, en la que los libros —la literatura— habrían pasado a ser lo que la alquimia en la era de la física: una curiosidad anacrónica, practicada en las catacumbas de la civilización mediática por unas minorías neuróticas. Ese mundo cibernético, me temo mucho, a pesar de su prosperidad y poderío, de sus altos niveles de vida y de sus hazañas científicas, sería profundamente incivilizado, aletargado, sin espíritu, una resignada humanidad de robots que habrían abdicado de la libertad.

Desde luego que es más que improbable que esta tremendista perspectiva se llegue jamás a concretar. La historia no está escrita, no hay un destino preestablecido que haya decidido por nosotros lo que vamos a ser. Depende enteramente de nuestra visión y voluntad que aquella macabra utopía se realice o eclipse. Si queremos evitar que con la literatura desaparezca, o quede arrinconada en el desván de las cosas inservibles, esa fuente motivadora de la imaginación y la insatisfacción, que nos refina la sensibilidad y enseña a hablar con elocuencia y rigor, y nos hace más libres y de vidas más ricas e intensas, hay que actuar. Hay que leer los buenos libros, e incitar y enseñar a leer a los que vienen detrás —en las familias y en las aulas, en los medios y en todas las instancias de la vida común—, como un quehacer imprescindible, porque él impregna y enriquece a todos los demás.

Lima, 3 de abril de 2001

Índice onomástico

Índice de obras

Este libro
se terminó de imprimir
en los Talleres Gráficos
de Unigraf, S. L.
Móstoles, Madrid (España)
en el mes de mayo de 2002